Daum

Collection du musée
des Beaux-Arts de Nancy

ISBN 2 7118 4036 0
GK 39 4036

DAUM

Collection du musée
des Beaux-Arts de Nancy

Réunion
des Musées
Nationaux

Évoquer le nom de DAUM, depuis la création de la prestigieuse manufacture il y a plus d'un siècle, a toujours revêtu à Nancy un pouvoir véritablement magique, qui ne s'est jamais démenti et continue d'opérer aujourd'hui avec le même éclat.

C'est qu'en effet, au-delà des périodes successives de faste, d'incertitudes ou de renouveau de l'entreprise, en écho le plus souvent à la situation économique et sociale générale de notre pays, a toujours prévalu la conscience de l'identification de Daum à Nancy, comme partie intégrante de son patrimoine culturel et industriel.

Naturellement, cette place éminente de Daum à Nancy est d'abord et avant tout due à l'histoire exceptionnelle d'une famille de créateurs et de chefs d'entreprise hors du commun, à la fois visionnaires et gestionnaires, qui ont su porter la renommée de leurs productions dans le monde entier.

L'Année de l'École de Nancy, à travers les différentes expositions qui se sont déroulées dans ce cadre, a contribué à révéler la maîtrise extraordinaire des techniques du verre.

Le maintien d'un lieu de production et de création sur le site historique de la rue des Cristalleries et de la vitrine place Stanislas, constitue le témoignage le plus récent de la relation passionnée et mutuellement enrichissante entre notre ville et cette entreprise, superbement résumée par la signature « Daum-Nancy ».

Aussi voudrais-je particulièrement saluer tous ceux, à commencer par la CFC-Daum, les Amis du musée des Beaux-Arts de Nancy – Association Emmanuel Héré, la Société lorraine des amis des arts et des musées et tous les particuliers, qui grâce à leurs dons, ont fait de la collection Daum du musée des Beaux-Arts de Nancy, enrichie des dernières acquisitions, la plus riche et la plus complète de celles qui soient.

André Rossinot
Maire de Nancy
Ancien Ministre

Ce catalogue a été réalisé
avec le soutien du Groupe SAGEM

REMERCIEMENTS

La parution de cet ouvrage accompagne l'enrichissement considérable
qu'a connu la collection Daum au cours de ces trois dernières années.
Ma gratitude va à toutes les personnes qui, par leurs dons généreux, en sont à l'origine :
Les Amis des cristalleries Daum
Les Amis du musée des beaux-arts de Nancy – Association Emmanuel Héré
Madame Clotilde Bacri
Monsieur Jean Badault
CFC-Daum
Le conseil général de Meurthe-et-Moselle
La cristallerie Daum
Monsieur Michel Daum
Le Fonds national d'art contemporain
Madame Pierre Froissart
Monsieur Louis Gisquet
Madame Annie Legendre et Monsieur Mohammad Handjani
Monsieur Jean-Claude Jantzen
Professeur Michel Martin
Madame Pierre Olmi
Madame Henri de Paillerets
Le groupe SAGEM, en particulier Monsieur Mario Colaiacovo,
Madame Sylvie Faurre et Monsieur Michel Diehl
La Société lorraine des amis des arts et des musées
Monsieur Aldo Stock
Madame Suzanne Weissenburger

Je remercie tout particulièrement Christophe Bardin qui parallèlement à la rédaction de
sa thèse a accepté d'être l'auteur de ce catalogue. J'y associe Nathalie Tailleur, attachée
de conservation au musée des Beaux-Arts de Nancy qui a partagé avec enthousiasme
toutes les étapes de ce parcours, ainsi que l'ensemble des services du musée.

Béatrice Salmon
Conservatrice du musée des Beaux-Arts de Nancy

L'auteur du catalogue remercie pour leur aide :
Véronique Ayroles, doctorante en Histoire de l'art
Jean-Luc Olivié, conservateur du Centre du verre et du département moderne
et contemporain au musée des Arts décoratifs, Paris
François Pupil, professeur d'Histoire de l'art, université de Nancy 2
Béatrice Salmon, conservateur du musée des Beaux-Arts de Nancy
Nathalie Tailleur, attachée de conservation au musée des Beaux-Arts de Nancy.

Ses remerciements s'adressent également à la CFC-Daum et notamment
à Daniel Brabant, Michel Diehl, Sylvie Faurre, Jean-Marie Grodemange,
Catherine Maieron, Christian Poincignon, Daniel Poincignon, Didier Richard,
Josiane Ruez, Renaud Serriere, Serge Vautré.

Sa reconnaissance va à toutes celles et à tous ceux qui l'ont aidé
dans ses recherches : Bénédicte Albrecht-Pasques ; Edwige Baron ; Mireille Bouvet ;
le centre international d'Art verrier de Meisenthal ; Micheline Colin ; Alain Cuif ;
Noël Daum ; Valérie Durey ; Nathalie Filser ; Lucien Fleck ; Yvon Fleck ; Michel Galand ;
Sophie Kimeneau ; Christelle Laurent ; Michèle Leinen ; Catherine L. Futter ;
Claire Leblanc ; François Le Tacon ; François Loyer ; Martine Mathias ; Caroline Mierop ;
Claudia Mina ; Patricia Pédracini ; Ingrid Perbal ; Jérôme Perrin ; Almut Philipp ;
Geneviève Pierrat-Bonnefois ; Claudio Salsi ; Eva Schmitt ; Françoise Sylvestre ;
Sylvie Teitgen ; Philippe Thiébaut ; Cécile Thirion ; Valérie Thomas.

SOMMAIRE

NOUVELLE PRÉSENTATION DE LA COLLECTION DAUM, SOUS-SOL DU MUSÉE DES BEAUX-ARTS, 1999

C'est en 1983, que l'on inscrit pour la première fois sur les inventaires du musée des Beaux-Arts un ensemble conséquent de 350 verreries acquises par achat, complété par les dons généreux de la famille Daum. Cet événement a été précédé par l'organisation de cinq expositions à partir de 1977[1].

Ces présentations ont été le fruit d'une volonté concertée entre la municipalité, Simone Guillaume, conservateur du musée, et l'entreprise Daum. Pour les concevoir, Noël Daum, principal maître d'œuvre du projet, a puisé dans la collection constituée par l'entreprise quasiment depuis sa création. L'objectif qui prévaut dès la première exposition est de souligner la diversité de la production : « Cette sélection ne couvre pas l'ensemble de l'œuvre, il est impossible de l'illustrer honorablement en une fois. Deux présentations complèteront ultérieurement celle-ci, une deuxième puis une troisième[2] sélections différentes succèderont à celle-ci avec des compléments dont l'intérêt ne sera pas moindre. Bon nombre de ces pièces ont participé à des expositions nationales ou internationales et sont souvent uniques. Toutes permettent de dégager une bonne impression d'ensemble sur le ou plutôt les styles successifs de Daum et faire ressortir un certain nombre de « périodes » ou de « manières » qui ont jalonné ces 100 ans d'activité. Elles sont le témoin de ce qu'a été l'évolution de la conception aussi bien que des méthodes de travail sur le verre[3]. »

Cette volonté de ne pas s'arrêter à une période limitée dans le temps – l'art nouveau, par exemple –, tout comme celle de ne pas privilégier certaines typologies au détriment d'autres se vérifie dans la sélection des œuvres qui sont retenues. « [...] elles ont été choisies avec le souci de présenter un parcours historique et classées par période. Les premières illustrent les activités de Jean Daum, fondateur de la verrerie de Nancy. Vient ensuite la grande période d'Antonin Daum, fervent adepte de l'art nouveau, puis les créations de l'art déco avec Paul Daum, enfin le renouveau apporté en 1950 par Michel Daum, fils d'Antonin. Le nombre de pièces dans chaque catégorie est fonction de son importance historique, aussi la priorité a-t-elle été donnée à la période d'Antonin Daum. Il est hors de doute que la période

[1] 1re exposition, sans date, 1977, 136 n°, catalogue ; 2e exposition, 31 mars 1978-mars 1979, 127 n°, catalogue ; 3e exposition, 24 mars 1979-mars 1980, 185 n°, catalogue ; 4e exposition 12 mai 1980-mai 1981 ; 5e exposition, 8 mai 1981- mai 1982. / [2] En fait cinq présentations seront organisées. / [3] "Daum, cent ans de verre et de cristal", catalogue de l'exposition organisée au musée des Beaux-Arts de Nancy 1977 (non paginé).

art déco prendra son importance dans quelques années. Elle a été couverte en prévision de cette évolution[4]. »

Une attention est également accordée au fonds graphique puisque 23 planches d'Henri Bergé viennent s'ajouter aux verreries.

Cet ensemble est venu combler une lacune importante dans les collections municipales. En effet, jusqu'en 1930, on compte seulement 8 achats d'objets fabriqués par l'entreprise Daum par la commission des musées. Le premier d'entre eux est daté de 1904 et réalisé la même année, lors de l'exposition d'Art décoratif aux Galeries Poirel. Il s'agit d'une lampe dont l'abat-jour en verrerie repose sur un pied en fer ciselé signé Majorelle. On peut d'ailleurs penser que c'est avant tout le travail de ce dernier qui est considéré puisque c'est sous son nom que la lampe est citée dans le catalogue de 1909 et qu'en 1921, la commission désire « voir figurer au musée des Arts décoratifs [...] les œuvres de Ms. Daum qui ne sont pas encore représentées dans nos collections ».

Ouvert au public en 1901, en même temps qu'est fondée l'Alliance provinciale des industries d'art, le musée d'Art décoratif se réduit alors à quelques vitrines dans une salle du musée de Peinture et Sculpture situé à l'arrière de l'Hôtel de ville[5].

Décidé dans son principe depuis 1894, ses débuts sont laborieux ; malgré les appels à la générosité lancés aux industriels d'art, les collections ne s'enrichissent que très lentement. Et lorsque l'on songe à faire des achats, c'est d'abord Émile Gallé qui en bénéficie, lui à qui on achète, en 1903, 38 pièces choisies par lui-même pour une somme représentant le budget de deux années d'acquisition. La maison Daum paraît bien oubliée dans ce contexte puisqu'il faut attendre 1924 pour enregistrer un autre achat de trois œuvres. Antonin Daum ne sera d'ailleurs nommé membre de la commission du musée qu'en 1926, en remplacement de Louis Majorelle, décédé la même année. Cette situation est relativement paradoxale car dès la fin des années 1890, la reconnaissance régionale, mais aussi nationale et surtout internationale est très importante, plaçant les productions

[4] Note de Simone Guillaume à Monsieur Claude Coulais, maire de Nancy, le 24 février 1983, archives du musée des Beaux-Arts de Nancy. / [5] Après différents agrandissements, on décida de construire enfin un nouveau musée à l'arrière du Collège de Chirurgie et Médecine, place Stanislas, sur le terrain de l'Ancienne Comédie détruite en 1906 au cours d'un incendie. Ce projet, qui devait réunir le musée de Peinture et le musée d'Arts décoratifs ne sera pas terminé et seul, en 1936, le musée de Peinture sera inauguré. La collection d'arts décoratifs constituera le noyau du futur musée de l'École de Nancy.

de l'entreprise Daum au même niveau de qualité que celles produites par les ateliers Gallé, comme en témoignent les propos de Louis Enault dans *L'Illustration* du 7 août 1897 : « Sa Majesté, le roi des Belges a fait à l'exposition deux longues visites. Il s'est rendu acquéreur du vase "en forme d'ancolie", une de leurs plus belles créations. Les principaux musées d'Europe et des États-Unis, de même que toutes les importantes collections particulières, possèdent des exemplaires des Verreries d'art de Nancy. Au résumé, Ms. Daum auront largement contribué à la victoire éclatante que l'art français remportera à l'exposition de Bruxelles. En outre, leur exposition manifeste une phase intéressante de l'art du verre qu'elle montre en progrès et dans une voie qui lui permet un brillant avenir. »

Nul n'est prophète en son pays, sauf à être patient : en mai 1986 est inaugurée la Salle Daum où sont réunies les collections acquises par la Ville de Nancy, avec le soutien important du ministère de la Culture, de la région lorraine, du conseil général de Meurthe-et-Moselle et grâce aux dons conséquents de la famille Daum et de quelques autres amateurs. Les pouvoirs publics (État, Région, Département et Ville) se sont mobilisés pour sauver une partie du patrimoine nancéien alors que l'entreprise, ayant déposé son bilan en 1982, est acculée à disperser la collection lors de différentes ventes publiques à Monte-Carlo, Tokyo et Paris.

Institutions et particuliers, tous sont conscients qu'il faut enfin agir pour tenter de conserver la mémoire de cette entreprise, contemporaine de l'École de Nancy, et la seule encore en activité.

Aujourd'hui la collection du musée des Beaux-Arts de Nancy compte 638 numéros. À la suite du chantier d'extension du musée, achevé en 1999, la collection a bénéficié d'une nouvelle présentation au sous-sol du musée où sont confrontées, dans un dialogue spectaculaire, les fragiles verreries et les puissantes murailles des fortifications de la ville découvertes lors des travaux. Elle a été de nouveau récemment enrichie par un don important de 218 pièces de services de table illustrant cette part capitale de l'activité de l'entreprise[6].

[6] Don effectué par la Sagem propriétaire de l'entreprise depuis 1995. / [7] Université de Nancy 2, directeur François Pupil, professeur d'Histoire de l'Art.

Aux premières études historiques dont celle fondatrice de Noël Daum,
il faut désormais ajouter les nouvelles perspectives de réflexion ouvertes
par Christophe Bardin qui a choisi.de consacrer sa thèse d'Histoire de l'art
(en cours de rédaction) à la production de l'entreprise jusqu'en 1939[7].

C'est à lui que revenait légitimement la rédaction du catalogue de notre
collection. Ses travaux permettent de reconsidérer nombre d'idées reçues
en réévaluant justement les termes d'art et d'industrie. Ils contribuent
également à éclairer la datation de certaines productions, quitte à admettre
qu'il est toujours possible de produire des pièces art nouveau en pleine
période art déco, si telle est la demande de la clientèle. Je me réjouis
que musée et université contribuent ainsi à une meilleure connaissance de
l'histoire de Daum, une histoire faite d'industriels et d'artistes, où se mêlent
esthétique, commerce et industrie.

Béatrice Salmon
Conservatrice du musée des Beaux-Arts de Nancy

NOUVELLE PRÉSENTATION DE LA COLLECTION DAUM, SOUS-SOL DU MUSÉE DES BEAUX-ARTS, 1999

VUE GÉNÉRALE DE L'USINE À NANCY, FAUBOURG SAINT-GEORGES
PHOTOGRAPHIE EXTRAITE DU CATALOGUE *VERRERIES ET CRISTAUX ARTISTIQUES DE NANCY*
POUR L'ENVOI À L'EXPOSITION UNIVERSELLE DE PARIS, 1900

LA COUR DE L'USINE
PHOTOGRAPHIE EXTRAITE DU CATALOGUE *VERRERIES ET CRISTAUX ARTISTIQUES DE NANCY*
POUR L'ENVOI À L'EXPOSITION UNIVERSELLE DE PARIS, 1900

CONSTRUCTION D'UNE VERRERIE À NANCY

Avant d'appartenir à la famille Daum, la Verrerie de Nancy[1] a été fondée par Guillaume Avril et Victor Bertrand, deux verriers respectivement propriétaire et directeur de la Verrerie de Trois Fontaines dans la région de Sarrebourg. Spécialisé dans la fabrication des verres de montre[2], cet établissement était lié avec la manufacture de Vallérysthal pour l'approvisionnement en matières premières. Désirant mettre fin à cette dépendance, Guillaume Avril a l'idée, vers 1872, de construire sa propre entreprise à Nancy. Il charge son associé et gendre d'en faire les plans et le nomme directeur et gérant. Ne disposant pas des fonds nécessaires à la réalisation de leur projet, les deux hommes s'associent avec les frères Villaume[3]. En plus du financement, les frères Villaume apportent, moyennant une redevance de 5 000 francs par an, les terrains nécessaires à l'édification de la nouvelle verrerie. Le 6 août 1873, Jean-Baptiste Villaume sollicite une demande au nom de la société Villaume Bertrand et Avril pour « une fabrique de verre de vitres. Route des usines et moulin de la ville au lieu dit le Pont cassé[4] ». Cette demande est enregistrée le 25 août de la même année. L'autorisation préfectorale est délivrée le 13 février 1874 malgré, semble-t-il, « un certain nombre d'oppositions » : les craintes les plus fortes concernent les « fumées de houille [que] les fours à verre doivent répandre dans l'atmosphère ». En réponse, on affirme que les nouveaux fours employés utilisent moins de combustible que des fours ordinaires et qu'ils seraient « fumivores » ; enfin, et il ne s'agit pas du moindre des arguments, « l'établissement de verrerie projeté […] introduira [en] Meurthe & Moselle une industrie nouvelle[5] ». La Verrerie de Nancy (ou Verrerie Sainte-Catherine[6] à l'époque) est construite de 1873 à 1874[7]. Elle est mise en service en août 1875[8]. Quand la production commence, Avril et Bertrand se retrouvent seuls ; les frères Villaume se sont retirés de l'affaire, mais ils restent les propriétaires des terrains et à ce titre percevront un loyer annuel de 8 000 francs. Bien qu'enregistrée comme « une fabrique de verre à vitres », l'entreprise produit des verres de montre et des bobèches[9], dans la lignée de ce que Guillaume Avril et Victor Bertrand fabriquent à Trois Fontaines.

Dans le but de trouver des fonds nécessaires au bon fonctionnement de la fabrique et afin de lui apporter des améliorations, Guillaume Avril et Victor Bertrand s'associent avec un ancien notaire de Bitche, Jean Daum, qui vient s'établir à Nancy le 5 octobre 1876[10]. La famille Daum fait partie des Alsaciens qui ont opté pour la nationalité française après la défaite de 1870. Le traité du 10 mai 1871 voit l'Alsace et le Nord-Est de la Lorraine annexés par la Prusse, et Nancy sera occupée pendant près de trois années. Une grande partie des entreprises de l'Est de la France passe en territoire

LE COUPAGE, PHOTOGRAPHIE EXTRAITE
DU CATALOGUE *VERRERIES ET CRISTAUX
ARTISTIQUES DE NANCY* POUR L'ENVOI
À L'EXPOSITION UNIVERSELLE DE PARIS, 1900

allemand. C'est le cas de nombre de verreries. Les habitants des territoires occupés ont jusqu'au 1er janvier 1872 pour choisir de rester français ou non. 320 000 personnes prendront le chemin de l'exil. Nombre d'entre elles se retrouvent à Nancy qui devient, de fait, la capitale de l'Est de la France. La ville change de stature, l'afflux continu de réfugiés fait progresser de façon notable la population. L'économie est dynamique, les entrepreneurs alsaciens et lorrains complètent un tissu industriel déjà présent. De nouvelles voies de communication sont construites ou en projet, dont plusieurs bénéficieront directement à la verrerie. La ville accueille la faculté de médecine, l'École supérieure de pharmacie, et les sociétés savantes y sont légion. L'arrivée de Théodore Devilly, artiste et professeur de dessin à l'école de Metz, nommé directeur de l'école des Beaux-Arts et conservateur du musée en 1871, marque la renaissance de l'enseignement artistique.

Né le 23 juin 1825 à Bischwiller (Bas-Rhin), Jean Daum[11] devient notaire le 21 mai 1851 à Bitche avant d'épouser Marie-Louise Cordule Isenmann. Sept enfants naîtront de cette union : Louise, Auguste, Charles, Jeanne, Fanny, Antonin et Léon[12]. Jean Daum occupe rapidement une place importante dans la cité : il devient conseiller municipal puis premier adjoint au maire, de 1858 jusqu'à la guerre. Si son étude, payée 18 000 francs, ne sera rachetée que 54 000 francs par les Allemands, la fortune du ménage s'élève à l'époque de leur arrivée à Nancy à près de 500 000 francs[13]. Nous ne savons pas comment Jean Daum, Guillaume Avril et Victor Bertrand entrent en relation, mais par deux fois, l'ancien notaire leur prête de l'argent, pour d'une part « installer les constructions nécessaires à l'industrie projetée » et d'autre part « faire de nouvelles constructions ; c'est ainsi qu'ils ont bâti une halle nouvelle, construit un nouveau four à verre et y ont installé différents accessoires de matériel[14] ». La somme totale représente 220 000 francs[15]. Malheureusement, la santé financière de l'entreprise n'est pas bonne. Certainement inquiet pour son capital, Jean Daum fait commandement le 12 janvier 1878 à Guillaume Avril et Victor Bertrand de « lui payer le montant de sa créance faute de quoi, [ils] seraient contraints par toutes les voies de droit et notamment par la saisie réelle de leurs immeubles ». Afin d'arrêter les poursuites, Guillaume Avril et Victor Bertrand se voient obligés de vendre à l'amiable droit et usine. Pour ne pas tout perdre, Daum s'en porte acquéreur pour 50 000 francs le 23 mars 1878[16]. La société industrielle Avril Bertrand et Cie fait place alors à la Verrerie de Nancy – services de table, demi-cristal dont la production débute le 12 août 1878 avec 150 ouvriers[17].

LES DÉBUTS DE LA VERRERIE DAUM

L'entreprise repart presque de zéro. Si Jean Daum récupère les bâtiments (sans être toutefois propriétaire du terrain) et l'outil de production, il perd un certain nombre d'ouvriers et de contremaîtres. Par ailleurs, rien dans sa formation initiale ne le prédispose à diriger une verrerie. Il fait donc appel, pour constituer l'épine dorsale de son entreprise, à des ouvriers venant d'une verrerie de Montferrand (Doubs) mise en vente en septembre 1877[18] : notamment Claude Adolphe et Gustave Toussaint[19]. Pour le seconder, il nomme directeur de la manufacture un verrier confirmé, Eugène Marquot. Il demande à l'aîné de ses garçons, Auguste, alors clerc de notaire, de venir l'épauler. Dès son entrée dans l'entreprise, Auguste est très actif. Il améliore la production, apprend le métier de verrier, assure la gestion de l'usine. L'engloutissement de la fortune familiale dans l'entreprise restreindra d'une certaine manière le choix professionnel des garçons (mis à part Charles qui a déjà embrassé la carrière militaire), mais ce sont les filles qui en pâtiront plus encore. Faute d'argent et donc de dot suffisante, aucune d'elles ne se mariera : « Nous adressons un souvenir aux chères tantes Jeanne et Fanny […]. Elles étaient pensionnaires de notre société, vous savez à la suite de quelles vicissitudes et de quels renoncements causés par les épreuves du début de la verrerie. Si dans la suite elles ont partagé les jours heureux de l'usine, leur jeunesse n'en avait pas moins été sacrifiée et il était devenu trop tard pour elles de se faire la vie de famille dont elles avaient une visible vocation[20]. »

AUGUSTE DAUM (1833-1909)

Le 26 décembre 1883 est créée la société Daum et Fils pour « la fabrication du verre et notamment l'exploitation de la Verrerie de Nancy », entérinant entre le père et le fils le partage des tâches commencé cinq années auparavant. Le lendemain, Auguste se marie avec Jeanne Constantin. La dot substantielle qu'elle apporte permet de redresser la barre. Jean Daum meurt le 10 février 1885 sans avoir vu l'entreprise se développer véritablement. Entre 1885 et 1887, lorsqu'il se retrouve seul à la tête de la verrerie, Auguste poursuit les initiatives notamment par l'embauche d'orphelins pour suppléer au manque d'une main-d'œuvre jeune. Ce recours est courant à l'époque : « La verrerie est la profession qui exige le plus d'enfants proportionnellement au nombre d'ouvriers, et surtout les enfants les plus jeunes : elle réclame de l'agilité et de la rapidité dans les mouvements plutôt que de la force et de la résistance. Ainsi, dans la gobeleterie de cristal et de verre, l'équipe est formée de six jeunes gens et enfants, dont un tout jeune, pour aider le chef de place et un à deux souffleurs[21]. »

Durant cette période, la production ne diffère pas beaucoup de celle de Guillaume Avril et Victor Bertrand. Le flaconnage (salière, burette, pot de confiture, etc.), la gobeleterie ordinaire, les verres de montre sont toujours à l'honneur. Toutes ces

LA HALLE EN 1894

activités deviendront le quotidien de l'entreprise jusqu'aux années trente. La production des verres de montre, par exemple, ne s'arrête qu'en 1927, avec la fermeture de la maison Picard de Lunéville. Si, au départ, la verrerie Daum en assure la fabrication de bout en bout, du soufflage des boules de verre jusqu'à leur découpage, rapidement, elle ne fait plus que la première opération laissant à la manufacture Picard frères le soin d'usiner et d'emballer les verres de montre dans un atelier de la verrerie mis à sa disposition. Cette production suscitera l'étonnement d'un journaliste en 1923 : « [L'entreprise] a conservé de ses premières origines une curieuse soufflerie de boules pour verres de montre[22]. » L'entreprise emploie une moyenne de 200 ouvriers. Ils travaillent 10 heures par jour, 300 jours dans l'année (l'industrie verrière fait traditionnellement chômer ses ouvriers un mois pour nettoyer les fours et les pots). Les salaires oscillent entre 14 francs par jour pour les contremaîtres et 60 centimes par jour pour les jeunes filles. Un ouvrier gagne en moyenne 3,5 francs par jour à une époque où le prix du pain est de 35 centimes le kilo et celui du bœuf (deuxième catégorie) de 1,80 francs le kilo[23]. Souvent, c'est une famille entière qui est employée par l'entreprise, les enfants permettant de faire le complément de salaire indispensable. L'évolution des conditions de travail et des salaires suivra celle des lois. Les ouvriers seront payés très longtemps à la pièce, avant de percevoir un fixe auquel s'ajouteront des primes en fonction de leurs performances.

LA CRÉATION DES ATELIERS ARTISTIQUES

Planifiée par son père, l'arrivée d'Antonin Daum se fait en 1887 après des études d'ingénieur à l'École centrale de Paris. Un acte notarié, rédigé quelques années plus tôt, lui ménage d'emblée un poste d'associé et de gérant, aux côtés de son frère Auguste. S'étant familiarisé avec le métier de verrier, et avec l'accord d'Auguste, il décide, entre 1889 et 1891, d'ouvrir à l'intérieur de la verrerie un département artistique avec l'espoir de donner un nouvel élan à l'entreprise familiale. « Le titre principal de la Verrerie de Nancy, sinon comme tonnage du moins comme valeur, est la fabrication des verreries artistiques dont la création remonte à 1891 et est due à l'initiative personnelle de M. Antonin Daum[24]. » Les verriers qualifiés sont déjà à la manufacture (Adolphe Claude, Eugène Gall[25]) et les frères Daum recrutent leurs premiers décorateurs, dont Brutus Camille Dammann[26]. Cette transformation de la production se fera également à l'aide des collaborateurs artistiques qu'Antonin et Auguste sauront recruter. Jacques Gruber sera le premier d'entre eux. À partir de 1893, il dessine les modèles de certaines pièces destinées à l'Exposition universelle de Chicago. Ce premier succès d'estime de la verrerie la propulse dans le cercle fermé des industries d'art et lui permet de figurer en bonne place à la manifestation de Nancy[27] en 1894, devenant par là même un des acteurs essentiels de l'aventure de l'École de Nancy. Jacques Gruber est actif à l'entreprise jusqu'en 1897[28]. Durant ces quatre années, les expositions et les récompenses se succèdent. Grande médaille d'or à Lyon en 1894, diplôme d'honneur à Bordeaux en 1895, invité par Octave Maus[29] à la Libre Esthétique de Bruxelles en 1895. Le succès à l'Exposition internationale de Bruxelles en 1897 clôt cette série. Deux années auparavant, un deuxième artiste était embauché, Henri Bergé, qui restera dans l'entreprise jusqu'en 1932. Cette période très riche en événements voit également la raison sociale de la manufacture changer. De Daum fils, nous passons à Daum frères et Cie. Le terrain que l'entreprise louait jusqu'alors est acquis pour la somme de 100 000 francs le 13 janvier 1894. Cette même année voit l'apparition officielle d'un atelier décor. C'est à cette époque que commence une collaboration riche avec Louis Majorelle qui signe le mobilier d'exposition avant de fabriquer ferronnerie et armature de vases et de lampes. Des dépôts à l'étranger sont ouverts, à Francfort-sur-le-Main, à Strasbourg. Un dépôt d'échantillons fonctionne à Paris (32 rue du Paradis). Enfin la famille s'est agrandie. L'épouse d'Auguste, Jeanne, donne naissance à cinq enfants : Louise, Jean, Léon, Paul et Henri[30]. En 1898, Antonin Daum épouse Marguerite Didion.

La verrerie commence à surmonter ses difficultés financières et se fait un nom parmi les industries d'art. Les frères Daum deviennent des acteurs importants de la vie

ANTONIN DAUM, VERS 1910

ANTONIN ET MARGUERITE DAUM,
AIX-LES-BAINS, 1908

VOYAGE DE LA CHAMBRE DE COMMERCE
DE NANCY AUX BASSINS DE BRIEY ET LONGWY,
LE 2 JUIN 1908

sociale, économique et artistique de Nancy. Auguste est promu chevalier de la Légion d'honneur en 1897 : « Parmi les nouveaux chevaliers, figure le nom de M. Auguste Daum. L'opinion ratifiera la distinction échue à l'un des chefs de la maison Daum et félicitera le vaillant maître verrier d'une récompense qui est la consécration gouvernementale d'une maîtrise désormais incontestée tant chez nous qu'à l'étranger. Toutefois, nous croirions ne pas répondre aux sentiments personnels du nouveau chevalier, si nos félicitations n'allaient point en même temps à son frère et collaborateur M. Antonin Daum : on sait la part dévolue à l'artiste délicat dans le légitime renom conquis par la verrerie du Pont-Cassé. » Dans la lignée de leur père, adjoint au maire à Bitche, les deux frères s'impliquent dans leur ville. Auguste est membre de la Société industrielle de l'Est, de la Société des amis des arts, de la Société centrale d'horticulture, du bureau de bienfaisance ; président des comités de patronage des apprentis ; juré puis président du tribunal de commerce ; officier de Nicham-Iftikhar ; il préside « au temps du boulangisme, le comité central républicain de Nancy ». Antonin n'est pas en reste. Nous le retrouvons membre des mêmes sociétés (amis des arts et horticulture), nommé au comité de surveillance et de perfectionnement de l'école des Beaux-Arts, régulièrement membre du jury pour le prix Jacquot[31]. Plus tard, il sera le fondateur d'une société privée de logements à bon marché, vice-président et trésorier de la chambre de commerce, membre de l'académie Stanislas.

LA RECONNAISSANCE

L'Exposition de 1900 et le grand prix décerné à la verrerie (partagé avec Émile Gallé) apparaissent comme la consécration du travail commencé depuis presque 20 ans. La manifestation, préparée avec beaucoup d'attention, montre la recherche continuelle de l'entreprise. Antonin Daum est fait pour l'occasion chevalier de la Légion d'honneur. Les récompenses touchent également nombre d'industriels, collaborateurs et artistes nancéiens, Aimé Morot, Émile Friant, Louis Hestaux entre autres. Louis Majorelle, membre du jury et ne pouvant de ce fait concourir, est lui aussi fait chevalier de la Légion d'honneur. De cette réussite collective (au moins en terme de diplômes et médailles) va naître, officiellement, sous l'initiative d'Émile Gallé, l'École de Nancy.

HENRI BERGÉ
CARTON PUBLICITAIRE, 1901

En fait c'est l'exposition des Arts décoratifs de Nancy en 1894 qui marque le point de départ de cette aventure artistique. Cette manifestation a pour but « de faire connaître les efforts tentés par les artistes et industriels lorrains pour la réalisation du beau et de l'utile[32] » et intervient après les succès de quelques-uns des chefs d'industries et artistes régionaux aux grandes Expositions universelles passées[33]. L'entreprise Daum fait partie des 73 exposants. L'événement s'inscrit à la fois dans le cadre général de la reconnaissance des arts décoratifs en France – avec en particulier l'ouverture du salon du Champ de Mars aux arts industriels depuis 1891 – et dans la spécificité nancéienne : « Il est en Lorraine, une ville qui exerce, en un domaine différent, une influence décisive sur le mouvement d'art contemporain : c'est Nancy, berceau de ces artisans de génie : Émile Gallé, Camille Martin, Victor Prouvé. C'est Nancy qui sonne les matines de la renaissance des arts décoratifs. Elle seule balance le prestige, un peu trop envahissant, de l'Angleterre dans l'application des formes esthétiques à l'industrie[34]. » Le

STAND DAUM À L'EXPOSITION
DES ARTS DÉCORATIFS ET INDUSTRIELS
LORRAINS, JUIN-JUILLET 1894
VITRINES ET CRÉDENCES DE LOUIS MAJORELLE

bouillonnement d'alors n'est pas le seul fait des industriels, artistes ou artisans. À leurs côtés, on trouve des journalistes, des collectionneurs, des politiques. Des journaux diffusent les idées, le patrimoine lorrain est étudié, la vie artistique régionale commentée. Pourtant, malgré cette effervescence, la cohésion n'existe pas. Chacun travaille pour ses propres intérêts. Et nous pouvons remarquer que, de 1894 à 1900, Daum et Gallé ne représentent jamais ensemble la verrerie nancéienne aux grandes expositions. Ce qui marque l'existence de ce groupe est l'adhésion à une esthétique nouvelle qui prône la nature comme principale source d'inspiration. « L'École de Nancy n'est pas, à proprement parler, une école, mais une réunion, un groupement d'ateliers et d'artistes libres mûs par une même pensée, l'application des éléments naturels[35]. » Victor Lemoine, horticulteur, fonde dès 1877 avec Émile Gallé, une société très prisée par les Nancéiens : la Société centrale d'horticulture de Nancy, et crée chaque année des plantes nouvelles. En 1899, les établissements Victor Lemoine et Fils proposent de nouveaux bégonias dont plusieurs portent le nom de personnalités de la ville[36]. On trouve ainsi une fleur *Antonin Daum* (feuillage d'un vert bronze ou noirâtre ; fleurs extra pleines, huppées, carmin brillant à centre rosé), et une fleur *Émile Gallé* (fleurs pleines, souvent monstrueuses, atteignant six centimètres de largeur ; les ombelles ont jusqu'à douze fleurs à la fois et constituent une masse péoniforme d'un beau rose tendre argenté). Émile Nicolas, critique d'art et botaniste, écrit dans *Art et Industrie* plusieurs séries d'articles sur les plantes et leurs applications décoratives.

Conscient des qualités de chacun et du danger économique que représentent les pays voisins, Émile Gallé décide de fédérer les énergies. Au cours d'une réception organisée le 28 décembre 1900 par l'association des artistes lorrains, il fait à Jules Larcher[37] la réponse suivante : « S'il est vrai que nous ayons tous ensemble allumé ici un foyer, il ne faut pas, c'est ma conclusion, qu'il ne s'éteigne jamais ! Nos sociabilités actuelles, améliorées sans doute depuis l'époque mérovingienne, ne me semblent pourtant pas encore à quelques points de vue tout à fait dégagées de la période glaciaire. […] Il importe à l'avenir de Nancy que ce groupement ne disparaisse point avec les hommes et que les artistes et artisans, industriels, savants et poètes lorrains continuent à rester unis dans les larges et humaines visées de l'Art[38]. » L'École de Nancy, alliance provinciale des industries d'art, est fondée officiellement le 13 février 1901 et présidée par Émile Gallé. Antonin Daum, Louis Majorelle et Eugène Vallin en sont les vice-présidents. L'article premier des statuts explique : « L'École de Nancy, alliance provinciale des industries d'art, a pour but de favoriser la renaissance et le développement des métiers d'art en province. » Ce projet passe par la création d'une « école d'enseignement professionnel des métiers d'art et des cours de dessin, modelage, etc. ». Dans ce cadre, Antonin Daum dispense des cours théoriques de composition décorative. Si le programme est généreux, la réalité est bien différente. Les intérêts sont toujours divergents, les moyens insuffisants pour aller au bout des projets, la grande idée d'un enseignement des métiers d'art est un échec. La mort prématurée de Gallé en 1904, la succession assurée par Victor Prouvé, non pas industriel mais peintre (les vice-présidents ne changent pas) amènent une modification des statuts mais aussi un changement d'ambition. Dès le départ, Antonin Daum prend son rôle de vice-président très à cœur. La correspondance échangée avec Victor Prouvé souligne sa volonté de faire mais également les difficultés auxquelles il se heurte : « Les expositions et conférences n'ont pas cessé de nous occuper. La restriction de nos ressources ne nous a pas permis d'intervenir jusqu'ici dans les expositions hors Nancy, nous nous sommes toutefois consciencieusement acquis des moyens de figurer à Liège en 1909, à Milan cette année, comme autrefois à Besançon. Partout les frais généraux se chiffrant en millions nous ont fait reculer. […] En fait de conférences, si nous avons pour les mêmes motifs, pu faire appel à quelque orateur étranger, nous y avons gagné d'entendre plus souvent la bonne parole de notre président[39]. » L'exposition de Nancy en 1909 marquera la fin de cette expérience.

Cette époque, de 1900 à 1914, est une période faste pour la Verrerie de Nancy. L'entreprise emploie 300 ouvriers, la fortune des frères Daum est évaluée à 500 000 francs chacun[40]. La reconnaissance et le prestige dont jouissent alors les propriétaires de la manufacture ne les empêchent pas de chercher encore à innover. C'est dans ce contexte qu'il faut comprendre l'arrivée d'Almaric Walter en 1903. Ce dernier apporte à

VICTOR PROUVÉ
CARTON D'INVITATION, EXPOSITION DE L'ÉCOLE DE NANCY, PAVILLON DE MARSAN, PARIS, 1903

STAND DAUM À L'EXPOSITION INTERNATIONALE
DE L'EST DE LA FRANCE, NANCY, 1904

l'entreprise la technique de la pâte de verre à partir de laquelle seront fabriqués petits objets et panneaux décoratifs. Jusqu'en 1914, les expositions se succèdent et la verrerie est présente à chaque manifestation importante en France et à l'étranger. Les commentaires sont le plus souvent élogieux comme en 1913 à Gand : « Comme dans les expositions précédentes, le stand de MM. Daum frères s'est fait remarquer [...] par la diversité de sa composition. La fabrication de MM. Daum frères est assez connue pour qu'il soit inutile d'entrer dans le détail de ses procédés, ce qui serait au demeurant une tâche impossible ici. » Si les grandes manifestations permettent à l'entreprise de faire connaître sa production, les ventes se font au travers de détaillants parmi lesquels nous trouvons les maisons Rouard, Delvaux, Blanchet, Luce, Damon, Lecerf ainsi que les grands magasins du Louvre, du Bon Marché, du Printemps, des Galeries Lafayette, sans oublier les exportations hors des frontières.

La mort d'Auguste Daum en 1909 ne porte pas préjudice à l'entreprise. Successivement, ses fils, Jean, Paul et Henri prennent la relève. Jean a déjà été pressenti puisque dès 1907, il se forme directement à la verrerie. Paul le suit en 1911 après des études à l'institut physique et chimique de Nancy. Henri est lui aussi ingénieur chimiste. Les premières attributions de Paul consistent à gérer le service des approvisionnements et à diriger les services généraux à l'exclusion des services de fabrication. Antonin devient le vrai patron de l'entreprise et conserve pour l'heure la direction de la production artistique. La disparition de son frère et celle d'Émile Gallé quelques années plus tôt font de lui le dernier représentant d'une certaine époque de la verrerie nancéienne.

La première guerre mondiale donne un coup d'arrêt à l'entreprise. Jean, Paul et Henri sont mobilisés ainsi que beaucoup d'ouvriers : « Le four est arrêté. Les troupes allemandes s'approchent de Nancy à 8 kilomètres. Le grand hall d'emballage est quelque temps converti en ambulance[41]. » Mais Antonin Daum, avec obstination et courage, parvient à rallumer un four en 1915. L'entreprise participe même à une exposition mise sur pied par le maréchal Lyautey au Maroc : « Cette extraordinaire exposition de Casablanca en 1915, à laquelle nous répondîmes avec une ardeur non moins paradoxale en vous expédiant sous des averses d'obus et de bombes, des vases, des coupes et des bibelots fragiles[42]. » Jean Daum est tué le 2 avril 1916. À la signature de l'Armistice, la verrerie a la chance de compter dans ses rangs une grande partie des cadres d'avant-guerre. En 1926, lors du banquet fêtant la remise de la Légion d'honneur à Eugène Gall, artiste verrier, décoré à la suite de l'exposition des Arts décoratifs, ainsi que des médailles du travail à trente collaborateurs de cette maison, on peut reconnaître sur la photo souvenir Eugène Gall et Antonin Daum bien sûr, mais également Émile Toussaint, Émile Dufour, Victor Hubinet, Adolphe Cordier, Hilaire et Basile Stein, Émile Wirtz, Sévère Winckler, autant d'ouvriers présents dans l'entreprise avant 1914. Une bonne verrerie existe en priorité grâce à la qualité de sa main-d'œuvre, et l'entreprise Daum a su recruter et former d'excellents ouvriers dont beaucoup ont été épargnés par la Grande Guerre.

LES COLLABORATEURS RÉCOMPENSÉS À L'ISSUE DE L'EXPOSITION DES ARTS
DÉCORATIFS ET INDUSTRIELS MODERNES DE PARIS, 1925
(PHOTOGRAPHIE DE 1926)
DE HAUT EN BAS ET DE GAUCHE À DROITE : MAURICE LANG, PAUL CHAILLOT,
ÉMILE POULET, ÉMILE THIRIET, ÉMILE DUFOUR, PAUL PORTA, BUREAUD, ?,
JOSEPH CANOT, JULES TOUSSAINT, HUBINET, RENÉ DERULLES, ÉMILE RICARD,
ÉMILE TOUSSAINT, LOUIS OU MARIUS WIRTZ, ?, SÉVÈRE WINCKLER,
EUGÈNE MAILLARD, ?, AUGUSTE UNTERREINER, ? , VICTORINE WALTER,
EUGÈNE GALL, ANTONIN DAUM, ?, ?, ?, HYPPOLITE BOURRAS, ADOLPHE CORDIER

L'APRÈS-GUERRE, VERS UNE NOUVELLE ESTHÉTIQUE

Antonin, Paul et Henri assurent la direction de la verrerie. Le paysage nancéien a changé. On compte dans la ville, à partir de 1920, plusieurs verreries nouvelles en plus des établissements Daum et Gallé (repris après la mort de son mari par Madame Gallé). Une concurrence plus rude s'installe. En janvier 1921, ce sont les Cristalleries de Nancy qui ouvrent leurs portes. Au début, le directeur, M. Bayet, déclare se limiter au flaconnage mais dès le mois de novembre la production s'élargit : « [Les] fondateurs [des Cristalleries de Nancy] avaient en vue la production en grandes séries de flacons en cristal taillé pour la parfumerie de luxe. [...] Cette fabrication fut mise en route très rapidement et avec un plein succès, mais la crise commerciale aiguë de 1921 vint la paralyser trois mois après. [...] Sans hésiter, le conseil d'administration décida d'entreprendre la fabrication de la cristallerie de table, de la gobeleterie et des articles riches et créa un magasin de vente et un atelier de décor à Paris[43]. » Vers 1925, la verrerie Dusquesne commence une fabrication de verres de montre. La manufacture Delatte s'engage en 1920 dans la production de vases à décors art nouveau et art déco, expose son travail et se fait remarquer : « [La verrerie Delatte] a réussi en moins de deux ans à compter dans les firmes importantes du département. Elle s'est attachée à présenter des modèles nouveaux de verrerie d'art moderne, et elle a réussi à appliquer tous les procédés nouveaux concernant la décoration du verre[44]. » En 1922, Daum, déjà agacé par un délit de débauchage de ses ouvriers non reconnu par la justice, intente un procès pour contrefaçon à la verrerie concurrente. Ce procès est perdu en appel avec les attendus de jugement suivants : le tribunal estime que l'on ne peut pas confondre la médiocrité de Delatte avec le travail soigné de Daum, qu'une imitation de la nature ne peut être la propriété d'une personne, enfin que les procédés, décors et formes utilisés par Daum existaient avant eux et donc ne leur appartiennent pas. Un réconfort toutefois pour la verrerie Daum, si toutes les nouvelles entreprises se multiplient, seuls les établissements Daum seront encore actifs après les années trente. L'usine des Cristalleries de Nancy ferme ses portes le 28 avril 1934 après que sa faillite est prononcée. Les établissements Duquesne ne fonctionneront que cinq années, de 1925 à 1930, et en 1931, la presse fera mention d'une dissolution à l'amiable et de la vente par adjudication des bâtiments et de la marchandise de la verrerie Delatte. Cette même année 1931 verra la cessation d'activité des établissements Gallé avant leur fermeture définitive en 1936.

La production de l'immédiat après-guerre ne se distingue pas énormément de celle d'avant 1914. Une partie de la fabrication concerne toujours la verrerie de table, le flaconnage, les boules de verre, une autre, la verrerie «fantaisie» c'est-à-dire les pièces

*DIPLÔME COMMÉMORATIF DU GRAND PRIX
DÉCERNÉ À MESSIEURS DAUM FRÈRES
EXPOSITION NATIONALE COLONIALE
DE MARSEILLE, 1922*

décorées. L'art nouveau est encore au goût du jour et le restera quelque temps encore, mais des expériences multiples dans le décor et la forme sont tentées. Émile Wirtz, entré dans l'entreprise en 1898, accède progressivement au statut de collaborateur artistique avant de remplacer Henri Bergé. Dans la famille Daum, si Antonin garde un regard sur toute la production, c'est Paul qui décide des orientations artistiques. Ce dernier, comme son père et son oncle, s'implique dans son métier et dans sa ville. En 1919, il entre au conseil municipal de Nancy ; en 1933, il devient adjoint au maire. Il est également « le promoteur de la fédération des chambres syndicales des verreries à la main[45] ». L'entreprise continue à participer aux grandes expositions : exposition coloniale de Marseille en 1922, Barcelone en 1923. De la même manière que l'Exposition universelle de 1900 concrétisait le travail d'Auguste et d'Antonin, l'Exposition internationale des Arts décoratifs de Paris en 1925 montre la vitalité et la capacité d'adaptation de la Verrerie de Nancy. « Avec la verrerie Daum de Nancy, on trouvait, dans toute leur variété, les techniques traditionnelles du verre ; il n'en est aucune qui ne soit familière à cette race de verriers d'art qui depuis près d'un demi-siècle, cherche, étudie, renouvelle, sans lasser son enthousiasme, sans épuiser la matière, toutes les formes qu'elle peut revêtir. Les ouvrages présentés à l'Exposition de 1925 contrastaient avec ceux de 1900 par une plus grande sobriété de couleurs, plus de solidité dans les formes, plus de netteté dans les lignes, plus de richesse et d'imprévu dans la matière : pièces de verrerie pure, décorées à chaud par des applications au crochet, ton sur ton ou légèrement teintées, reprises et modelées en relief à la roue ; verres agatisés, verres camées à deux ou trois couches superposées, verres gravés en creux à la roue ou à l'acide, taillés en larges pans à la meule de pierre ; verres incrustés et pailletés d'or ; verres intercalaires fondus à deux feux avec leurs figures décoratives immergées dans l'épaisseur des parois[46]. » Si Antonin Daum est élevé à la dignité de commandeur de la Légion d'honneur à l'issue de l'exposition, honneur qu'il décline dans un premier temps estimant que ce grade est à réserver « aux bienfaiteurs désintéressés du pays[47] », il doit certainement ce succès à Paul Daum qui a pris en main la direction artistique de la manufacture. Cette année-là toujours, pour faire face à une « demande très abondante en fantaisie, surtout coupoles et tulipes dont les livraisons étaient trop lentes [...] et surtout, parce qu'on espérait trouver à Croismare[48], une main-d'œuvre que l'on désespérait de trouver à Nancy [enfin] parce que les tentatives faites pour nous développer ailleurs n'avaient pas abouti[49] », l'entreprise Daum crée une deuxième verrerie : la verrerie Belle Étoile. C'est Henri Daum, « agissant en tant que gérant de la société Daum et Cie », qui demande l'autorisation le 15 décembre 1925. Belle Étoile fournira essentiellement de la verrerie blanche, des boules de verre (pour Dusquesne) et de la fantaisie (signée Lorrain et non Daum). Paul Daum en assurera la direction pendant les quatre premières années. Pierre Davesn sera le principal créateur des pièces (à partir de 1928). De 1925 à 1934 (date de la fermeture de Belle Étoile), la société Daum emploie, sur les deux sites, plus de 500 personnes.

CARTE DE VISITE DES REPRÉSENTANTS DES CRISTAUX D'ART SIGNÉS LORRAIN, APRÈS 1926

PIERRE DAVESN
GOUACHE SUR PAPIER, ENTRE 1928 ET 1934

VERS LA CRISE

Antonin Daum meurt le 28 mars 1930. Paul lui rend hommage en ces termes : « Ce que notre société lui doit ? Il n'est pour le mesurer que d'imaginer ce que serait la verrerie s'il n'y était pas passé. Tout y porte sa marque, la tenue artistique de la fabrication dont il nous a donné le goût ainsi qu'à ses autres collaborateurs, les traditions de courtoise cordialité avec le personnel et cet amour de la mesure qui était la marque de son esprit modéré, désireux de se faire sa place mais sans blesser ni léser personne. » Avec lui s'éteint également un représentant éminent de l'École de Nancy. Après la mort d'Émile Gallé, c'est toute une génération d'artistes et d'industriels qui disparaît. Ils avaient fait la réputation de la ville depuis 1894 en traversant les différentes périodes de l'art décoratif et en portant loin le nom de Nancy. Louis Majorelle meurt en 1926. Comme les établissements Daum, il avait pris le tournant art déco sans difficultés : « La paix signée, on retrouve Louis Majorelle animé de la même persévérance à poursuivre ses créations, en les adaptant aux besoins d'une existence que la guerre avait profondément modifiée[50]. »

Si la personnalité et la place occupée par Antonin laissent un grand vide, la relève, encore une fois, est déjà assurée. Aux côtés de Paul et Henri arrive Michel,

LA FAMILLE DAUM RÉUNIE AUTOUR
D'ANTONIN DAUM, APRÈS 1920

nommé gérant le 3 juin 1930. Né en 1900, il est un des trois enfants d'Antonin et de
Marguerite Didion[51]. Antonin avait su déléguer et aider la nouvelle génération, Paul en
particulier qui, dans les années vingt, occupera progressivement la place de son oncle
(avec l'approbation de ce dernier) en donnant une nouvelle impulsion aux créations artistiques. Comprenant la portée de l'esthétique nouvelle de ces années, il engagera résolument l'entreprise dans l'aventure art déco. Les années trente sont difficiles, la crise
économique mondiale frappe durement les industries verrières. L'entreprise Daum y fait
face en réduisant le plus possible ses coûts de fabrication : baisse des salaires de 25%,
chômage du personnel[52], fermeture de Belle Étoile, licenciement d'une partie des
ouvriers. Avant la fermeture, l'effectif des deux usines était déjà passé de 430 à 360 personnes. Mais la notoriété de l'entreprise, la qualité de ses produits et la volonté de ses
patrons et de ses ouvriers, lui permettent de faire face. Elle reste très présente à la fois
lors des grandes manifestations et dans la presse. En 1937, à l'Exposition internationale
de Paris, où Paul Daum est président du jury de la céramique et de la verrerie, les rapporteurs de la région lorraine signalent que « d'admirables ensembles sous vitrine [...]
ont été apportés par les verreries de Nancy Daum et Cie, qui presque seules continuent
la tradition commencée par Gallé[53] ». L'Algérie, la Tunisie, l'Inde, la Chine, le Canada,
l'Australie, l'Afrique du Sud, la Nouvelle-Zélande sont autant de destinations pour les
produits de la verrerie. En 1935, la maison Daum décroche le contrat d'équipement du
paquebot *Normandie*. Si jusque-là, aucune grève n'était venue troubler l'entreprise, lui
valant même les félicitations du préfet, en 1936 cependant, la verrerie connaît son premier conflit social. « Le 7 août 1936, pour la première fois au cours des 64 années qui
s'étaient écoulées depuis la fondation de la verrerie, les fours étaient volontairement

éteints et le personnel congédié[54]. » La presse se fait l'écho de cette fermeture : « On annonce que la crise, qui a atteint gravement les verreries artistiques, entraînera, pour le 10 août, la fermeture des établissements Daum, qui comptent environ 500 ouvriers. M. Paul Daum confirme cette information, en disant que l'insécurité du lendemain pour son industrie motive cette pénible décision. [55] » *L'Éclair de l'Est* ajoute : « C'est donc une perte importante pour l'art lorrain ; et cette disparition est très grave si l'on considère qu'avant Daum, les Cristalleries de Nancy, Gallé, Delatte et les Verreries de l'Est ont déjà fermé leurs portes. La verrerie Daum était la dernière entreprise nancéienne de verrerie d'art, pour laquelle cependant, la capitale lorraine avait acquis une réputation mondiale[56]. » Seuls 50 des 250 ouvriers sont gardés à la verrerie. À partir de 1938, les événements s'accélèrent. Paul, Henri et Michel se penchent sur les problèmes. Il en ressort que la gérance à trois laisse à désirer. Paul cherche à y mettre fin et propose plusieurs solutions, dont la direction unique. La mobilisation de septembre entraîne l'arrêt du four pendant quelque temps. Il est de nouveau éteint le 1er août 1939, puis rallumé, puis ré-éteint le 30 avec la mobilisation générale. Paul et Michel sont mobilisés hors de Nancy. C'est Paul Daum, démobilisé, qui assurera la bonne marche de la verrerie. Résistant, il est arrêté le 24 février 1943 et meurt au camp de Neise Bremme le 17 février 1944. « Pendant les trente années qu'il avait passées à la verrerie, il lui avait consacré toutes les ressources de son intelligence si intuitive, de son imagination si féconde, de son amour de l'action et de son cœur si généreux. Tout ici porte son empreinte ; à toutes les branches de nos activités il avait donné son impulsion et s'il n'avait pu empêcher l'influence des crises économiques, il s'était attelé à tous les problèmes qu'elles avaient posés, tant à Nancy même qu'à Paris ; et nous étions certains qu'il leur apporterait la solution la meilleure[57]. »

CARTE DE VISITE DAUM FRÈRES,
EXPOSITION COLONIALE DE PARIS, 1931

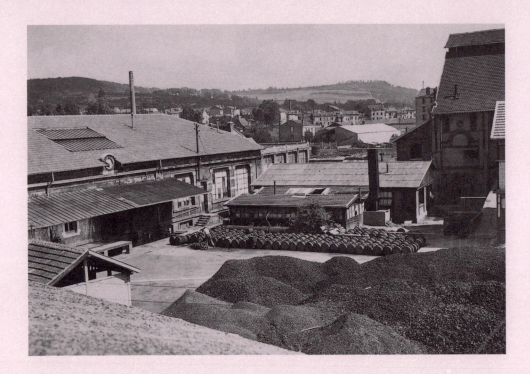

LA COUR DE L'USINE, 1946

UN NOUVEAU DÉPART

Nancy est libérée le 13 septembre 1944. En sommeil depuis six années, la verrerie n'a pas subi, comme de nombreuses entreprises, la haine de l'occupant. L'outil de production est intact. L'usine Belle Étoile de Croismare est par contre gravement endommagée par les troupes américaines. En septembre 1945, les fours sont rallumés. La rupture avec le passé est définitivement consommée. Antonin et Paul ne sont plus présents pour faire redémarrer la manufacture. Henri et Michel assurent désormais la direction de l'entreprise et doivent se passer des compétences de l'initiateur du département artistique et de son successeur. D'autres membres de la famille intègrent la société. Jacques Daum (né en 1909), fils de Jean Daum et de Marie-Louise Batault, petit-fils d'Auguste, prend dans un premier temps la direction du dépôt parisien. Ses études à HEC le conduiront tout naturellement à relancer l'activité commerciale de l'entreprise. Antoine Froissart (né en 1920), fils d'Antoinette Daum et de Pierre Froissart, petit-fils d'Antonin, supervise la construction d'un nouveau four. À la tête de l'entreprise, Henri et Michel se partagent les tâches suivant le modèle des débuts : Henri s'occupe de la gestion administrative tandis que Michel prend la direction de la création.

Si la manufacture a pu passer deux guerres sans trop de dommages, les inondations de 1947 occasionnent des dégâts considérables : « En fin décembre 1947 une inondation, d'une importance jusqu'ici inconnue, vient submerger tout le quartier, inonde toutes les caves avec les produits finis et les approvisionnements qu'elles contiennent, submerge les infrastructures du four à 6 pots qui s'éteint dans un nuage de vapeur. En remplacement momentané, le four à 2 pots est remis en activité. Les dégâts de l'inondation sont estimés à près de cinq millions de francs. Il n'est fait aucune indemnisation[58]. » Ce nouveau coup du sort n'entame pas la volonté de la nouvelle direction. En 1948, la maison Daum qui n'a toujours pas pignon sur rue à Nancy, rachète un fond de commerce au 22 de la rue Héré pour y installer un magasin d'objets d'art. Dans le domaine de la création, Michel impose un nouveau style, celui du cristal pur, sans décor ni coloration. Le travail se fait essentiellement à chaud par étirage de la matière. Le «bureau d'études » a remplacé « l'atelier » d'Antonin Daum mais ce sont toujours des collaborateurs artistiques qui créent les modèles. Pendant plus de vingt ans, ces pièces symboliseront la verrerie nancéienne et rencontreront un grand succès. Afin de faire taire certaines critiques qui ne voient dans cette nouveauté qu'un plagiat de la verrerie suédoise contemporaine, l'entreprise convoque même un jury de compétence qui lui donne raison. Salon des arts ménagers, foires, expositions internationales, la manufacture continue à se montrer un peu partout dans le monde. Une étude menée par la SEMA[59] concernant le marché des articles Daum en 1966 explique que les objets décoratifs de la manufacture sont le plus souvent achetés en vue de cadeaux pour des mariages, en particulier. Et l'enquête précise même que l'acheteur est « de sexe féminin dans les trois quarts des cas ; c'est une femme sans activité professionnelle, une fois sur deux[60] ».

Henri Daum se retire le 31 décembre 1960, laissant Michel Daum seul aux commandes de l'entreprise. La société à responsabilité limitée créée le 26 décembre 1925 est transformée en société anonyme le 17 avril 1962. Et en 1965, Michel Daum transmet les pouvoirs à Jacques. En prenant la gérance de la maison Daum, l'objectif de ce dernier est clair : « Quand l'industrie se satisfait d'une routine même estimable, elle est en péril. Il faut savoir prendre des risques quand il faut[61]. » Dans cette optique, il réintroduit la pâte de verre dont les procédés ne sont plus utilisés depuis longtemps. Antoine Froissart, directeur des fabrications, est chargé de retrouver et de mettre au point cette technique. Parallèlement, Jacques Daum invite des artistes renommés à l'entreprise comme Salvador Dali ou César pour des créations inédites. Alors que l'époque de Michel Daum est caractérisée par une création purement interne, Jacques ouvre l'entreprise aux créateurs extérieurs. Il autorise également ses propres collaborateurs artistiques à signer des pièces en édition limitée. C'est ainsi que les noms de Jean-Pierre Demarchy ou Christian Poincignon apparaissent aux côtés de la marque Daum. Pierre de Cherisey (né en 1936), fils de Françoise Daum et de B. de Cherisey, arrière-petit-fils d'Antonin, est le successeur de Jacques et le dernier président de la famille à la tête de l'entreprise.

LE MAGASIN, 1946

L'ATELIER DE POLISSAGE, 1946

L'entreprise dépose le bilan en 1981-1982, après être devenue une des filiales de la CFC (compagnie française du cristal) dans les années soixante-dix. En 1985, pour 25 millions de francs, la CFC est rachetée par la société BBI contrôlée par Didier Primat, héritier de la famille Schlumberger. Deux années plus tard, la fusion de la CFC et de sa filiale amène la réduction des effectifs de 1050 à 720 personnes sur les deux sites de production que sont Vannes-le-Châtel et Nancy. Bernard Erbo est le nouveau directeur de la société, et Clotilde Bacri, supervise la direction artistique assurée par Philippe Renaud. Ils favorisent des collaborations, pour des éditions à tirage limité, avec des personnalités du design contemporain comme Hilton Mac Connico, Garouste et Bonetti ou encore Philippe Starck. Pourtant, faute de stratégie commerciale, l'entreprise perd de l'argent. En 1995, la CFC-Daum est rachetée par le groupe SAGEM, l'actuel propriétaire. La production se poursuit à Vannes-le-Châtel (250 personnes) et à Nancy (35 personnes).

[1] « L'usine Daum fut la première et resta long-temps l'unique verrerie établie dans la région de Nancy, d'où le vocable originaire de Verrerie de Nancy, sous lequel elle continue à être connue sans autre dénomination. » ("Les Verreries Daum", *L'Illustration économique et financière*, n° spécial Nancy et Meurthe-et-Moselle, 1923, p. 82. Il faut rappeler que ce n'est qu'en 1894 qu'Émile Gallé installe à Nancy ses ateliers de production. / [2] C'est-à-dire de découpe de boules de verre. / [3] « Ce jour 22 juin 1873 se sont réunis M. S. Villaume propriétaire des magasins généraux, Auguste Villaume négociant, demeurant tous deux à Nancy, Avril propriétaire des verreries de Trois Fontaines, Bertrand, ingénieur des arts et manufactures, copropriétaire des Verreries de Sars Poterie, à l'effet de fonder à Nancy, une verrerie sous le nom de verrerie de Nancy. » Extrait de Henri et Michel Daum, « Historique de la Verrerie de Nancy écrit par Henri en 1964, revu et corrigé par M. Daum. Sera encore complété par des annexes août 1970 », archives Daum. / [4] Archives départementales de Lorraine, série 5 M 13. / [5] *Ibid.*, série 5 M 203. / [6] Appelée ainsi car elle se situait dans le faubourg Sainte-Catherine à l'Est de Nancy. / [7] Archives municipales de Nancy, série F1, registre de population 1873-1876. / [8] Archives Daum. / [9] Bobèche (n. f. de bobine) : disque (de verre, de métal, etc.) adapté à un bougeoir pour arrêter les coulures de bougie fondue (*Le Petit Larousse illustré*). / [10] Archives municipales de Nancy, série F1, registre de population 1877. / [11] Fils de Adam-Antoine Daum, drapier, et de Anne-Barbe Anstett, sans profession. / [12] Louise : 1852-1891, Auguste : 1853-1909, Charles : 1855-1897, Jeanne : 1858-1927, Fanny : 1863-1927, Antonin : 1864-1930 et Léon, né en 1857 et mort à l'âge de 10 mois. / [13] Henri et Michel Daum, *op. cit.* / [14] Archives notariales de maître Cuif, n° 5213, obligation Avril et Bertrand à Daum, 2 octobre 1877. / [15] Une première fois 100 000 francs et la seconde 120 000 francs (*ibid*). / [16] Archives Daum. / [17] Archives municipales de Nancy, série F1, registre de population 1878 et 1879. / [18] *L'Union franc-comtoise*, 29 septembre 1877, n° 232. / [19] Claude Adolphe est né en mars 1845 à Martigny-les-Lamarches. Marié à Maria Masson, née à Vannes-le-Châtel le 8 septembre 1858, il a deux filles, Clotilde (née le 21 décembre 1871 à Montferrand), Camille (née le 23 décembre 1878 à Nancy) et un garçon, Adolphe (né le 29 avril 1876 à Montferrand). Il arrive à Nancy en 1878 à la suite de la fermeture de la verrerie de Montferrand. Entre 1879 et 1880, il est chef-ouvrier. En 1886, il est « chef de la grande place à la verrerie ». (Le cahier comptable de 1889-1895 le donne comme le verrier le mieux payé de l'entreprise, archives Daum). De 1878 à 1880, il habite à la verrerie et déménage en 1886, au 56 faubourg Saint-Georges. Gustave Toussaint (20 août 1847, Bayel) s'installe à Nancy en 1878 et occupe chez Daum le poste de verrier. / [20] Antonin Daum, "Discours à l'assemblée générale de la verrerie du 1er avril 1928", archives Daum. / [21] Jules Henrivaux, *Le Verre et le Cristal*, P. Vicq-Dunod et Cie, Paris, 1897. / [22] "Les Verreries Daum", *op.cit.*, 1923, p. 84. / [23] En 1892. / [24] "Visite à Nancy de M. Henri Boucher le mardi 19 octobre 1897", *Supplément à la Revue industrielle de l'Est*, 24 octobre 1897. / [25] Jean-Baptiste Gall, dit Eugène, né le 30 septembre 1868 à Croismare près de Lunéville, entre comme apprenti en 1884. Mobilisé en 1914 comme territorial, il voit son fils tué en 1915 à la bataille de Fey-en-Haye. Officier d'académie, titulaire de la médaille trentenaire du travail, chevalier de la Légion d'honneur. / [26] Peintre sur verre (né le 2 avril 1841 à Paris), Brutus Camille Dammann arrive à Nancy en 1889. Il a deux enfants, Fernand, né à Fantin le 18 août 1878 et Herminie, née à Longchamp le 14 août 1880 (notée comme peintre sur faïence en 1911). / [27] Exposition des Arts décoratifs et industriels lorrains. / [28] Dans les catalogues de la société lorraine des Amis des arts, Jacques Gruber est mentionné comme « peintre verrerie Daum » de 1894 à 1898 avant de prendre le titre de professeur en 1899. La fin de la collaboration entre la manufacture Daum et Gruber se situe donc entre 1897 et 1898. / [29] Octave Maus (1856-1919), avocat et critique belge. Il fonde en 1881 *L'Art moderne* avec Edmond Picard. En 1894, il crée la Libre Esthétique, manifestation artistique qui fait une grande place aux arts décoratifs : « Il s'agit d'un salon fermé, restreint à un choix d'invités appartenant aux fractions diverses de l'art neuf et dont le nombre est forcément limité par les exigences des locaux disponibles. Ainsi les invitations sont-elles vivement convoitées. » (*L'Art moderne*, 7 janvier 1894). / [30] Louise : 1884-1940, Jean : 1885-1916, Léon : 1887- ?, Paul : 1888-1944 et Henri : 1889-1960. / [31] En 1874, par testament, Georges Jacquot lègue à la ville de Nancy une somme de 36 000 francs pour fonder un prix de dessin d'ornement industriel décerné tous les trois ans. La récompense en est une bourse permettant d'aller étudier pendant trois années à l'école des Arts décoratifs de Paris. En 1892, le conseil municipal de la Ville de Nancy apporte des modifications au règlement du concours car « aucun des lauréats (depuis 1881), après son séjour à l'école des Arts décoratifs, n'a embrassé la carrière de l'industrie d'art ; [...] il semble donc que les résultats de ces concours ne répondent pas suffisamment aux intentions du fondateur. » C'est un jury de quatre membres qui choisit le lauréat. Ce jury est composé de deux membres du conseil municipal et de deux chefs d'industries. Antonin Daum, fort de son titre de maître verrier, sera régulièrement appelé pour y siéger. / [32] *Catalogue de l'exposition d'Art décoratif et industriel lorrain*, Nancy, 1894. / [33] Succès d'Émile Gallé à l'exposition de l'Union centrale des Arts décoratifs de 1884, à l'Exposition universelle de 1889 à Paris. Bonne figuration de la délégation nancéienne à celle de Chicago en 1893 ou encore réactions enthousiastes suscitées par les cadeaux offerts à l'escadre russe. / [34] Octave Maus, «En passant par la Lorraine», *L'Art moderne*, dimanche 16 septembre 1894, p. 293. / [35] Roger Marx, "L'École de Nancy au pavillon de Marsan", *Bulletin des sociétés artistiques de l'Est*, avril 1903, p. 65. / [36] Victor Lemoine et Fils horticulteurs, *Catalogue et prix courants 1899-1900*, imprimerie nancéienne, 15 rue de la Pépinière, 1899. / [37] Président de l'association et directeur de l'école des Beaux-Arts de Nancy. / [38] Émile Gallé, "Allocution en réponse à Jules Larcher. 28 décembre 1900", *La Lorraine artiste*, 1er février 1901, p. 60-62. [39] Lettre d'Antonin Daum à Victor Prouvé, 15 juin 1906. / [40] Rapport de police du 16 octobre 1908, archives départementales, 8 M 23. / [41] Henri et Michel Daum, *op. cit.*. / [42] Antonin Daum, "Discours de remerciements. Exposition de 1925", archives Daum. / [43] "Cristallerie de Nancy 88 Faubourg Saint Georges à Nancy", *L'Illustration économique et financière*, n° spécial Nancy et Meurthe-et-Moselle, 1923, p. 86. / [44] "Cristallerie de Nancy 88 Faubourg Saint Georges à Nancy", *ibid.*, p. 85. / [45] "À la mémoire de Paul Daum", archives Daum. / [46] Rapport général de l'Exposition de 1925. / [47] Lettre d'Antonin Daum à M. Kuncht, 27 janvier 1926, archives Daum. / [48] Situé près de Lunéville (Meurthe-et-Moselle). / [49] "Éventualité de la fermeture de Belle Étoile 30 janvier 1932", archives Daum. / [50] Jules Majorelle, "Sa vie", *Louis Majorelle Artiste décorateur - Maître ébéniste*, Nancy-Paris-Strasbourg, imprimerie Berger-Levrault, 1927, p. 8. / [51] Michel (né en 1900) ; Antoinette (née en 1899), épouse de Pierre Froissart et Françoise (née en 1902) épouse de B. de Cherisey. / [52] Une note concernant l'atelier décor spécifie : « L'atelier décor sera fermé non seulement le samedi mais aussi le lundi jusqu'à ce que les circonstances économiques soient plus favorables. », 12 décembre 1930, archives Daum. / [53] Rapport du comité sur la participation de la région lorraine au centre régional de l'exposition, archives Daum. / [54] Paul Daum cité par Henri Daum, archives Daum. / [55] *La Victoire* et *Action française*, 24 juillet 1936. / [56] *L'Éclair de l'Est*, 27 juillet 1936. / [57] Henri et Michel Daum, *op. cit.* [58] *Ibid.* / [59] SEMA : société d'économie et de mathématiques appliquées. / [60] SEMA, "Le Processus d'achat des articles Daum", *Le Marché des articles Daum*, 1965, p. 42. / [61] Jacques Daum, *César/cristal/Daum*, musée des Arts décoratifs, Paris, 1969.

CATALOGUE DE LA COLLECTION

Les termes techniques cités
entre guillemets sont ceux employés
par la verrerie Daum et renvoient
à des pratiques particulières
à l'entreprise.

Toutes les dimensions sont données
en cm.

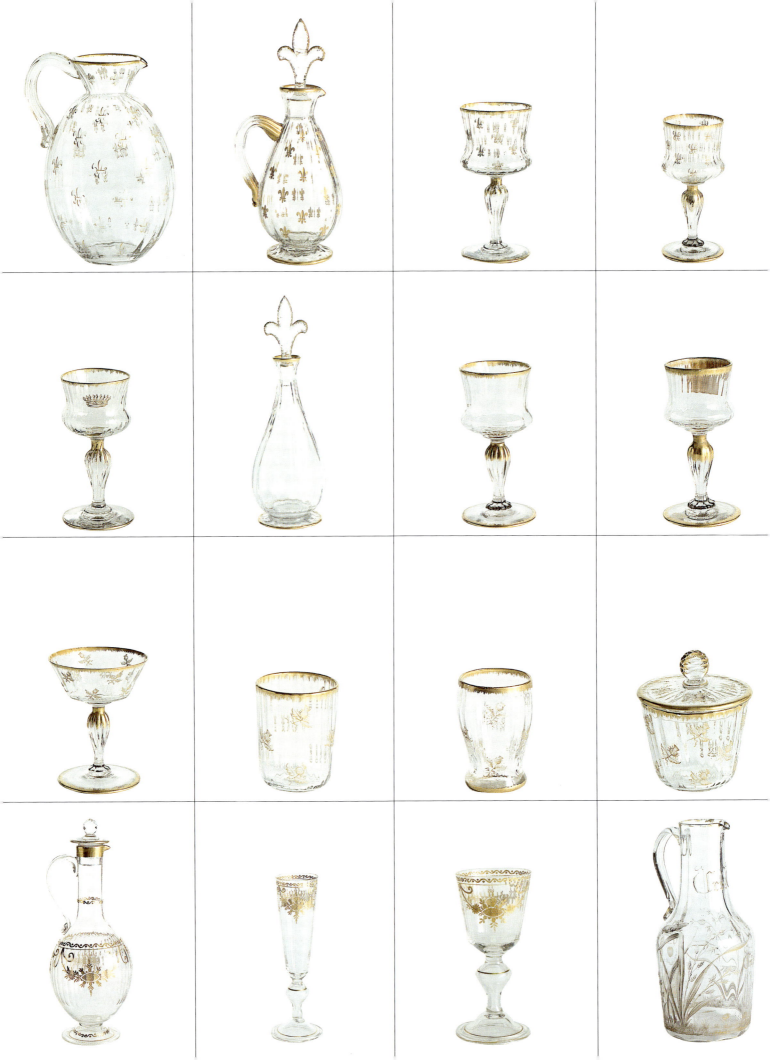

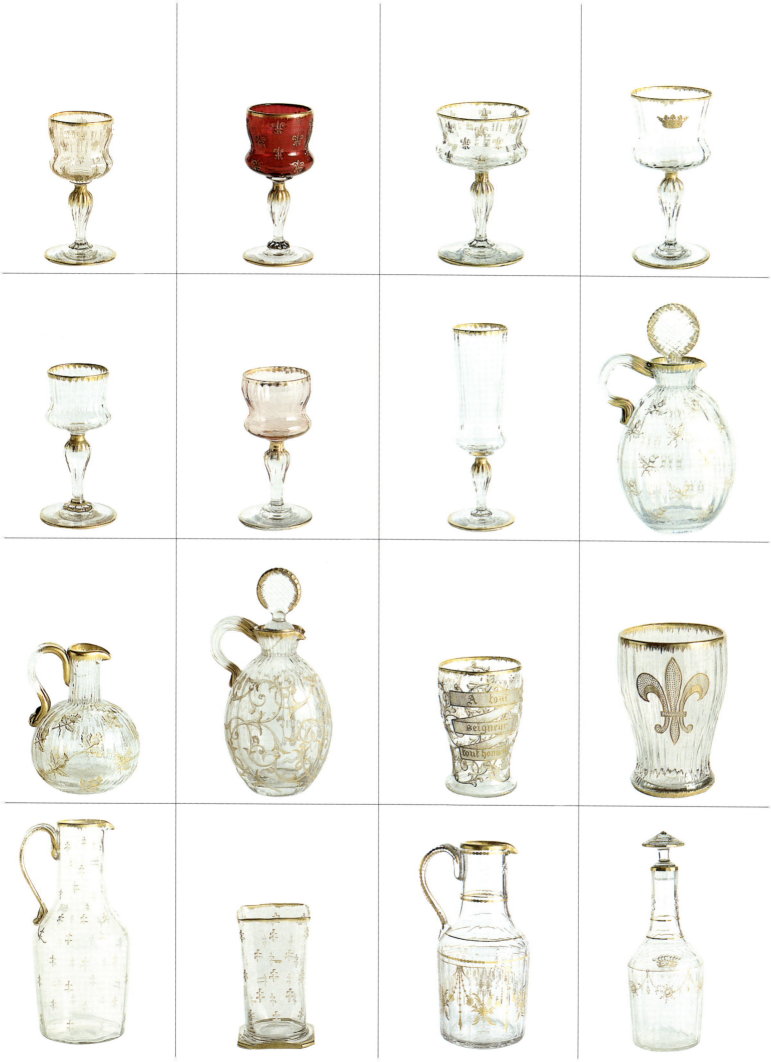

1

99.12.5.(10)

BROC, *SERVICE DUCAL*
DÉCOR À SEMIS DE LIS

1891

VERRE SOUFFLÉ-MOULÉ,
GRAVÉ À LA ROUE ET REHAUSSÉ D'OR
ANSE EN APPLICATION

H. : 20,9 / D. (OUVERTURE) : 7,5

NON SIGNÉ

DON GROUPE SAGEM, 1999

2

95.1.6.(2)

BROC À VIN, *SERVICE DUCAL*
DÉCOR À SEMIS DE LIS

1891

VERRE SOUFFLÉ-MOULÉ,
GRAVÉ À LA ROUE ET REHAUSSÉ D'OR
BOUCHON MOULÉ ET TAILLÉ
ANSE ET PIED EN APPLICATION

H. : 28,9 / D. : 10,5

SIGNATURE À L'OR SOUS L'OBJET

DON CRISTALLERIE DAUM-NANCY, 1985

3

99.12.5.(5)

VERRE À VIN GRAVÉ, *SERVICE DUCAL*
DÉCOR À SEMIS DE LIS

1891

VERRE SOUFFLÉ-MOULÉ,
GRAVÉ À LA ROUE ET REHAUSSÉ D'OR
JAMBE ET PIED EN APPLICATION

H. : 17,2 / D. (OUVERTURE) : 8,3

NON SIGNÉ

DON GROUPE SAGEM, 1999

4

95.1.6.(1)

VERRE, *SERVICE DUCAL*
DÉCOR À SEMIS DE LIS

1891

VERRE SOUFFLÉ-MOULÉ,
GRAVÉ À LA ROUE ET REHAUSSÉ D'OR
JAMBE ET PIED EN APPLICATION

H. : 13,2 / D. (OUVERTURE) : 6

NON SIGNÉ

DON CRISTALLERIE DAUM-NANCY, 1985

9

95.1.9.(2)

VERRE, *SERVICE DUCAL*
ORNÉ D'UNE COURONNE DUCALE

1891

VERRE SOUFFLÉ-MOULÉ,
GRAVÉ À LA ROUE ET REHAUSSÉ D'OR
JAMBE ET PIED EN APPLICATION

H. : 12 / D. (OUVERTURE) : 5,6

NON SIGNÉ

DON CRISTALLERIE DAUM-NANCY, 1985

10

95.1.7

CARAFE

APRÈS 1891

VERRE SOUFFLÉ-MOULÉ, REHAUSSÉ D'OR
PIED EN APPLICATION
BOUCHON TAILLÉ ET REHAUSSÉ D'OR

H. : 29,8 / D. : 10

SIGNATURE À L'OR SOUS L'OBJET

DON CRISTALLERIE DAUM-NANCY, 1985

11

99.12.5.(1)

VERRE À VIN, *SERVICE DUCAL*
DÉCOR À HACHURES

VERS 1891

VERRE SOUFFLÉ-MOULÉ, REHAUSSÉ D'OR
JAMBE ET PIED EN APPLICATION

H. : 13,1 / D. (OUVERTURE) : 6,1

NON SIGNÉ

DON GROUPE SAGEM, 1999

12

99.12.5.(2)

VERRE À VIN N° 5, *SERVICE DUCAL*
DÉCOR À HACHURES

1891

VERRE SOUFFLÉ-MOULÉ, REHAUSSÉ D'O[R]
JAMBE ET PIED EN APPLICATION

H. : 11,4 / D. (OUVERTURE) : 5

NON SIGNÉ

DON GROUPE SAGEM, 1999

17

95.1.5.(1)

COUPE À CHAMPAGNE
DÉCOR À SEMIS DE CHARDONS

APRÈS 1891

VERRE SOUFFLÉ-MOULÉ, GRAVÉ
À LA ROUE ET REHAUSSÉ D'OR
JAMBE ET PIED EN APPLICATION

H. : 11,7 / D. (OUVERTURE) : 9,3

NON SIGNÉ

DON CRISTALLERIE DAUM-NANCY, 1985

18

99.12.5.(15)

GOBELET, *SERVICE DUCAL*
DÉCOR À SEMIS DE CHARDONS

1891

VERRE SOUFFLÉ-MOULÉ, GRAVÉ
À LA ROUE ET REHAUSSÉ D'OR

H. : 7 / D. (OUVERTURE) : 5,6

SIGNATURE À L'OR SOUS L'OBJET

DON GROUPE SAGEM, 1999

19

99.12.5.(12)

GOBELET, *SERVICE DUCAL*
DÉCOR À SEMIS DE CHARDONS

1891

VERRE SOUFFLÉ-MOULÉ, GRAVÉ
À LA ROUE ET REHAUSSÉ D'OR

H. : 6,8 / D. (OUVERTURE) : 4,5

SIGNATURE À L'OR SOUS L'OBJET

DON GROUPE SAGEM, 1999

20

99.12.5.(13)

BEURRIER OU CONFITURIER,
SERVICE DUCAL
DÉCOR À SEMIS DE CHARDONS

1891

VERRE SOUFFLÉ-MOULÉ, GRAVÉ
À LA ROUE ET REHAUSSÉ D'OR
BOUCHON TAILLÉ ET DORÉ EN
APPLICATION SUR LE COUVERCLE

H. : 9,5 / D. : 7,3

SIGNATURE À L'OR SOUS L'OBJET

DON GROUPE SAGEM, 1999

25

95.1.13

BROC À VIN, *SERVICE LOUIS XIII*

1891

VERRE SOUFFLÉ-MOULÉ, TAILLÉ
ET REHAUSSÉ D'OR
PIED ET ANSE EN APPLICATION

H. : 25,4 / D. : 10,7

NON SIGNÉ

DON CRISTALLERIE DAUM-NANCY, 1985

26

99.12.11.(1)

FLÛTE À CHAMPAGNE,
SERVICE LOUIS XIII

1891

VERRE SOUFFLÉ-MOULÉ, TAILLÉ
ET REHAUSSÉ D'OR
JAMBE ET PIED EN APPLICATION

H. : 14,6 / D. (OUVERTURE) : 6,7

NON SIGNÉ

DON GROUPE SAGEM, 1999

27

99.12.11.(2)

VERRE, *SERVICE LOUIS XIII*

1891

VERRE SOUFFLÉ-MOULÉ, TAILLÉ
ET REHAUSSÉ D'OR
JAMBE ET PIED EN APPLICATION

H. : 18,5 / D. (OUVERTURE) : 4,8

NON SIGNÉ

DON GROUPE SAGEM, 1999

28

99.12.4

BROC À EAU, *SERVICE À SIROP WATTEAU*
CRUCHE *CRI-CRI*

1891

VERRE SOUFFLÉ-MOULÉ, GRAVÉ
À LA ROUE ET REHAUSSÉ D'OR

H. : 24,8 / D. : 10,3

NON SIGNÉ
INSCRIPTION GRAVÉE ET DORÉE SUR LE C[OL]
ET SUR LA PANSE À DEUX REPRISES : *CRI-C[RI]*

DON GROUPE SAGEM, 1999

5

99.12.5.(8)

VERRE À VIN DU RHIN, *SERVICE DUCAL*
COUPE VIEUX ROSE
DÉCOR À SEMIS DE LIS

1891

VERRE SOUFFLÉ-MOULÉ, GRAVÉ
À LA ROUE ET REHAUSSÉ D'OR
JAMBE ET PIED EN APPLICATION

H. : 12,6 / D. (OUVERTURE) : 5,7

NON SIGNÉ

DON GROUPE SAGEM, 1999

6

99.12.5.(7)

VERRE À VIN DU RHIN, *SERVICE DUCAL*
COUPE ROUGE
DÉCOR À SEMIS DE LIS

1891

VERRE SOUFFLÉ-MOULÉ, GRAVÉ
À LA ROUE ET REHAUSSÉ D'OR
JAMBE ET PIED EN APPLICATION

H. : 12,6 / D. (OUVERTURE) : 5,5

NON SIGNÉ

DON GROUPE SAGEM, 1999

7

99.12.5.(6)

COUPE À CHAMPAGNE, *SERVICE DUCAL*
DÉCOR À SEMIS DE LIS

1891

VERRE SOUFFLÉ-MOULÉ, GRAVÉ
À LA ROUE ET REHAUSSÉ D'OR
JAMBE ET PIED EN APPLICATION

H. : 13,3 / D. (OUVERTURE) : 8,7

NON SIGNÉ

DON GROUPE SAGEM, 1999

8

95.1.9.(1)

VERRE, *SERVICE DUCAL*
ORNÉ D'UNE COURONNE DUCALE

1891

VERRE SOUFFLÉ-MOULÉ,
GRAVÉ À LA ROUE ET REHAUSSÉ D'OR
JAMBE ET PIED EN APPLICATION

H. : 17,2 / D. (OUVERTURE) : 8,5

NON SIGNÉ

DON CRISTALLERIE DAUM-NANCY, 1985

13

99.12.5.(3)

VERRE À VIN, *SERVICE DUCAL*
DÉCOR À HACHURES

1891

VERRE SOUFFLÉ-MOULÉ, REHAUSSÉ D'OR
JAMBE ET PIED EN APPLICATION

H. : 10,3 / D. (OUVERTURE) : 4,2

NON SIGNÉ

DON GROUPE SAGEM, 1999

14

99.12.5.(4)

VERRE À VIN DU RHIN, *SERVICE DUCAL*
COUPE VIEUX ROSE

1891

VERRE SOUFFLÉ-MOULÉ, REHAUSSÉ D'OR
JAMBE ET PIED EN APPLICATION

H. : 11,4 / D. (OUVERTURE) : 5,2

NON SIGNÉ

DON CRISTALLERIE DAUM-NANCY 1985

15

95.1.1

FLÛTE À CHAMPAGNE, *SERVICE DUCAL*
DÉCOR À HACHURES

1891

VERRE SOUFFLÉ-MOULÉ,
REHAUSSÉ D'OR
JAMBE ET PIED EN APPLICATION

H. : 17,6 / D. (OUVERTURE) : 4,9

NON SIGNÉ

DON GROUPE SAGEM, 1999

16

95.1.5.(2)

BROC À VIN, *SERVICE DUCAL*
DÉCOR À SEMIS DE CHARDONS

1891

VERRE SOUFFLÉ-MOULÉ, GRAVÉ
À LA ROUE ET REHAUSSÉ D'OR
ANSE EN APPLICATION
BOUCHON MOULÉ ET TAILLÉ

H. : 18 / D. : 12,5

NON SIGNÉ
N° GRAVÉ SOUS L'OBJET : *23*

DON CRISTALLERIE DAUM-NANCY, 1985

21

99.12.5.(14)

CARAFON, *SERVICE DUCAL*
DÉCOR À SEMIS DE CHARDONS

1891

VERRE SOUFFLÉ-MOULÉ, GRAVÉ
À LA ROUE ET REHAUSSÉ D'OR
ANSE EN APPLICATION

H. : 7,7 / D. : 7,3

SIGNATURE À L'OR SOUS L'OBJET

DON GROUPE SAGEM, 1999

22

99.12.5.(11)

BROC À FLEUR D'ORANGER,
SERVICE DUCAL
DÉCOR À SEMIS DE CHARDONS

1891

VERRE SOUFFLÉ-MOULÉ, GRAVÉ
À LA ROUE ET REHAUSSÉ D'OR
ANSE EN APPLICATION
BOUCHON TAILLÉ ET DORÉ

H. : 19 / D. (OUVERTURE) : 4,7

SIGNATURE À L'OR SOUS L'OBJET

DON GROUPE SAGEM, 1999

23

99.12.1

VERRE À *TOUT SEIGNEUR TOUT HONNEUR*
CHOPE DUCALE CABOSSÉE, CISELÉE,
À RINCEAUX RICHES AVEC DEVISE

1891

VERRE SOUFFLÉ-MOULÉ, GRAVÉ
À LA ROUE ET REHAUSSÉ D'OR

H. : 11,8 / D. (OUVERTURE) : 8

NON SIGNÉ - INSCRIPTION SUR LA PAROI :
À TOUT / SEIGNEUR / TOUT HONNEUR

DON GROUPE SAGEM, 1999

24

99.12.5.(9)

GOBELET, *SERVICE DUCAL*
ORNÉ D'UNE FLEUR DE LIS

1891

VERRE SOUFFLÉ-MOULÉ, GRAVÉ
À LA ROUE ET REHAUSSÉ D'OR

H. : 21 / D. (OUVERTURE) : 7,1

SIGNATURE SOUS L'OBJET

DON GROUPE SAGEM, 1999

29

95.1.14

BROC À BIÈRE, *SERVICE WATTEAU*
DÉCOR À SEMIS DE CROIX DE LORRAINE

1891

VERRE SOUFFLÉ-MOULÉ, GRAVÉ
À LA ROUE ET REHAUSSÉ D'OR
ANSE EN APPLICATION

H. : 24,5 / D. : 11,2

NON SIGNÉ

DON CRISTALLERIE DAUM-NANCY, 1985

30

99.12.2

GOBELET À BIÈRE
DÉCOR À SEMIS DE CROIX DE LORRAINE

1891

VERRE SOUFFLÉ-MOULÉ, GRAVÉ
À LA ROUE ET REHAUSSÉ D'OR

H. : 11 / L. DU PIED : 6,6

NON SIGNÉ

DON GROUPE SAGEM, 1999

31

95.1.11.(2)

BROC À EAU, *SERVICE RÉGENCE*
DÉCOR I

1891

VERRE SOUFFLÉ-MOULÉ, TAILLÉ
ET REHAUSSÉ D'OR
ANSE EN APPLICATION

H. : 23,6 / D. : 10,5

SIGNATURE À L'OR SOUS L'OBJET

DON CRISTALLERIE DAUM-NANCY, 1985

32

95.1.15

CARAFE À VIN, *SERVICE RÉGENCE*
GRAVURE I

1891

VERRE SOUFFLÉ-MOULÉ, TAILLÉ,
GRAVÉ À LA ROUE ET REHAUSSÉ D'OR

H. : 23,6 / D. : 9,4

NON SIGNÉ

DON CRISTALLERIE DAUM-NANCY, 1985

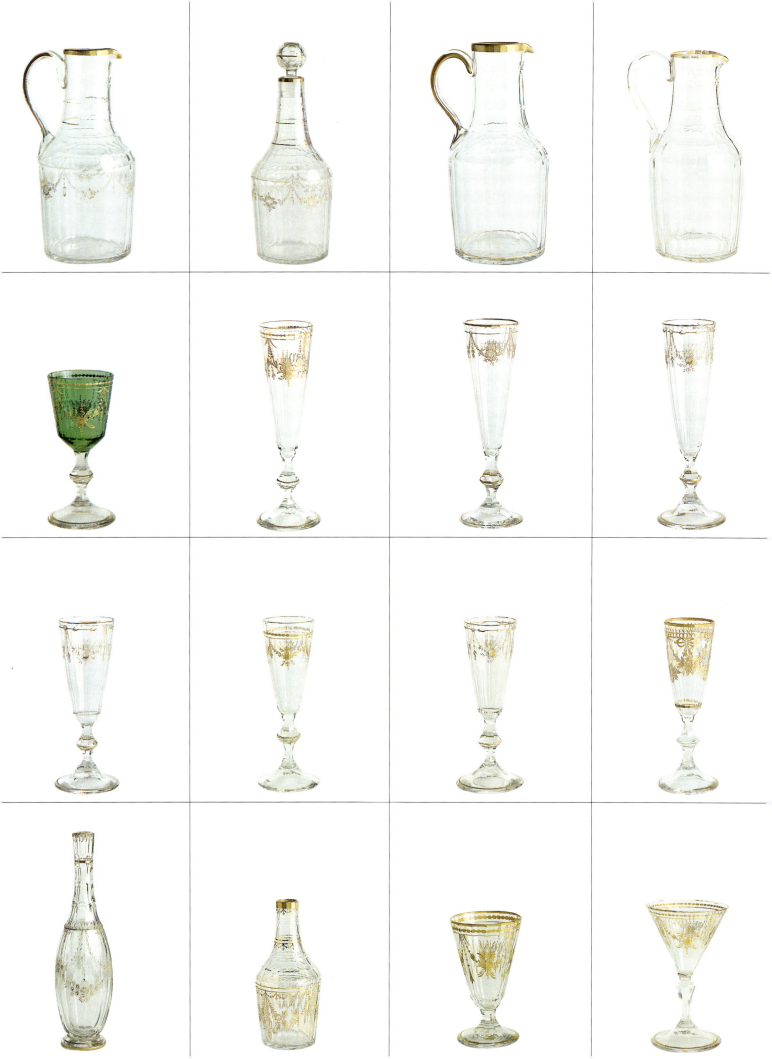

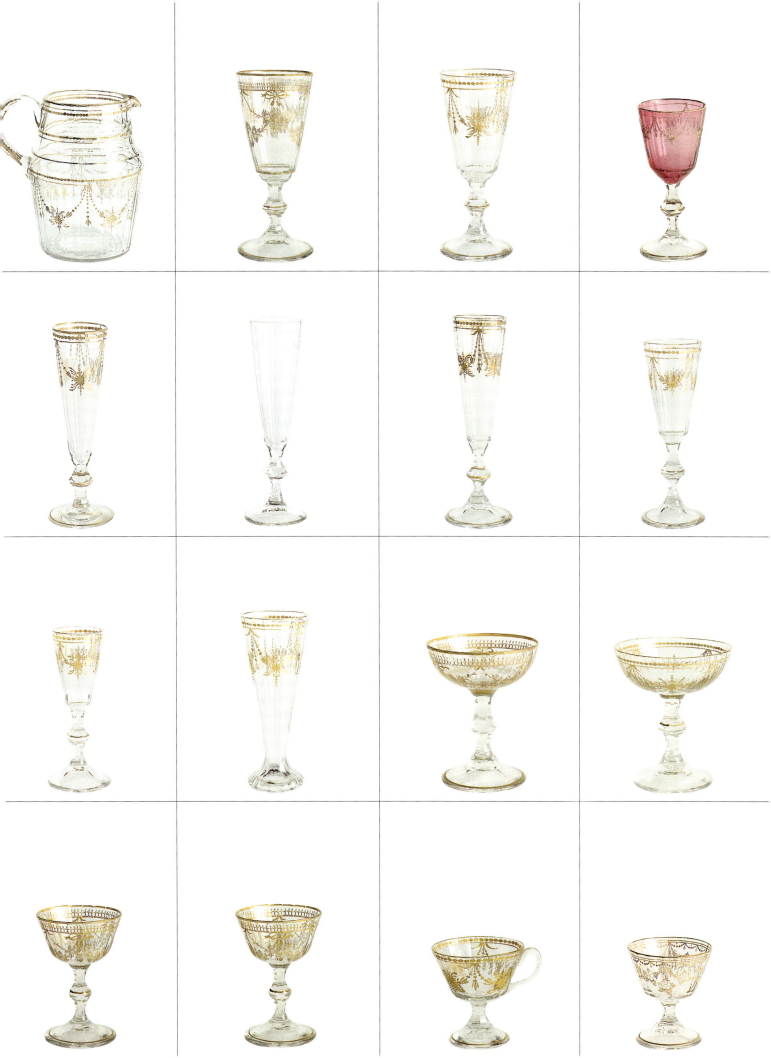

33

99.12.12.(11)

BROC À EAU, *SERVICE RÉGENCE*
GRAVURE I

1891

VERRE SOUFFLÉ-MOULÉ, TAILLÉ,
GRAVÉ À LA ROUE ET REHAUSSÉ D'OR

H. : 24,2 / D. : 11,5

NON SIGNÉ

DON GROUPE SAGEM, 1999

34

99.12.12.(12)

BROC À VIN, *SERVICE RÉGENCE*
GRAVURE I

1891

VERRE SOUFFLÉ-MOULÉ, TAILLÉ,
GRAVÉ À LA ROUE ET REHAUSSÉ D'OR

H. : 29,4 / D. : 11,5

NON SIGNÉ

DON GROUPE SAGEM, 1999

35

99.12.12.(13)

BROC À EAU, *SERVICE RÉGENCE*
TAILLÉ EN PLEIN

1891

VERRE SOUFFLÉ-MOULÉ ET TAILLÉ

H. : 23,8 / D. : 11

SIGNATURE À L'OR SOUS L'OBJET

DON GROUPE SAGEM, 1999

36

99.12.12.(14)

BROC À EAU, *SERVICE RÉGENCE*
TAILLÉ EN PLEIN

1891

VERRE SOUFFLÉ-MOULÉ ET TAILLÉ

H. : 21,1 / D. : 9,7

INSCRIPTION À L'OR EFFACÉE SOUS
L'OBJET : *DELVAUX / 18, RUE ROYALE /
PARIS*

DON GROUPE SAGEM, 1999

41

99.12.12.(25)

VERRE À VIN DU RHIN, *SERVICE RÉGENCE*
COUPE VERTE
DÉCOR II

1891

VERRE SOUFFLÉ-MOULÉ, TAILLÉ
ET REHAUSSÉ D'OR
JAMBE ET PIED EN APPLICATION

H. : 13 / D. (OUVERTURE) : 5,8

NON SIGNÉ

DON GROUPE SAGEM, 1999

42

95.1.11.(3)

FLÛTE À CHAMPAGNE, *SERVICE RÉGENCE*
DÉCOR I

1891

VERRE SOUFFLÉ-MOULÉ, TAILLÉ
ET REHAUSSÉ D'OR
JAMBE ET PIED EN APPLICATION

H. : 18,3 / D. (OUVERTURE) : 5

NON SIGNÉ

DON CRISTALLERIE DAUM-NANCY, 1985

43

99.12.12.(5)

FLÛTE À CHAMPAGNE, *SERVICE RÉGENCE*
GRAVURE I

1891

VERRE SOUFFLÉ-MOULÉ, TAILLÉ,
GRAVÉ À LA ROUE ET REHAUSSÉ D'OR
JAMBE ET PIED EN APPLICATION

H. : 18,3 / D. (OUVERTURE) : 5,1

NON SIGNÉ

DON GROUPE SAGEM, 1999

44

99.12.12.(6)

FLÛTE À CHAMPAGNE, *SERVICE RÉGENC[E]*
GRAVURE I

1891

VERRE SOUFFLÉ-MOULÉ, TAILLÉ,
GRAVÉ À LA ROUE ET REHAUSSÉ D'OR
JAMBE ET PIED EN APPLICATION

H. : 18,3 / D. (OUVERTURE) : 5

NON SIGNÉ

DON GROUPE SAGEM, 1999

49

99.12.12.(8)

VERRE, *SERVICE RÉGENCE*
GRAVURE I

1891

VERRE SOUFFLÉ-MOULÉ, TAILLÉ,
GRAVÉ À LA ROUE ET REHAUSSÉ D'OR
JAMBE ET PIED EN APPLICATION

H. : 15,4 / D. (OUVERTURE) : 5,3

NON SIGNÉ

DON GROUPE SAGEM, 1999

50

99.12.12.(24)

VERRE, *SERVICE RÉGENCE*
DÉCOR I

1891

VERRE SOUFFLÉ-MOULÉ, TAILLÉ
ET REHAUSSÉ D'OR
JAMBE ET PIED EN APPLICATION

H. : 14,6 / D. (OUVERTURE) : 4,5

NON SIGNÉ

DON GROUPE SAGEM, 1999

51

99.12.12.(9)

VERRE, *SERVICE RÉGENCE*
GRAVURE I

1891

VERRE SOUFFLÉ-MOULÉ, TAILLÉ,
GRAVÉ À LA ROUE ET REHAUSSÉ D'OR
JAMBE ET PIED EN APPLICATION

H. : 14,3 / D. (OUVERTURE) : 4,6

NON SIGNÉ

DON GROUPE SAGEM, 1999

52

99.12.12.(23)

VERRE, *SERVICE RÉGENCE*
DÉCOR II

1891

VERRE SOUFFLÉ-MOULÉ, TAILLÉ
ET REHAUSSÉ D'OR
JAMBE ET PIED EN APPLICATION

H. : 14,6 / D. (OUVERTURE) : 4,4

NON SIGNÉ

DON GROUPE SAGEM, 1999

57

99.12.12.(17)

FLACON, *SERVICE RÉGENCE*
TAILLÉ EN PLEIN, GRAVURE II

1891

VERRE SOUFFLÉ-MOULÉ, TAILLÉ,
GRAVÉ À LA ROUE ET REHAUSSÉ D'OR

H. : 24,1 / D. : 6,5

NON SIGNÉ

DON GROUPE SAGEM, 1999

58

99.12.12.(16)

CARAFON POUR LIQUEURS,
SERVICE RÉGENCE
DÉCOR I BIS

1891

VERRE SOUFFLÉ-MOULÉ, TAILLÉ
ET REHAUSSÉ D'OR

H. : 6,1 / D. : 11

NON SIGNÉ

DON GROUPE SAGEM, 1999

59

99.12.12.(39)

VERRE, *SERVICE RÉGENCE*
DÉCOR I

1891

VERRE SOUFFLÉ-MOULÉ, TAILLÉ
ET REHAUSSÉ D'OR
JAMBE ET PIED EN APPLICATION

H. : 9,4 / D. (OUVERTURE) : 5,4

SIGNATURE SOUS L'OBJET

DON GROUPE SAGEM, 1999

60

99.12.12.(37)

TIMBALE À PUNCH, *SERVICE RÉGENCE*
DÉCOR I

1891

VERRE SOUFFLÉ-MOULÉ, TAILLÉ
ET REHAUSSÉ D'OR
JAMBE ET PIED EN APPLICATION

H. : 12,2 / D. (OUVERTURE) : 7,4

NON SIGNÉ

DON GROUPE SAGEM, 1999

37

99.12.12.(15)

POT À BIÈRE, *SERVICE RÉGENCE*
DÉCOR I

1891

VERRE SOUFFLÉ-MOULÉ, TAILLÉ
ET REHAUSSÉ D'OR

H. : 18,3 / D. : 14

SIGNATURE À L'OR SOUS L'OBJET

DON GROUPE SAGEM, 1999

38

99.12.12.(19)

VERRE, *SERVICE RÉGENCE*
DÉCOR II

1891

VERRE SOUFFLÉ-MOULÉ, TAILLÉ ET
REHAUSSÉ D'OR
JAMBE ET PIED EN APPLICATION

H. : 17,6 / D. (OUVERTURE) : 7,5

NON SIGNÉ

DON GROUPE SAGEM, 1999

39

99.12.12.(20)

VERRE, *SERVICE RÉGENCE*
DÉCOR I

1891

VERRE SOUFFLÉ-MOULÉ, TAILLÉ ET
REHAUSSÉ D'OR
JAMBE ET PIED EN APPLICATION

H. : 17,6 / D. (OUVERTURE) : 7,4

NON SIGNÉ

DON GROUPE SAGEM, 1999

40

99.12.12.(10)

VERRE À VIN DU RHIN,
SERVICE RÉGENCE
COUPE ROSE
GRAVURE I

1891

VERRE SOUFFLÉ-MOULÉ, TAILLÉ,
GRAVÉ À LA ROUE ET REHAUSSÉ D'OR
JAMBE ET PIED EN APPLICATION

H. : 13 / D. (OUVERTURE) : 6

NON SIGNÉ

DON GROUPE SAGEM, 1999

45

99.12.12.(4)

FLÛTE À CHAMPAGNE, *SERVICE RÉGENCE*
DÉCOR I

1891

VERRE SOUFFLÉ-MOULÉ, TAILLÉ
ET REHAUSSÉ D'OR
JAMBE ET PIED EN APPLICATION

H. : 18,1 / D. (OUVERTURE) : 5,1

NON SIGNÉ

DON GROUPE SAGEM, 1999

46

99.12.12.(7)

FLÛTE À CHAMPAGNE, *SERVICE RÉGENCE*
(PIÈCE INACHEVÉE)
GRAVURE I

1891

VERRE SOUFFLÉ-MOULÉ, TAILLÉ
ET GRAVÉ À LA ROUE
JAMBE ET PIED EN APPLICATION

H. : 18,2 / D. (OUVERTURE) : 5

NON SIGNÉ

DON GROUPE SAGEM, 1999

47

99.12.12.(21)

FLÛTE À CHAMPAGNE, *SERVICE RÉGENCE*
DÉCOR I

1891

VERRE SOUFFLÉ-MOULÉ, TAILLÉ
ET REHAUSSÉ D'OR
JAMBE ET PIED EN APPLICATION

H. : 18,3 / D. (OUVERTURE) : 4,9

NON SIGNÉ

DON GROUPE SAGEM, 1999

48

99.12.12.(22)

VERRE, *SERVICE RÉGENCE*
DÉCOR I

1891

VERRE SOUFFLÉ-MOULÉ, TAILLÉ
ET REHAUSSÉ D'OR
JAMBE ET PIED EN APPLICATION

H. : 16 / D. (OUVERTURE) : 5,2

NON SIGNÉ

DON GROUPE SAGEM, 1999

53

99.12.12.(40)

VERRE, *SERVICE RÉGENCE*
DÉCOR I

1891

VERRE SOUFFLÉ-MOULÉ, TAILLÉ
ET REHAUSSÉ D'OR
JAMBE ET PIED EN APPLICATION

H. : 12,8 / D. (OUVERTURE) : 4,1

NON SIGNÉ

DON GROUPE SAGEM, 1999

54

99.12.12.(38)

FLÛTE À FINE CHAMPAGNE,
SERVICE RÉGENCE
DÉCOR I

1891

VERRE SOUFFLÉ-MOULÉ, TAILLÉ
ET REHAUSSÉ D'OR

H. : 13,1 / D. (OUVERTURE) : 5,2

NON SIGNÉ

DON GROUPE SAGEM, 1999

55

99.12.12.(26)

COUPE À CHAMPAGNE, *SERVICE RÉGENCE*
DÉCOR II

1891

VERRE SOUFFLÉ-MOULÉ, TAILLÉ
ET REHAUSSÉ D'OR
JAMBE ET PIED EN APPLICATION

H. : 11,7 / D. (OUVERTURE) : 9,4

NON SIGNÉ

DON GROUPE SAGEM, 1999

56

99.12.12.(27)

COUPE À CHAMPAGNE, *SERVICE RÉGENCE*
DÉCOR I

1891

VERRE SOUFFLÉ-MOULÉ, TAILLÉ
ET REHAUSSÉ D'OR
JAMBE ET PIED EN APPLICATION

H. : 11,3 / D. (OUVERTURE) : 9,7

SIGNATURE SOUS L'OBJET

DON GROUPE SAGEM, 1999

61

99.12.12.(34)

COUPE À SORBET OU À CERISES,
SERVICE RÉGENCE
DÉCOR II

1891

VERRE SOUFFLÉ-MOULÉ, TAILLÉ
ET REHAUSSÉ D'OR
JAMBE ET PIED EN APPLICATION

H. : 9,6 / D. (OUVERTURE) : 6,5

NON SIGNÉ

DON GROUPE SAGEM, 1999

62

99.12.12.(35)

COUPE À SORBET OU À CERISES,
SERVICE RÉGENCE
DÉCOR I

1891

VERRE SOUFFLÉ-MOULÉ, TAILLÉ
ET REHAUSSÉ D'OR
JAMBE ET PIED EN APPLICATION

H. : 9,6 / D. (OUVERTURE) : 6,6

NON SIGNÉ

DON GROUPE SAGEM, 1999

63

99.12.12.(36)

TIMBALE À PUNCH, *SERVICE RÉGENCE*
DÉCOR I

1891

VERRE SOUFFLÉ-MOULÉ, TAILLÉ
ET REHAUSSÉ D'OR
ANSE ET PIED EN APPLICATION

H. : 6,8 / D. (OUVERTURE) : 6,7

SIGNATURE À L'OR SOUS L'OBJET

DON GROUPE SAGEM, 1999

64

99.12.12.(18)

SALIÈRE À PIED, *SERVICE RÉGENCE*
DÉCOR I BIS

1891

VERRE SOUFFLÉ-MOULÉ, TAILLÉ
ET REHAUSSÉ D'OR
JAMBE ET PIED EN APPLICATION

H. : 6,9 / D. (OUVERTURE) : 6,2

NON SIGNÉ

DON GROUPE SAGEM, 1999

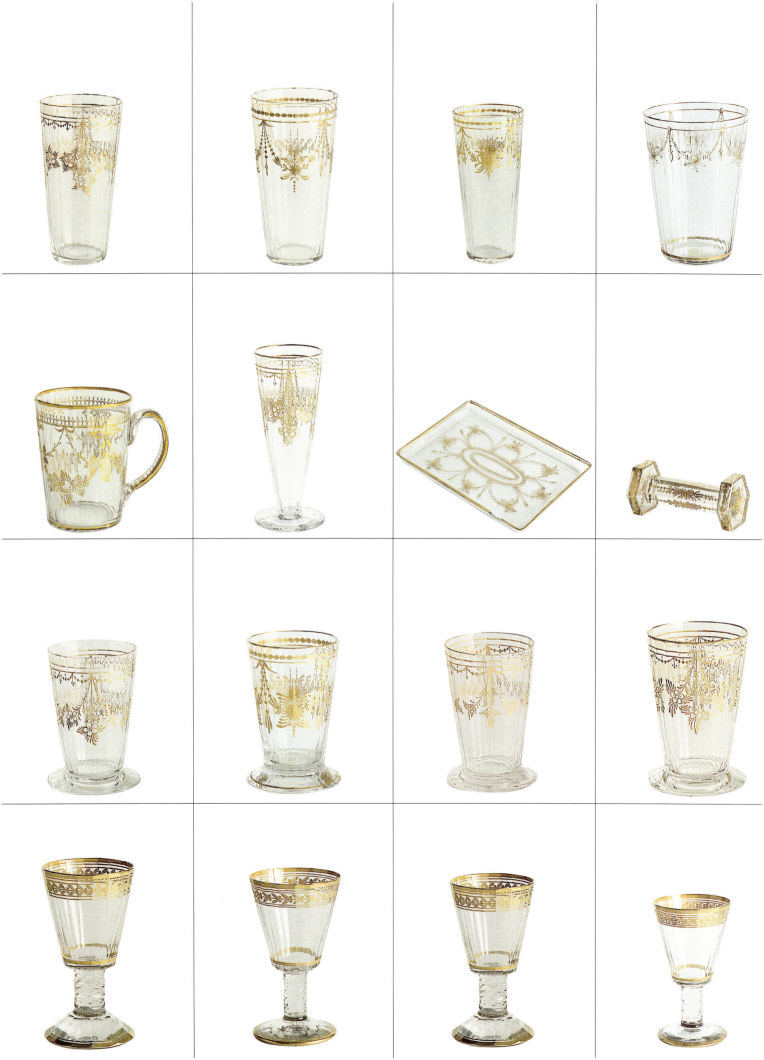

65

99.12.12.(1)

GOBELET, *SERVICE RÉGENCE*
DÉCOR I BIS

1891

VERRE SOUFFLÉ-MOULÉ
ET REHAUSSÉ D'OR

H. : 11,6 / D. (OUVERTURE) : 6,1

NON SIGNÉ

DON GROUPE SAGEM, 1999

66

99.12.12.(28)

GOBELET, *SERVICE RÉGENCE*
DÉCOR I

1891

VERRE SOUFFLÉ-MOULÉ, TAILLÉ
ET REHAUSSÉ D'OR

H. : 12 / D. (OUVERTURE) : 6,2

NON SIGNÉ

DON GROUPE SAGEM, 1999

67

99.12.12.(29)

GOBELET, *SERVICE RÉGENCE*
DÉCOR I

1891

VERRE SOUFFLÉ-MOULÉ, TAILLÉ
ET REHAUSSÉ D'OR

H. : 10,5 / D. (OUVERTURE) : 4,8

NON SIGNÉ

DON GROUPE SAGEM, 1999

68

99.12.12.(2)

GOBELET, *SERVICE RÉGENCE*
GRAVURE I BIS

1891

VERRE SOUFFLÉ-MOULÉ,
GRAVÉ À LA ROUE ET REHAUSSÉ D'OR

H. : 10,2 / D. (OUVERTURE) : 7,3

NON SIGNÉ

DON GROUPE SAGEM, 1999

73

99.12.12.(33)

GOBELET À ANSE, *SERVICE RÉGENCE*
DÉCOR II

1891

VERRE SOUFFLÉ-MOULÉ, TAILLÉ
ET REHAUSSÉ D'OR
ANSE EN APPLICATION

H. : 9,3 / D. (OUVERTURE) : 6,9

NON SIGNÉ

DON GROUPE SAGEM, 1999

74

95.1.12

PORTE-BOUQUET, *SERVICE RÉGENCE*
DÉCOR I BIS

1891

VERRE SOUFFLÉ-MOULÉ, TAILLÉ
ET REHAUSSÉ D'OR
PIED EN APPLICATION

H. : 13,2 / D. (OUVERTURE) : 5,1

SIGNATURE À L'OR SOUS L'OBJET

DON CRISTALLERIE DAUM-NANCY, 1985

75

95.1.11.(1)

RAVIER, *SERVICE RÉGENCE*
DÉCOR I

1891

VERRE SOUFFLÉ-MOULÉ ET REHAUSSÉ
D'OR

L. : 31,8 / L. : 23,4 / H. : 2,9

NON SIGNÉ

DON CRISTALLERIE DAUM-NANCY, 1985

76

95.1.11.(4)

PORTE-COUTEAU, *SERVICE RÉGENCE*
DÉCOR I

1891

VERRE MOULÉ ET REHAUSSÉ D'OR

H. : 3,6 / L. : 8,2

NON SIGNÉ

DON CRISTALLERIE DAUM-NANCY, 198

81

99.12.18.(2)

GOBELET, *SERVICE TRIANON*
DÉCOR I BIS

1891

VERRE SOUFFLÉ-MOULÉ, TAILLÉ
ET REHAUSSÉ D'OR
PIED EN APPLICATION

H. : 9,4 / D. (OUVERTURE) : 6,2

NON SIGNÉ

DON GROUPE SAGEM, 1999

82

99.12.18.(9)

GOBELET, *SERVICE TRIANON*
DÉCOR I

1891

VERRE SOUFFLÉ-MOULÉ, TAILLÉ
ET REHAUSSÉ D'OR
PIED EN APPLICATION

H. : 9,2 / D. (OUVERTURE) : 5,9

SIGNATURE À L'OR SOUS L'OBJET

DON GROUPE SAGEM, 1999

83

99.12.18.(3)

GOBELET, *SERVICE TRIANON*
DÉCOR I BIS

1891

VERRE SOUFFLÉ-MOULÉ, TAILLÉ
ET REHAUSSÉ D'OR
PIED EN APPLICATION

H. : 9,2 / D. (OUVERTURE) : 5,7

NON SIGNÉ

DON GROUPE SAGEM, 1999

84

99.12.18.(4)

GOBELET, *SERVICE TRIANON*
DÉCOR I BIS

1891

VERRE SOUFFLÉ-MOULÉ, TAILLÉ ET
REHAUSSÉ D'OR
PIED EN APPLICATION

H. : 10,3 / D. (OUVERTURE) : 7,5

NON SIGNÉ

DON GROUPE SAGEM, 1999

89

95.1.18.(1)

VERRE, *SERVICE MALMAISON*
DÉCOR DE LAURIER

APRÈS 1891

VERRE SOUFFLÉ-MOULÉ, TAILLÉ
ET REHAUSSÉ D'OR
JAMBE ET PIED EN APPLICATION

H. : 14,2 / D. (OUVERTURE) : 8,1

SIGNATURE À L'OR SOUS L'OBJET

DON CRISTALLERIE DAUM-NANCY, 1985

90

99.12.22.(2)

VERRE, *SERVICE MALMAISON*
DÉCOR DE LAURIER

APRÈS 1891

VERRE SOUFFLÉ-MOULÉ, TAILLÉ
ET REHAUSSÉ D'OR
JAMBE ET PIED EN APPLICATION

H. : 13,3 / D. (OUVERTURE) : 7,7

SIGNATURE À L'OR SOUS L'OBJET

DON GROUPE SAGEM, 1999

91

99.12.22.(3)

VERRE, *SERVICE MALMAISON*
DÉCOR DE LAURIER

APRÈS 1891

VERRE SOUFFLÉ-MOULÉ, TAILLÉ
ET REHAUSSÉ D'OR
JAMBE ET PIED EN APPLICATION

H. : 12,7 /D. (OUVERTURE) : 6,2

DON GROUPE SAGEM, 1999

92

95.1.18.(2)

VERRE, *SERVICE MALMAISON*
DÉCOR DE LAURIER

APRÈS 1891

VERRE SOUFFLÉ-MOULÉ, TAILLÉ
ET REHAUSSÉ D'OR
JAMBE ET PIED EN APPLICATION

H. : 9,8 / D. (OUVERTURE) : 5,2

NON SIGNÉ

DON CRISTALLERIE DAUM-NANCY, 198

69

99.12.12.(3)

OBELET, *SERVICE RÉGENCE*
ÉCOR I BIS

891

ERRE SOUFFLÉ-MOULÉ
T REHAUSSÉ D'OR

. : 8,7 / D. (OUVERTURE) : 6

ON SIGNÉ

ON GROUPE SAGEM, 1999

70

99.12.12.(30)

GOBELET, *SERVICE RÉGENCE*
DÉCOR I

1891

VERRE SOUFFLÉ-MOULÉ, TAILLÉ
ET REHAUSSÉ D'OR

H. : 7,4 / D. (OUVERTURE) : 5,2

NON SIGNÉ

DON GROUPE SAGEM, 1999

71

99.12.12.(31)

GOBELET, *SERVICE RÉGENCE*
DÉCOR II

1891

VERRE SOUFFLÉ-MOULÉ, TAILLÉ
ET REHAUSSÉ D'OR

H. : 7,2 / D. (OUVERTURE) : 5,3

NON SIGNÉ

DON GROUPE SAGEM, 1999

72

99.12.12.(32)

GOBELET, *SERVICE RÉGENCE*
DÉCOR I

1891

VERRE SOUFFLÉ-MOULÉ, TAILLÉ
ET REHAUSSÉ D'OR

H. : 8 / D. (OUVERTURE) : 6,8

NON SIGNÉ

DON GROUPE SAGEM, 1999

77

9.12.18.(6)

ROC À EAU, *SERVICE TRIANON*
ÉCOR I

891

ERRE SOUFFLÉ-MOULÉ, TAILLÉ
T REHAUSSÉ D'OR
NSE ET PIED EN APPLICATION

: 26 / D. : 13

IGNATURE GRAVÉE SOUS L'OBJET

ON GROUPE SAGEM, 1999

78

99.12.18.(7)

CARAFE, *SERVICE TRIANON*
DÉCOR I

1891

VERRE SOUFFLÉ-MOULÉ, TAILLÉ
ET REHAUSSÉ D'OR
PIED EN APPLICATION

H. : 23,2 / D. : 13

SIGNATURE GRAVÉE SOUS L'OBJET

DON GROUPE SAGEM, 1999

79

99.12.18.(1)

GOBELET, *SERVICE*
DÉCOR I

1891

VERRE SOUFFLÉ-MOULÉ, TAILLÉ ET
REHAUSSÉ D'OR
PIED EN APPLICATION

H. : 10,3 / D. (OUVERTURE) : 7,5

NON SIGNÉ

DON GROUPE SAGEM, 1999

80

99.12.18.(8)

GOBELET, *SERVICE TRIANON*
DÉCOR I

1891

VERRE SOUFFLÉ-MOULÉ, TAILLÉ
ET REHAUSSÉ D'OR
PIED EN APPLICATION

H. : 10,6 / D. (OUVERTURE) : 6,8

NON SIGNÉ

DON GROUPE SAGEM, 1999

85

.12.18.(10)

OBELET, *SERVICE TRIANON*
ÉCOR I

891

ERRE SOUFFLÉ-MOULÉ, TAILLÉ
T REHAUSSÉ D'OR
ED EN APPLICATION

: 7,9 / D. (OUVERTURE) : 5,4

ON SIGNÉ

ON GROUPE SAGEM, 1999

86

99.12.18.(5)

FLÛTE À CHAMPAGNE, *SERVICE TRIANON*
DÉCOR I BIS

1891

VERRE SOUFFLÉ-MOULÉ, TAILLÉ
ET REHAUSSÉ D'OR
PIED EN APPLICATION

H. : 13,3 / D. (OUVERTURE) : 5,4

NON SIGNÉ

DON GROUPE SAGEM, 1999

87

99.12.18.(11)

FLÛTE À CHAMPAGNE, *SERVICE TRIANON*
DÉCOR I

1891

VERRE SOUFFLÉ-MOULÉ, TAILLÉ
ET REHAUSSÉ D'OR
PIED EN APPLICATION

H. : 13,1 / D. (OUVERTURE) : 5,1

NON SIGNÉ

DON GROUPE SAGEM, 1999

88

99.12.22.(1)

CARAFE, *SERVICE MALMAISON*
DÉCOR DE LAURIER

APRÈS 1891

VERRE SOUFFLÉ-MOULÉ, TAILLÉ
ET REHAUSSÉ D'OR

H. : 25,7 / D. : 7,6

SIGNATURE À L'OR SOUS L'OBJET

DON GROUPE SAGEM, 1999

93

.1.18.(3)

RRE, *SERVICE MALMAISON*
COR DE LAURIER

RÈS 1891

RRE SOUFFLÉ-MOULÉ, TAILLÉ
REHAUSSÉ D'OR
MBE ET PIED EN APPLICATION

: 8,1 / D. (OUVERTURE) : 4,1

IGNATURE À L'OR SOUS L'OBJET

ON CRISTALLERIE DAUM-NANCY, 1985

94

95.1.19.(1)

BROC À VIN, *SERVICE MALMAISON*
DÉCOR DE GRECQUE

APRÈS 1891

VERRE SOUFFLÉ-MOULÉ,
TAILLÉ ET REHAUSSÉ D'OR
ANSE EN APPLICATION

H. : 23,1 / D. : 9,1

NON SIGNÉ

DON CRISTALLERIE DAUM-NANCY, 1985

95

99.12.21.(1)

BROC À VIN, *SERVICE MALMAISON*
DÉCOR DE GRECQUE

APRÈS 1891

VERRE SOUFFLÉ-MOULÉ, TAILLÉ
ET REHAUSSÉ D'OR
ANSE EN APPLICATION

H. : 21,1 / D. : 9,9

SIGNATURE GRAVÉE SOUS L'OBJET

DON GROUPE SAGEM, 1999

96

95.1.19.(2)

BROC À EAU, *SERVICE MALMAISON*
DÉCOR DE GRECQUE

APRÈS 1891

VERRE SOUFFLÉ-MOULÉ, TAILLÉ
ET REHAUSSÉ D'OR
ANSE EN APPLICATION

H. : 22,5 / D. : 9,1

NON SIGNÉ

DON CRISTALLERIE DAUM-NANCY, 1985

97

99.12.21.(2)

VERRE, *SERVICE MALMAISON*
DÉCOR DE GRECQUE

APRÈS 1891

VERRE SOUFFLÉ-MOULÉ, TAILLÉ
ET REHAUSSÉ D'OR
JAMBE ET PIED EN APPLICATION

H. : 13,9 / D. (OUVERTURE) : 7,8

SIGNATURE GRAVÉE SOUS L'OBJET

DON GROUPE SAGEM, 1999

 98

99.12.21.(3)

VERRE, *SERVICE MALMAISON*
DÉCOR DE GRECQUE

APRÈS 1891

VERRE SOUFFLÉ-MOULÉ, TAILLÉ
ET REHAUSSÉ D'OR
JAMBE ET PIED EN APPLICATION

H. : 12,1 / D. (OUVERTURE) : 6,5

NON SIGNÉ

DON GROUPE SAGEM, 1999

 99

95.1.19.(4)

VERRE, *SERVICE MALMAISON*
DÉCOR DE GRECQUE

APRÈS 1891

VERRE SOUFFLÉ-MOULÉ, TAILLÉ
ET REHAUSSÉ D'OR
JAMBE ET PIED EN APPLICATION

H. : 10,4 / D. (OUVERTURE) : 5,7

SIGNATURE À L'OR SOUS L'OBJET

DON CRISTALLERIE DAUM-NANCY, 1985

100

99.12.21.(4)

VERRE, *SERVICE MALMAISON*
DÉCOR DE GRECQUE

APRÈS 1891

VERRE SOUFFLÉ-MOULÉ, TAILLÉ
ET REHAUSSÉ D'OR
JAMBE ET PIED EN APPLICATION

H. : 9,9 / D. (OUVERTURE) : 5,5

NON SIGNÉ

DON GROUPE SAGEM, 1999

 105

99.12.23.(4)

VERRE, *SERVICE STANISLAS*

APRÈS 1891

VERRE SOUFFLÉ-MOULÉ, TAILLÉ
ET REHAUSSÉ D'OR
JAMBE ET PIED EN APPLICATION

H. : 16,1 / D. (OUVERTURE) : 7,8

SIGNATURE À L'OR SOUS L'OBJET

DON GROUPE SAGEM, 1999

106

99.12.23.(5)

VERRE, *SERVICE STANISLAS*

APRÈS 1891

VERRE SOUFFLÉ-MOULÉ, TAILLÉ
ET REHAUSSÉ D'OR
JAMBE ET PIED EN APPLICATION

H. : 12,3 / D. (OUVERTURE) : 5

NON SIGNÉ

DON GROUPE SAGEM, 1999

 107

99.12.23.(6)

VERRE, *SERVICE STANISLAS*

APRÈS 1891

VERRE SOUFFLÉ-MOULÉ, TAILLÉ
ET REHAUSSÉ D'OR
JAMBE ET PIED EN APPLICATION

H. : 11,6 / D. (OUVERTURE) : 5

NON SIGNÉ

DON GROUPE SAGEM, 1999

 108

99.12.23.(7)

VERRE, *SERVICE STANISLAS*

APRÈS 1891

VERRE SOUFFLÉ-MOULÉ, TAILLÉ
ET REHAUSSÉ D'OR
JAMBE ET PIED EN APPLICATION

H. : 11,5 / D. (OUVERTURE) : 5

SIGNATURE À L'OR SOUS L'OBJET

DON GROUPE SAGEM, 1999

 113

99.12.23.(12)

COUPE À CHAMPAGNE,
SERVICE STANISLAS

APRÈS 1891

VERRE SOUFFLÉ-MOULÉ, TAILLÉ
ET REHAUSSÉ D'OR
JAMBE ET PIED EN APPLICATION

H. : 10,7 / D. (OUVERTURE) : 9,6

NON SIGNÉ

DON GROUPE SAGEM, 1999

 114

99.12.23.(13)

GOBELET, *SERVICE STANISLAS*

APRÈS 1891

VERRE SOUFFLÉ-MOULÉ, TAILLÉ
ET REHAUSSÉ D'OR

H. : 9,6 / D. (OUVERTURE) : 7,4

NON SIGNÉ

DON GROUPE SAGEM, 1999

 115

99.12.23.(14)

GOBELET, *SERVICE STANISLAS*

APRÈS 1891

VERRE SOUFFLÉ-MOULÉ, TAILLÉ
ET REHAUSSÉ D'OR

H. : 9 / D. (OUVERTURE) : 6,1

NON SIGNÉ

DON GROUPE SAGEM, 1999

 116

99.12.20.(6)

BROC À EAU, *SERVICE RHÉNAN*

APRÈS 1891

VERRE SOUFFLÉ-MOULÉ,
GRAVÉ À L'ACIDE ET REHAUSSÉ D'OR
ANSE EN APPLICATION

H. : 21,2 / D. : 13,8

DOUBLE SIGNATURE GRAVÉE À L'OR
SOUS L'OBJET

DON GROUPE SAGEM, 1999

 121

99.12.20.(4)

VERRE, *SERVICE RHÉNAN*

APRÈS 1891

VERRE SOUFFLÉ-MOULÉ,
GRAVÉ À L'ACIDE ET REHAUSSÉ D'OR
PIED CREUX EN APPLICATION

H. : 7,6 / D. (OUVERTURE) : 3,7

SIGNATURE À L'OR SOUS L'OBJET

DON GROUPE SAGEM, 1999

 122

99.12.20.(5)

COUPE, *SERVICE RHÉNAN*

APRÈS 1891

VERRE SOUFFLÉ-MOULÉ,
GRAVÉ À L'ACIDE ET REHAUSSÉ D'OR
PIED CREUX EN APPLICATION

H. : 10,5 / D. (OUVERTURE) : 9,4

SIGNATURE À L'OR SOUS L'OBJET

DON GROUPE SAGEM, 1999

 123

95.1.8.(1)

VERRE, *SERVICE ORNÉ DE PASTILLES*
SUR LE PIED

APRÈS 1891

VERRE SOUFFLÉ-MOULÉ,
CABOCHONS ET REHAUSSÉ D'OR
PIED CREUX EN APPLICATION

H. : 13,8 / D. (OUVERTURE) : 7,5

NON SIGNÉ

DON CRISTALLERIE DAUM-NANCY, 1985

 124

95.1.8.(3)

VERRE, *SERVICE ORNÉ DE PASTILLES*
SUR LE PIED

APRÈS 1891

VERRE SOUFFLÉ-MOULÉ,
CABOCHONS ET REHAUSSÉ D'OR
PIED CREUX EN APPLICATION

H. : 7,3 / D. (OUVERTURE) : 3,8

NON SIGNÉ

DON CRISTALLERIE DAUM-NANCY, 198

101

5.1.19.(3)

COUPE À CHAMPAGNE,
SERVICE MALMAISON
DÉCOR DE GRECQUE

APRÈS 1891

VERRE SOUFFLÉ-MOULÉ, TAILLÉ
ET REHAUSSÉ D'OR
JAMBE ET PIED EN APPLICATION

H. : 10,6 / D. (OUVERTURE) : 9,6

NON SIGNÉ

DON CRISTALLERIE DAUM-NANCY, 1985

102

99.12.23.(1)

CARAFE, *SERVICE STANISLAS*

APRÈS 1891

VERRE SOUFFLÉ-MOULÉ, TAILLÉ
ET REHAUSSÉ D'OR

H. : 29,2 / D. : 9,9

NON SIGNÉ

DON GROUPE SAGEM, 1999

103

99.12.23.(2)

CARAFE, *SERVICE STANISLAS*

APRÈS 1891

VERRE SOUFFLÉ-MOULÉ, TAILLÉ
ET REHAUSSÉ D'OR

H. : 24,8 / D. : 8,7

SIGNATURE À L'OR SOUS L'OBJET

DON GROUPE SAGEM, 1999

104

99.12.23.(3)

VERRE, *SERVICE STANISLAS*

APRÈS 1891

VERRE SOUFFLÉ-MOULÉ, TAILLÉ
ET REHAUSSÉ D'OR
JAMBE ET PIED EN APPLICATION

H. : 16,2 / D. (OUVERTURE) : 7,9

SIGNATURE À L'OR SOUS L'OBJET

DON GROUPE SAGEM, 1999

109

9.12.23.(8)

VERRE, *SERVICE STANISLAS*

APRÈS 1891

VERRE SOUFFLÉ-MOULÉ, TAILLÉ
ET REHAUSSÉ D'OR
JAMBE ET PIED EN APPLICATION

H. : 10,4 / D. (OUVERTURE) : 4,4

NON SIGNÉ

DON GROUPE SAGEM, 1999

110

99.12.23.(9)

VERRE, *SERVICE STANISLAS*

APRÈS 1891

VERRE SOUFFLÉ-MOULÉ, TAILLÉ
ET REHAUSSÉ D'OR
JAMBE ET PIED EN APPLICATION

H. : 8,2 / D. (OUVERTURE) : 3,2

SIGNATURE À L'OR SOUS L'OBJET

DON GROUPE SAGEM, 1999

111

99.12.23.(10)

FLÛTE À CHAMPAGNE,
SERVICE STANISLAS

APRÈS 1891

VERRE SOUFFLÉ-MOULÉ, TAILLÉ
ET REHAUSSÉ D'OR
JAMBE ET PIED EN APPLICATION

H. : 18,2 / D. (OUVERTURE) : 5,1

NON SIGNÉ

DON GROUPE SAGEM, 1999

112

99.12.23.(11)

COUPE À CHAMPAGNE,
SERVICE STANISLAS

APRÈS 1891

VERRE SOUFFLÉ-MOULÉ, TAILLÉ
ET REHAUSSÉ D'OR
JAMBE ET PIED EN APPLICATION

H. : 10,7 / D. (OUVERTURE) : 9,4

SIGNATURE À L'OR SOUS L'OBJET

DON GROUPE SAGEM, 1999

117

5.1.4

VERRE, *SERVICE RHÉNAN*

APRÈS 1891

VERRE SOUFFLÉ-MOULÉ,
GRAVÉ À L'ACIDE ET REHAUSSÉ D'OR
PIED CREUX EN APPLICATION

H. : 13,7 / D. (OUVERTURE) : 7,6

SIGNATURE À L'OR SOUS L'OBJET

DON CRISTALLERIE DAUM-NANCY, 1985

118

99.12.20.(1)

VERRE, *SERVICE RHÉNAN*

APRÈS 1891

VERRE SOUFFLÉ-MOULÉ,
GRAVÉ À L'ACIDE ET REHAUSSÉ D'OR
PIED CREUX EN APPLICATION

H. : 13,5 / D. (OUVERTURE) : 7,5

NON SIGNÉ

DON GROUPE SAGEM, 1999

119

99.12.20.(2)

VERRE, *SERVICE RHÉNAN*

APRÈS 1891

VERRE SOUFFLÉ-MOULÉ,
GRAVÉ À L'ACIDE ET REHAUSSÉ D'OR
PIED CREUX EN APPLICATION

H. : 12,3 / D. (OUVERTURE) : 7,7

SIGNATURE À L'OR SOUS L'OBJET

DON GROUPE SAGEM, 1999

120

99.12.20.(3)

VERRE, *SERVICE RHÉNAN*

APRÈS 1891

VERRE SOUFFLÉ-MOULÉ,
GRAVÉ À L'ACIDE ET REHAUSSÉ D'OR
PIED CREUX EN APPLICATION

H. : 10,7 / D. (OUVERTURE) : 6

SIGNATURE À L'OR EFFACÉE SOUS
L'OBJET

DON GROUPE SAGEM, 1999

125

.1.8.(2)

VERRE, *SERVICE ORNÉ DE PASTILLES
SUR LE PIED*

APRÈS 1891

VERRE SOUFFLÉ-MOULÉ,
CABOCHONS ET REHAUSSÉ D'OR
PIED CREUX EN APPLICATION

H. : 10,6 / D. (OUVERTURE) : 9,5

NON SIGNÉ

DON CRISTALLERIE DAUM-NANCY, 1985

126

99.12.27

FLÛTE À CHAMPAGNE, *SERVICE ORNÉ
DE PASTILLES SUR LE PIED*

APRÈS 1891

VERRE SOUFFLÉ-MOULÉ,
REHAUSSÉ D'OR ET APPLICATIONS
PIED CREUX EN APPLICATION

H. : 15,3 / D. (OUVERTURE) : 5,5

NON SIGNÉ

DON GROUPE SAGEM, 1999

127

99.12.25.(1)

BROC
DÉCOR DE PALMETTES

APRÈS 1891

VERRE SOUFFLÉ-MOULÉ,
TAILLÉ ET REHAUSSÉ D'OR
ANSE EN APPLICATION

H. : 21,1 / D. : 9,1

NON SIGNÉ

DON GROUPE SAGEM, 1999

128

99.12.24.(1)

BROC
DÉCOR DE PALMETTES

APRÈS 1891

VERRE SOUFFLÉ-MOULÉ
ET REHAUSSÉ D'OR
ANSE EN APPLICATION

H. : 19,7 / D. : 14

NON SIGNÉ

DON GROUPE SAGEM, 1999

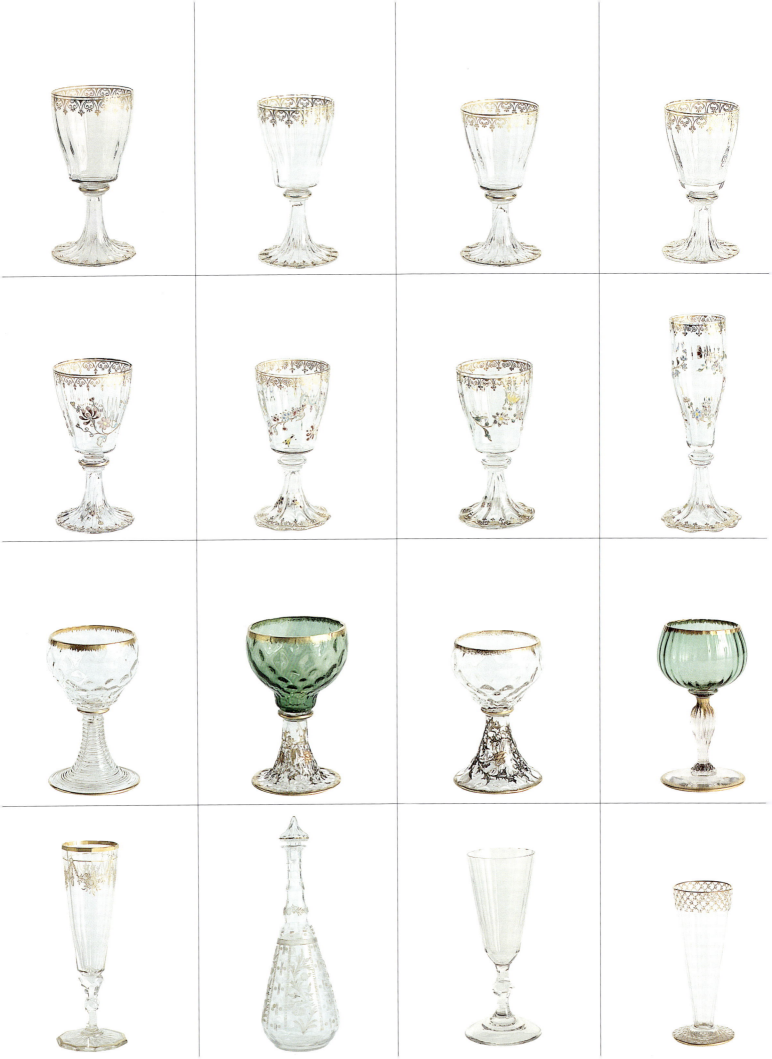

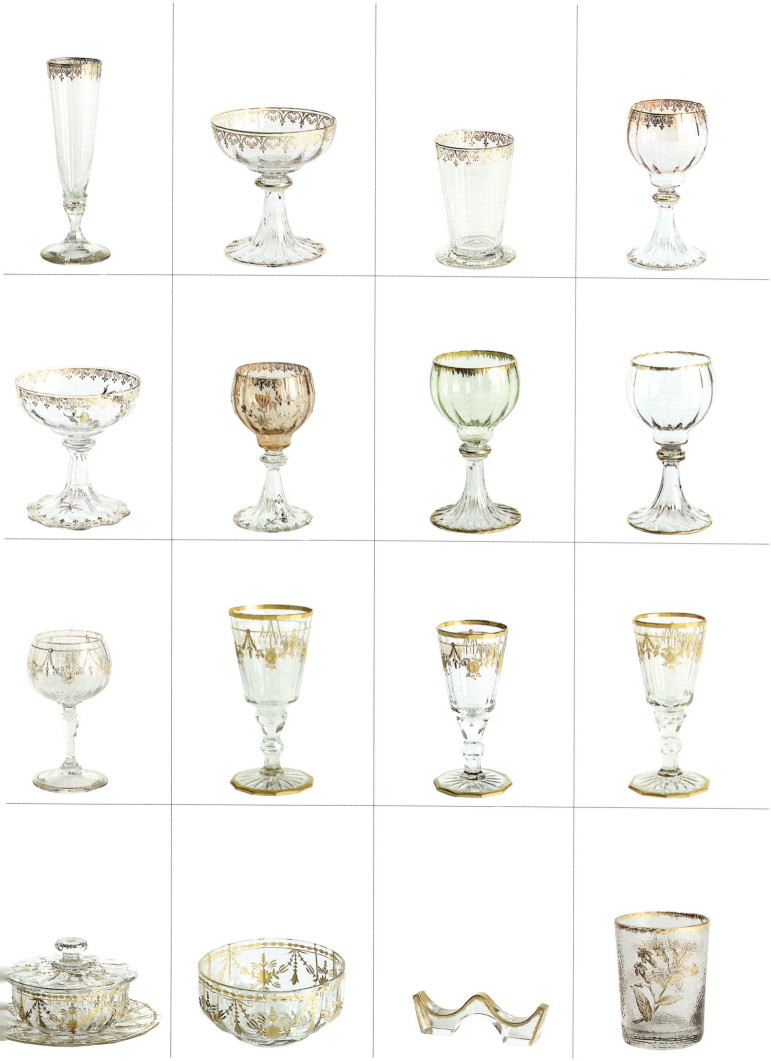

129

99.12.24.(2)

VERRE
DÉCOR DE PALMETTES

APRÈS 1891

VERRE SOUFFLÉ-MOULÉ
ET REHAUSSÉ D'OR
PIED CREUX EN APPLICATION

H. : 15,6 / D. (OUVERTURE) : 7,7

NON SIGNÉ

DON GROUPE SAGEM, 1999

 130

99.12.24.(3)

VERRE
DÉCOR DE PALMETTES

APRÈS 1891

VERRE SOUFFLÉ-MOULÉ
ET REHAUSSÉ D'OR
PIED CREUX EN APPLICATION

H. : 13,5 / D. (OUVERTURE) : 6,6

NON SIGNÉ

DON GROUPE SAGEM, 1999

 131

99.12.24.(4)

VERRE
DÉCOR DE PALMETTES

APRÈS 1891

VERRE SOUFFLÉ-MOULÉ
ET REHAUSSÉ D'OR
PIED CREUX EN APPLICATION

H. : 11,8 / D. (OUVERTURE) : 6,1

NON SIGNÉ

DON GROUPE SAGEM, 1999

 132

99.12.24.(5)

VERRE
DÉCOR DE PALMETTES

APRÈS 1891

VERRE SOUFFLÉ-MOULÉ
ET REHAUSSÉ D'OR
PIED CREUX EN APPLICATION

H. : 10,7 / D. (OUVERTURE) : 5,5

NON SIGNÉ

DON GROUPE SAGEM, 1999

 137

83.1.15.(3)

VERRE, *SERVICE FLORENTIN*

APRÈS 1891

VERRE SOUFFLÉ-MOULÉ,
ÉMAILLÉ ET REHAUSSÉ D'OR
PIED CREUX EN APPLICATION

H. : 12,1 / D. (OUVERTURE) : 6,1

NON SIGNÉ

ACHAT AVEC L'AIDE DU FRAM, 1983

 138

83.1.15.(6)

VERRE, *SERVICE FLORENTIN*

APRÈS 1891

VERRE SOUFFLÉ-MOULÉ,
ÉMAILLÉ ET REHAUSSÉ D'OR
PIED CREUX EN APPLICATION

H. : 11,1 / D. (OUVERTURE) : 5,5

NON SIGNÉ

ACHAT AVEC L'AIDE DU FRAM, 1983

 139

83.1.3

VERRE, *SERVICE FLORENTIN*

APRÈS 1891

VERRE SOUFFLÉ-MOULÉ,
ÉMAILLÉ ET REHAUSSÉ D'OR
PIED CREUX EN APPLICATION

H. : 10,9 / D. (OUVERTURE) : 5,5

NON SIGNÉ

DON CRISTALLERIE DAUM-NANCY, 1985

 140

83.1.15.(4)

VERRE, *SERVICE FLORENTIN*

APRÈS 1891

VERRE SOUFFLÉ-MOULÉ,
ÉMAILLÉ ET REHAUSSÉ D'OR
PIED CREUX EN APPLICATION

H. : 17 / D. (OUVERTURE) : 4,8

NON SIGNÉ

ACHAT AVEC L'AIDE DU FRAM, 1983

 145

99.12.8

VERRE À VIN DU RHIN,
COUPE « CABOSSÉE », PIED ANNELÉ

APRÈS 1891

VERRE SOUFFLÉ-MOULÉ
ET REHAUSSÉ D'OR
PIED CREUX EN APPLICATION

H. : 9,8 / D. (OUVERTURE) : 5,7

NON SIGNÉ

DON GROUPE SAGEM, 1999

 146

99.12.9

VERRE À VIN DU RHIN,
COUPE VERTE « CABOSSÉE »,
PIED DÉCORÉ DE CHARDONS

APRÈS 1891

VERRE SOUFFLÉ-MOULÉ, PEINT À L'ÉMAIL
ET REHAUSSÉ D'OR
PIED CREUX EN APPLICATION

H. : 9,8 / D. (OUVERTURE) : 6,2

NON SIGNÉ

DON GROUPE SAGEM, 1999

 147

99.12.10

VERRE À VIN DU RHIN,
COUPE TRANSPARENTE « CABOSSÉE »,
PIED DÉCORÉ DE CHARDONS

APRÈS 1891

VERRE SOUFFLÉ-MOULÉ, PEINT À L'ÉMAIL
ET REHAUSSÉ D'OR
PIED CREUX EN APPLICATION

H. : 8,5 / D. (OUVERTURE) : 5

NON SIGNÉ

DON GROUPE SAGEM, 1999

 148

95.1.2

VERRE À CÔTES VÉNITIENNES VERTES

APRÈS 1891

VERRE SOUFFLÉ-MOULÉ
ET REHAUSSÉ D'OR
JAMBE ET PIED EN APPLICATION

H. : 11,1 / D. (OUVERTURE) : 5,2

NON SIGNÉ

DON CRISTALLERIE DAUM-NANCY, 198

 153

99.12.13.(1)

FLÛTE À CHAMPAGNE
GRAVURE I BIS

APRÈS 1891

VERRE SOUFFLÉ-MOULÉ, TAILLÉ,
GRAVÉ À LA ROUE ET REHAUSSÉ D'OR

H. : 17,4 / D. (OUVERTURE) : 5

NON SIGNÉ

DON GROUPE SAGEM, 1999

 154

99.12.15

CARAFE

APRÈS 1891

VERRE SOUFFLÉ-MOULÉ, TAILLÉ
ET GRAVÉ À LA ROUE

H. : 32 / D. : 11,4

NON SIGNÉ

DON GROUPE SAGEM, 1999

 155

99.12.29

FLÛTE À CHAMPAGNE
SANS DÉCOR (PIÈCE INACHEVÉE)

APRÈS 1891

VERRE SOUFFLÉ-MOULÉ ET TAILLÉ
JAMBE ET PIED EN APPLICATION

H. : 16,5 / D. (OUVERTURE) : 6

NON SIGNÉ

DON GROUPE SAGEM, 1999

 156

99.12.28

FLÛTE À CHAMPAGNE
DÉCOR DE RÉSILLE

APRÈS 1891

VERRE SOUFFLÉ-MOULÉ, TAILLÉ,
GRAVÉ À LA ROUE ET REHAUSSÉ D'OR
PIED EN APPLICATION

H. : 13,2 / D. (OUVERTURE) : 5,2

NON SIGNÉ

DON GROUPE SAGEM, 1999

133

99.12.25.(2)

FLÛTE À CHAMPAGNE
DÉCOR DE PALMETTES

APRÈS 1891

VERRE SOUFFLÉ-MOULÉ,
TAILLÉ ET REHAUSSÉ D'OR
PIED CREUX EN APPLICATION

H. : 18 / D. (OUVERTURE) : 5

NON SIGNÉ

DON GROUPE SAGEM, 1999

134

99.12.24.(6)

COUPE
DÉCOR DE PALMETTES

APRÈS 1891

VERRE SOUFFLÉ-MOULÉ
ET REHAUSSÉ D'OR
PIED CREUX EN APPLICATION

H. : 10,3 / D. (OUVERTURE) : 9,6

NON SIGNÉ

DON GROUPE SAGEM, 1999

135

99.12.25.(3)

GOBELET
DÉCOR DE PALMETTES

APRÈS 1891

VERRE SOUFFLÉ-MOULÉ, TAILLÉ
ET REHAUSSÉ D'OR
PIED EN APPLICATION

H. : 8 / D. (OUVERTURE) : 5,4

NON SIGNÉ

DON GROUPE SAGEM, 1999

136

99.12.26

VERRE, COUPE ROSE
DÉCOR DE PALMETTES

APRÈS 1891

VERRE SOUFFLÉ-MOULÉ
ET REHAUSSÉ D'OR
PIED CREUX EN APPLICATION

H. : 11,8 / D. (OUVERTURE) : 5,6

NON SIGNÉ

DON GROUPE SAGEM, 1999

141

1.15.(1)

COUPE À CHAMPAGNE,
SERVICE FLORENTIN

APRÈS 1891

VERRE SOUFFLÉ-MOULÉ,
ÉMAILLÉ ET REHAUSSÉ D'OR
PIED CREUX EN APPLICATION

H. : 10,3 / D. (OUVERTURE) : 9,8

NON SIGNÉ

ACHAT AVEC L'AIDE DU FRAM, 1983

142

83.1.15.(5)

VERRE, *SERVICE FLORENTIN*

APRÈS 1891

VERRE SOUFFLÉ-MOULÉ,
PEINT À L'ÉMAIL ET REHAUSSÉ D'OR
PIED CREUX EN APPLICATION

H. : 12 / D. (OUVERTURE) : 6,4

NON SIGNÉ

ACHAT AVEC L'AIDE DU FRAM, 1983

143

99.12.6

VERRE À VIN DU RHIN
COUPE VERTE

APRÈS 1891

VERRE SOUFFLÉ-MOULÉ
ET REHAUSSÉ D'OR
PIED CREUX EN APPLICATION

H. : 11,3 / D. (OUVERTURE) : 5,9

NON SIGNÉ

DON GROUPE SAGEM, 1999

144

99.12.7

VERRE À VIN DU RHIN
COUPE TRANSPARENTE

APRÈS 1891

VERRE SOUFFLÉ-MOULÉ
ET REHAUSSÉ D'OR
PIED CREUX EN APPLICATION

H. : 11,8 / D. (OUVERTURE) : 5,7

NON SIGNÉ

DON GROUPE SAGEM, 1999

149

9.12.14

VERRE À VIN
GRAVURE I BIS

APRÈS 1891

VERRE SOUFFLÉ-MOULÉ, TAILLÉ,
GRAVÉ À LA ROUE ET REHAUSSÉ D'OR
JAMBE ET PIED EN APPLICATION

H. : 10,8 / D. (OUVERTURE) : 6,1

NON SIGNÉ

DON GROUPE SAGEM, 1999

150

99.12.13.(2)

VERRE
GRAVURE I

APRÈS 1891

VERRE SOUFFLÉ-MOULÉ,
GRAVÉ À LA ROUE ET REHAUSSÉ D'OR
JAMBE ET PIED EN APPLICATION

H. : 14,5 / D. (OUVERTURE) : 7

SIGNATURE À L'OR SOUS L'OBJET

DON GROUPE SAGEM, 1999

151

95.1.16

VERRE
GRAVURE I BIS

APRÈS 1891

VERRE SOUFFLÉ-MOULÉ, TAILLÉ,
GRAVÉ À LA ROUE ET REHAUSSÉ D'OR
JAMBE ET PIED EN APPLICATION

H. : 12,4 / D. (OUVERTURE) : 5,5

SIGNATURE À L'OR SOUS L'OBJET

DON CRISTALLERIE DAUM-NANCY, 1985

152

99.12.13.(3)

VERRE
GRAVURE I

APRÈS 1891

VERRE SOUFFLÉ-MOULÉ,
GRAVÉ À LA ROUE ET REHAUSSÉ D'OR
JAMBE ET PIED EN APPLICATION

H. : 12,3 / D. (OUVERTURE) : 5,5

SIGNATURE À L'OR SOUS L'OBJET

DON GROUPE SAGEM, 1999

157

.12.16

CONFITURIER OU COMPOTIER BAS

APRÈS 1891

VERRE SOUFFLÉ-MOULÉ
ET REHAUSSÉ D'OR

SOUCOUPE : H. : 17,8 / D. : 2
COUPE : H. : 11,8 / D. : 5,7
COUVERCLE : H. : 4,2 / D. : 13,2

SIGNATURE À L'OR SOUS LA SOUCOUPE
ET SOUS LA COUPE

DON GROUPE SAGEM, 1999

158

99.12.17

BOL

APRÈS 1891

VERRE SOUFFLÉ-MOULÉ
ET REHAUSSÉ D'OR

H. : 5,8 / D. : 11,8

SIGNATURE À L'OR SOUS L'OBJET

DON GROUPE SAGEM, 1999

159

95.1.10

PORTE-COUTEAU

APRÈS 1891

VERRE MOULÉ ET REHAUSSÉ D'OR

H. : 3,4 / L. : 10,5

NON SIGNÉ

DON CRISTALLERIE DAUM-NANCY, 1985

160

95.1.21

VERRE *FUMER EST PLAISIR /
PLAISIR EST FUMÉE*

1891

VERRE SOUFFLÉ, GRAVÉ À LA ROUE,
MARTELÉ ET REHAUSSÉ D'OR

H. : 11,2 / D. (OUVERTURE) : 8,9

NON SIGNÉ
MENTION À L'OR SUR LA PAROI : *FUMER
EST PLAISIR / PLAISIR EST FUMÉE*

DON CRISTALLERIE DAUM-NANCY, 1985

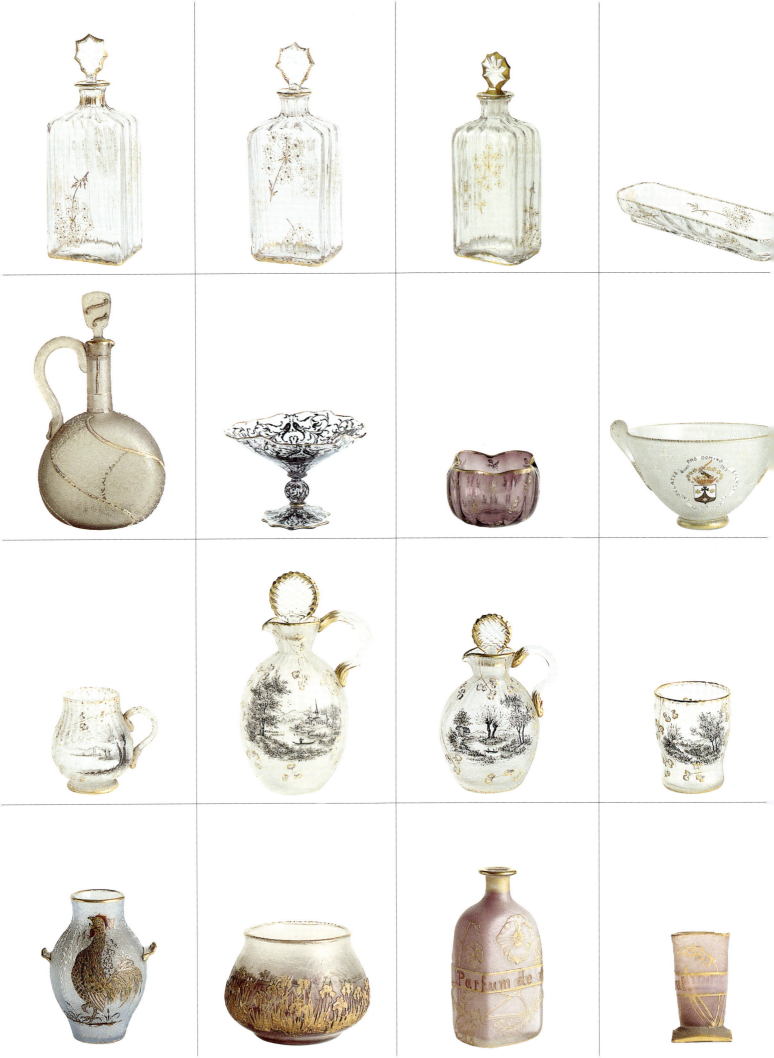

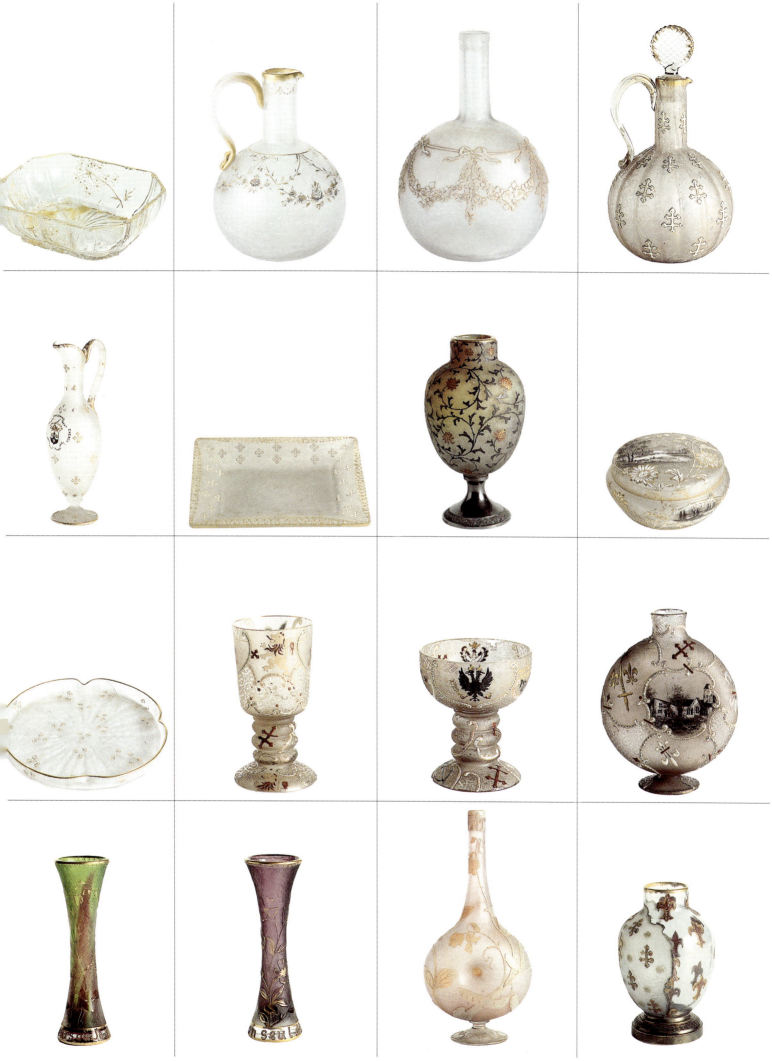

161

99.12.19.(1)

FLACON AUX OMBELLES,
ENSEMBLE DE SALLE DE BAIN

APRÈS 1891

VERRE SOUFFLÉ-MOULÉ, PEINT À L'ÉMAIL
ET REHAUSSÉ D'OR
BOUCHON TAILLÉ ET REHAUSSÉ D'OR

H. : 23,7 / L. : 9

SIGNATURE À L'OR SOUS L'OBJET

DON GROUPE SAGEM, 1999

162

99.12.19.(2)

FLACON AUX OMBELLES,
ENSEMBLE DE SALLE DE BAIN

APRÈS 1891

VERRE SOUFFLÉ-MOULÉ, PEINT À L'ÉMAIL
ET REHAUSSÉ D'OR
BOUCHON TAILLÉ ET REHAUSSÉ D'OR

H. : 19,5 / L. : 7,5

SIGNATURE À L'OR SOUS L'OBJET

DON GROUPE SAGEM, 1999

163

9.12.19.(4)

FLACON AUX OMBELLES,
ENSEMBLE DE SALLE DE BAIN

APRÈS 1891

VERRE SOUFFLÉ-MOULÉ, PEINT À L'ÉMAIL
ET REHAUSSÉ D'OR
BOUCHON TAILLÉ ET REHAUSSÉ D'OR

H. : 15,5 / L. : 5,9

NON SIGNÉ

DON GROUPE SAGEM, 1999

164

99.12.19.(3)

PORTE-SAVON AUX OMBELLES,
ENSEMBLE DE SALLE DE BAIN

APRÈS 1891

VERRE SOUFFLÉ-MOULÉ, PEINT À L'ÉMA
ET REHAUSSÉ D'OR

H. : 3,5 / L. : 22,6

SIGNATURE À L'OR EFFACÉE
SOUS L'OBJET

DON GROUPE SAGEM, 1999

169

83.1.4

CARAFE AUX CROIX DE LORRAINE

1891

VERRE SOUFFLÉ-MOULÉ, GRAVÉ
À L'ACIDE, PEINT À L'ÉMAIL
ET REHAUSSÉ D'OR

H. : 27 / D. : 15

NON SIGNÉ

SIGNATURE À L'OR SOUS L'OBJET

ACHAT AVEC L'AIDE DU FRAM, 1983

170

83.1.15.(2)

COUPE AVEC RINCEAUX

VERS 1891

VERRE SOUFFLÉ-MOULÉ, PEINT À L'ÉMAIL
PIED EN APPLICATION

H. : 10 / D. : 14,7

NON SIGNÉ

ACHAT AVEC L'AIDE DU FRAM, 1983

171

95.1.20

BOL À SUCRE, À SEMIS DE CHARDONS

1891-1895

VERRE SOUFFLÉ-MOULÉ,
GRAVÉ À LA ROUE ET REHAUSSÉ D'OR

H. : 7,2 / D. : 11,5

SIGNATURE À L'OR SOUS L'OBJET
N° : *10* (ÉTIQUETTE)

DON CRISTALLERIE DAUM-NANCY, 1985

172

95.1.23.(2)

COUPE, ENSEMBLE *PRO DOMINO DEO*

VERS 1892

VERRE SOUFFLÉ-MOULÉ,
GRAVÉ À L'ACIDE, PEINT À L'ÉMAIL
ET REHAUSSÉ D'OR
POIGNÉES EN APPLICATION

H. : 18,8 / L. : 27

SIGNATURE À L'OR SOUS L'OBJET
MENTION À L'ÉMAIL SUR LA PAROI : *ZE*
ZELATUS SUM PRO DOMINO DEO EXER
TUUM

DON CRISTALLERIE DAUM-NANCY, 1985

177

80.3.3

TIMBALE AVEC PAYSAGE

VERS 1892

VERRE SOUFFLÉ-MOULÉ, GRAVÉ
À L'ACIDE ET À LA ROUE, PEINT À L'ÉMAIL
ET REHAUSSÉ D'OR
PIED ET ANSE EN APPLICATION

H. : 7 / D. (OUVERTURE) : 6,5

SIGNATURE À L'OR SOUS L'OBJET

DON MICHEL DAUM, 1980

178

83.5.3.(2)

CARAFE, SERVICE À EAU

VERS 1892

VERRE SOUFFLÉ-MOULÉ, GRAVÉ
À L'ACIDE ET À LA ROUE, PEINT À L'ÉMAIL
ET REHAUSSÉ D'OR
ANSE EN APPLICATION

H. : 18 / D. : 9,5

SIGNATURE À L'OR SOUS L'OBJET

DON SOCIÉTÉ LORRAINE DES AMIS
DES ARTS ET DES MUSÉES, 1983

179

83.5.3.(3)

CARAFON, SERVICE À EAU

VERS 1892

VERRE SOUFFLÉ-MOULÉ, GRAVÉ
À L'ACIDE ET À LA ROUE, PEINT À L'ÉMAIL
ET REHAUSSÉ D'OR
ANSE EN APPLICATION

H. : 10,5 / D. : 6

SIGNATURE À L'OR SOUS L'OBJET

DON SOCIÉTÉ LORRAINE DES AMIS
DES ARTS ET DES MUSÉES, 1983

180

83.5.3.(4)

TIMBALE, SERVICE À EAU

VERS 1892

VERRE SOUFFLÉ-MOULÉ, GRAVÉ
À L'ACIDE ET À LA ROUE, PEINT À L'ÉM
ET REHAUSSÉ D'OR

H. : 7 / D. (OUVERTURE) : 5,4

SIGNATURE À L'OR SOUS L'OBJET

DON SOCIÉTÉ LORRAINE DES AMIS
DES ARTS ET DES MUSÉES, 1983

185

95.1.29

VASE *CHANTE CLAIR*

VERS 1893

VERRE SOUFFLÉ-MOULÉ, GRAVÉ
À L'ACIDE, PEINT À L'ÉMAIL
ET REHAUSSÉ D'OR
ANSES EN APPLICATION

H. : 12,3 / D. : 8,3

SIGNATURE EN ROUGE EFFACÉE SOUS
L'OBJET
MENTION SUR LA PAROI, À L'ÉMAIL :
JE CHANTE CLAIR

DON CRISTALLERIE DAUM-NANCY, 1985

186

83.3.1

COUPE AUX IRIS D'EAU

VERS 1893

VERRE SOUFFLÉ-MOULÉ, GRAVÉ
À L'ACIDE ET À LA ROUE, PEINT À L'ÉMAIL
ET REHAUSSÉ D'OR

H. : 10,5 / D. : 14,5

SIGNATURE À L'OR SOUS L'OBJET

DON MICHEL DAUM ET SES SŒURS
MMES PIERRE FROISSART ET
HENRI DE PAILLERETS, EN SOUVENIR
DE LEUR PÈRE ANTONIN DAUM, 1983

187

95.1.30.(1)

FLACON À ODEUR *PARFUM DE VERTUS*

1893

VERRE SOUFFLÉ-MOULÉ, GRAVÉ À
L'ACIDE ET À LA ROUE ET REHAUSSÉ D'OR

H. : 15,7 / L. : 7,6

SIGNATURE À L'OR SOUS L'OBJET
MENTION GRAVÉE SUR LA PAROI :
PARFUM DE VERTUS

DON CRISTALLERIE DAUM-NANCY, 1985

188

95.1.30.(2)

VERRE *JE CHARME TOUT*

VERS 1893

VERRE SOUFFLÉ-MOULÉ,
GRAVÉ À L'ACIDE ET REHAUSSÉ D'OR

H. : 6,6 / L. : 3,8

NON SIGNÉ
MENTION GRAVÉE SUR LA PAROI :
JE CHARME TOUT

DON CRISTALLERIE DAUM-NANCY, 198

165

39.12.19.(5)

PORTE-SAVON AUX OMBELLES,
ENSEMBLE DE SALLE DE BAIN

APRÈS 1891

VERRE SOUFFLÉ-MOULÉ, PEINT À L'ÉMAIL
ET REHAUSSÉ D'OR

H. : 4,1 / L. : 12,6

NON SIGNÉ

DON GROUPE SAGEM, 1999

 166

2000.5.1

CARAFE

APRÈS 1891

VERRE SOUFFLÉ-MOULÉ, GRAVÉ
À L'ACIDE ET REHAUSSÉ D'OR

H. : 15,8 / D. : 12

NON SIGNÉ

ACHAT, 2000

 167

2000.5.2

BOUTEILLE

APRÈS 1891

VERRE SOUFFLÉ-MOULÉ, GRAVÉ
À L'ACIDE ET REHAUSSÉ D'OR

H. : 20,8 / D. : 15

NON SIGNÉ

ACHAT, 2000

 168

95.1.22

CARAFE AUX CROIX DE LORRAINE

1891

VERRE SOUFFLÉ-MOULÉ,
GRAVÉ À L'ACIDE, PEINT À L'ÉMAIL
ET REHAUSSÉ D'OR
ANSE EN APPLICATION

H. : 21,4 / D. : 10,6

SIGNATURE GRAVÉE EN ROUGE
SOUS L'OBJET

DON CRISTALLERIE DAUM-NANCY, 1985

 173

95.1.23.(3)

CRUCHE, ENSEMBLE PRO DOMINO DEO

VERS 1892

VERRE SOUFFLÉ-MOULÉ,
GRAVÉ À L'ACIDE, PEINT À L'ÉMAIL
ET REHAUSSÉ D'OR
ANSE ET PIED EN APPLICATION

... : 16 / L. : 4,6

SIGNATURE À L'OR SOUS L'OBJET
MENTION À L'ÉMAIL SUR LA PAROI : ZELO
ZELATUS SUM PRO DOMINO DEO EXERCI
TUUM

DON CRISTALLERIE DAUM-NANCY, 1985

 174

95.1.23.(1)

PLATEAU, ENSEMBLE PRO DOMINO DEO

VERS 1892

VERRE MOULÉ, GRAVÉ À L'ACIDE
ET REHAUSSÉ D'OR

L. : 21,2 / L. : 17,1

SIGNATURE À L'OR SOUS L'OBJET

DON CRISTALLERIE DAUM-NANCY, 1985

 175

95.1.26

VASE AUX CHARDONS

VERS 1892

VERRE SOUFFLÉ-MOULÉ, GRAVÉ
À L'ACIDE, PEINT À L'ÉMAIL, REHAUSSÉ
D'OR ET MONTÉ SUR UN PIED EN ÉTAIN

H. : 19 / D. : 10,7

NON SIGNÉ

DON CRISTALLERIE DAUM-NANCY, 1985

 176

83.1.7

BONBONNIÈRE AUX CHRYSANTHÈMES

VERS 1892

VERRE SOUFFLÉ-MOULÉ,
GRAVÉ À L'ACIDE ET À LA ROUE,
PEINT À L'ÉMAIL ET REHAUSSÉ D'OR

H. : 7 / D. : 14

SIGNATURE À L'OR SOUS L'OBJET

ACHAT AVEC L'AIDE DU FRAM, 1983

 181

3.5.3.(1)

PLATEAU, SERVICE À EAU

VERS 1892

VERRE MOULÉ, GRAVÉ
À L'ACIDE ET À LA ROUE, PEINT À L'ÉMAIL
ET REHAUSSÉ D'OR

... : 2,2 / D. : 20

NON SIGNÉ

DON SOCIÉTÉ LORRAINE DES AMIS
DES ARTS ET DES MUSÉES, 1983

 182

95.1.28

VERRE AUX FLEURS DE LIS
ET CROIX DE LORRAINE

VERS 1892

VERRE SOUFFLÉ-MOULÉ, GRAVÉ
À L'ACIDE, PEINT À L'ÉMAIL
ET REHAUSSÉ D'OR
PIED EN APPLICATION

H. : 14,7 / D. : 7,4

SIGNATURE À L'OR SOUS L'OBJET

DON CRISTALLERIE DAUM-NANCY, 1985

 183

95.1.27

COUPE HOMMAGE DE LA LORRAINE
À LA RUSSIE

1893

VERRE SOUFFLÉ-MOULÉ,
GRAVÉ À L'ACIDE, PEINT À L'ÉMAIL
ET REHAUSSÉ D'OR
PIED EN APPLICATION

H. : 10,9 / D. : 9,5

SIGNÉ ET DATÉ : 1893
MENTION SUR LA PAROI, PEINTE À L'ÉMAIL :
QUI S'Y FROTTE S'Y / PIQUE (EN RÉSERVE
REHAUSSÉ D'OR) / LES FIDÈLES LORRAINS
MENTION SUR LE PIED, EN RÉSERVE
REHAUSSÉ D'OR : PLUS PENSER / QUE DIRE

DON CRISTALLERIE DAUM-NANCY, 1985

 184

83.1.1

VASE DOMRÉMY-LA-PUCELLE

VERS 1893

VERRE SOUFFLÉ-MOULÉ,
GRAVÉ À L'ACIDE, PEINT À L'ÉMAIL
ET REHAUSSÉ D'OR
PIED EN APPLICATION

H. : 17 / D. : 13,2

SIGNATURE EN NOIR SOUS L'OBJET

ACHAT AVEC L'AIDE DU FRAM, 1983

 189

95.1.35

VASE JE MEURS OÙ JE M'ATTACHE

1893

VERRE SOUFFLÉ-MOULÉ, GRAVÉ
À L'ACIDE ET REHAUSSÉ D'OR

... : 18,4 / D. : 5,7

SIGNATURE À L'OR SOUS L'OBJET
MENTION GRAVÉE SUR LA BASE :
JE MEURS OÙ JE M'ATTACHE

DON CRISTALLERIE DAUM-NANCY, 1985

 190

95.1.34

VASE MON SEUL DÉSIR

VERS 1893

VERRE SOUFFLÉ-MOULÉ,
GRAVÉ À L'ACIDE ET REHAUSSÉ D'OR

H. : 18 / D. : 5,8

SIGNATURE À L'OR SOUS L'OBJET
MENTION GRAVÉE SUR LA BASE :
MON SEUL DÉSIR

DON CRISTALLERIE DAUM-NANCY, 1985

 191

83.1.9

VASE AUX POIS DE SENTEUR

1894

VERRE SOUFFLÉ-MOULÉ, DOUBLE
COUCHE, GRAVÉ À L'ACIDE ET À LA ROUE
ET REHAUSSÉ D'OR
PIED EN APPLICATION

H. : 33 / D. : 15,8

SIGNATURE À L'OR EN PARTIE EFFACÉE
SOUS L'OBJET

ACHAT AVEC L'AIDE DU FRAM, 1983

192

95.1.24

VASE AUX ARMES DE JEANNE D'ARC

1894

VERRE SOUFFLÉ-MOULÉ, GRAVÉ
À L'ACIDE ET À LA ROUE, PEINT À L'ÉMAIL,
REHAUSSÉ D'OR ET MONTÉ SUR UN PIED
EN ARGENT

H. : 15,8 / D. : 10,2

NON SIGNÉ

DON CRISTALLERIE DAUM-NANCY, 1985

193

95.1.82

LE RÊVE D'ELSA OU
LE CHEVALIER AU CYGNE
D'APRÈS *LOHENGRIN* DE
RICHARD WAGNER

1894

VERRE SOUFFLÉ-MOULÉ, DOUBLE
COUCHE, GRAVÉ À L'ACIDE ET À LA ROUE
PIED EN APPLICATION

H. : 15,8 / D. : 9,6

SIGNATURE EFFACÉE SOUS L'OBJET

DON CRISTALLERIE DAUM-NANCY, 1985

 194

83.1.2

VASE AUX LIBELLULES

1895

VERRE SOUFFLÉ-MOULÉ, GRAVÉ
À L'ACIDE, PEINT À L'ÉMAIL
ET REHAUSSÉ D'OR
ANSES EN APPLICATION

H. : 14 / D. : 9

NON SIGNÉ

ACHAT AVEC L'AIDE DU FRAM, 1983

 195

83.1.3

VASE AUX ABEILLES ET FLEURONS

1895

VERRE SOUFFLÉ-MOULÉ, GRAVÉ
À L'ACIDE ET À LA ROUE, PEINT À L'ÉMAIL,
REHAUSSÉ D'OR ET APPLICATIONS

H. : 19,5 / D. : 10

SIGNATURE À L'OR SOUS L'OBJET

ACHAT AVEC L'AIDE DU FRAM, 1983

 196

99.13.1

VASE

1895

VERRE SOUFFLÉ-MOULÉ, PEINT À L'ÉMA[...]
ET REHAUSSÉ D'OR

H. : 19,9 / L. : 10,6

SIGNÉ ET DATÉ

DON ALDO STOCK, 1999

 201

95.1.31

FLACON À ODEUR
À TOUT SEIGNEUR TOUT HONNEUR

VERS 1895

VERRE SOUFFLÉ-MOULÉ,
GRAVÉ À L'ACIDE ET À LA ROUE ?
ET REHAUSSÉ D'OR

H. : 11,4 / L. : 4,7

NON SIGNÉ
MENTION GRAVÉE SUR LA PAROI :
À TOUT SEIGNEUR TOUT HONNEUR

DON CRISTALLERIE DAUM-NANCY, 1985

 202

95.1.32

VERRE *MON CŒUR AVEZ*

VERS 1895

VERRE SOUFFLÉ-MOULÉ,
GRAVÉ À L'ACIDE ET REHAUSSÉ D'OR

H. : 6,1 / L. : 4,2

SIGNATURE À L'OR SOUS L'OBJET
MENTION GRAVÉE SUR LA PAROI :
MON CŒUR AVEZ

DON CRISTALLERIE DAUM-NANCY, 1985

 203

95.1.33

VERRE *À TOUT VENT MON CŒUR*

VERS 1895

VERRE SOUFFLÉ-MOULÉ,
GRAVÉ À L'ACIDE ET REHAUSSÉ D'OR

H. : 6,5 / L. : 4,2

SIGNATURE À L'OR SOUS L'OBJET
MENTION GRAVÉE SUR LA PAROI :
À TOUT VENT MON CŒUR

DON CRISTALLERIE DAUM-NANCY, 1985

 204

83.1.16

VASE AUX TOURNESOLS
POUR MON MEILLEUR AMI

1896

VERRE SOUFFLÉ-MOULÉ, TRIPLE COUCH[...]
GRAVÉ À L'ACIDE ET À LA ROUE, MARTE[...]

H. : 18 / D. : 11,3

SIGNATURE À L'OR SOUS L'OBJET AU
CŒUR D'UN TOURNESOL
DÉDICACE ET DATE SUR LA PAROI,
GRAVÉES ET PEINTES À L'OR :
POUR / MON MEILLEUR AMI / 1896

ACHAT AVEC L'AIDE DU FRAM, 1983

 209

95.1.50

VASE AUX NÉNUPHARS BRUNS

1897

VERRE SOUFFLÉ-MOULÉ, TRIPLE
COUCHE, GRAVÉ À L'ACIDE ET À LA ROUE,
MONTÉ SUR UN PIED EN ARGENT

H. : 25,3 / D. : 16,3

SIGNATURE GRAVÉE À LA ROUE
SOUS L'OBJET

DON CRISTALLERIE DAUM-NANCY, 1985

 210

95.1.96

VASE AUX NÉNUPHARS BRUNS

VERS 1897

VERRE SOUFFLÉ-MOULÉ, DOUBLE
COUCHE, GRAVÉ À L'ACIDE ET À LA ROUE

H. : 27,4 / D. : 13,9

SIGNATURE GRAVÉE À LA ROUE SOUS
L'OBJET

DON CRISTALLERIE DAUM-NANCY, 1985

 211

80.3.1

VASE *BOUQUET DE MARGUERITES*
RÉALISÉ À L'OCCASION DU MARIAGE
D'ANTONIN DAUM

1897

VERRE SOUFFLÉ-MOULÉ, GRAVÉ À L'ACIDE ET À LA
ROUE, PEINT À L'ÉMAIL ET REHAUSSÉ D'OR. PIED EN
APPLICATION

H. : 52 / D. : 24

SIGNATURE À L'OR SOUS L'OBJET
TITRE EN RÉSERVE, REHAUSSÉ D'OR SUR LA PAROI :
BOUQUET / DE / MARGUERITES
MENTION SUR LA PAROI, REHAUSSÉE D'OR EN
RÉSERVE : *CALME / GAITE / BONTE / PUDEUR /
TRAVAIL*

DON MICHEL DAUM, 1980

 212

92.22.3

VASE *AU GUI, L'AN NEUF*

1897

VERRE SOUFFLÉ-MOULÉ, GRAVÉ
À L'ACIDE ET À LA ROUE
ET REHAUSSÉ D'OR

H. : 50 / D. : 6

SIGNATURE À L'OR SOUS L'OBJET
MENTION GRAVÉE À L'ACIDE
ET REHAUSSÉE D'OR SUR LA PAROI :
AU GUI / L'AN NEUF

DON CRISTALLERIES DAUM-NANCY, 198[...]

 217

83.1.125

LAMPE *ÉGLANTINE*

1898

VERRE SOUFFLÉ, MULTICOUCHE, GRAVÉ
À L'ACIDE ET À LA ROUE, MARTELÉ
PIED EN FER FORGÉ RÉALISÉ PAR
H. MOROT DANS LES ATELIERS
DE LOUIS MAJORELLE

H. : 92 / D. : 41,5

SIGNATURE GRAVÉE À LA ROUE
SUR LA PAROI,
SIGNATURE EN BAS DE LA TIGE : *H. MOROT*

ACHAT AVEC L'AIDE DU FRAM, 1983

 218

83.1.33

LANTERNE AUX ALGUES ET POISSONS

VERS 1898

VERRE SOUFFLÉ, MULTICOUCHE,
GRAVÉ À L'ACIDE ET À LA ROUE

H. : 24 / D. : 31,1

SIGNATURE GRAVÉE À LA ROUE
SUR LA BASE

ACHAT AVEC L'AIDE DU FRAM, 1983

 219

99.11.1

VASE AUX TULIPES PERROQUET ROSES

1898

VERRE SOUFFLÉ-MOULÉ, TRIPLE COUCHE,
GRAVÉ À L'ACIDE ET À LA ROUE

H. : 18,5 / D. : 12,3

SIGNATURE GRAVÉE À LA ROUE
SOUS L'OBJET

DON SUZANNE WEISSENBURGER,
ÉPOUSE DE ROBERT WEISSENBURGER
(FILS UNIQUE DE L'ARCHITECTE LUCIEN
WEISSENBURGER), 1999

 220

2000.4.1

COUPE AUX MARRONS

VERS 1898

VERRE SOUFFLÉ-MOULÉ, GRAVÉ
À L'ACIDE ET À LA ROUE, MARTELÉ

H. : 14,5 / L. : 25,5

SIGNATURE GRAVÉE ET REHAUSSÉE D'O[...]
SOUS L'OBJET

DON PROFESSEUR MICHEL MARTIN, 20[...]

197

83.1.10

VASE AUX CIGOGNES

D'APRÈS UNE POTERIE KABYLE,
DÉCOR DE MARAIS ET HÉRONS
(DÉNOMINATION DAUM)

1895

VERRE SOUFFLÉ-MOULÉ,
GRAVÉ À L'ACIDE ET À LA ROUE,
PEINT À L'ÉMAIL ET REHAUSSÉ D'OR
ANSES EN APPLICATION

H. : 27,5 / D. : 16,5

SIGNATURE À L'OR SOUS L'OBJET

ACHAT AVEC L'AIDE DU FRAM, 1983

198

83.1.13

VASE AUX CHRYSANTHÈMES

VERS 1895

VERRE SOUFFLÉ-MOULÉ,
GRAVÉ À L'ACIDE ET À LA ROUE
ET REHAUSSÉ D'OR

H. : 18,5 / L. : 5,7

SIGNATURE GRAVÉE À LA ROUE
SOUS L'OBJET

ACHAT AVEC L'AIDE DU FRAM, 1983

199

83.3.2

VASE AUX CHRYSANTHÈMES

VERS 1895

VERRE SOUFFLÉ-MOULÉ,
GRAVÉ À L'ACIDE ET À LA ROUE
ET REHAUSSÉ D'OR

H. : 11,2 / L. : 4,8

SIGNATURE À L'OR TRÈS EFFACÉE SOUS
L'OBJET

DON MICHEL DAUM ET SES SŒURS
MMES PIERRE FROISSART ET
HENRI DE PAILLERETS, EN SOUVENIR
DE LEUR PÈRE ANTONIN DAUM, 1983

200

83.3.5

COUPE BLEU SOMBRE

VERS 1895

VERRE SOUFFLÉ-MOULÉ, GRAVÉ
À L'ACIDE ET À LA ROUE
ANSES EN APPLICATION

H. : 11,5 / D. : 10,2

SIGNATURE GRAVÉE À LA ROUE SOUS
L'OBJET

DON MICHEL DAUM ET SES SŒURS
MMES PIERRE FROISSART ET
HENRI DE PAILLERETS, EN SOUVENIR
DE LEUR PÈRE ANTONIN DAUM, 1983

205

5.1.51

VASE AUX PENSÉES VIOLETTES

896

ERRE SOUFFLÉ-MOULÉ, DOUBLE
COUCHE, GRAVÉ À L'ACIDE ET À LA ROUE,
MONTÉ SUR UN PIED EN ARGENT

H. : 16,6 / D. : 11

SIGNATURE GRAVÉE À LA ROUE
SUR LA BASE

DON CRISTALLERIE DAUM-NANCY, 1985

206

95.1.52

VASE AUX CENTAURÉES VIOLETTES

VERS 1896

VERRE SOUFFLÉ-MOULÉ, DOUBLE
COUCHE, GRAVÉ À L'ACIDE ET À LA ROUE,
MONTÉ SUR UN PIED EN ARGENT

H. : 17,5 / D. : 11

NON SIGNÉ

DON CRISTALLERIE DAUM-NANCY, 1985

207

83.3.3

FLACON À SELS AUX CHARDONS

1896-1898

VERRE SOUFFLÉ-MOULÉ, GRAVÉ
À L'ACIDE, PEINT À L'ÉMAIL
ET REHAUSSÉ D'OR
BOUCHON MOULÉ

H. : 10 / D. : 5,8

SIGNATURE À L'OR SOUS L'OBJET

DON MICHEL DAUM ET SES SŒURS
MMES PIERRE FROISSART ET
HENRI DE PAILLERETS, EN SOUVENIR
DE LEUR PÈRE ANTONIN DAUM, 1983

208

83.5.4

FLACON À SELS AUX CHARDONS

1896-1898

VERRE SOUFFLÉ-MOULÉ,
GRAVÉ À L'ACIDE, PEINT À L'ÉMAIL
ET REHAUSSÉ D'OR
BOUCHON MOULÉ

H. : 8,5 / D. : 6

SIGNATURE À L'OR SOUS L'OBJET

DON SOCIÉTÉ DES AMIS DES ARTS ET
DES MUSÉES, 1983

213

3.1.8

ASE AUX HIRONDELLES

897

ERRE SOUFFLÉ-MOULÉ,
GRAVÉ À L'ACIDE, PEINT À L'ÉMAIL
ET REHAUSSÉ D'OR

H. : 25 / D. : 11

SIGNATURE GRAVÉE À LA ROUE
ET PEINTE À L'OR SOUS L'OBJET

ACHAT AVEC L'AIDE DU FRAM, 1983

214

83.1.14

VASE *ET DES ROSES SORTAIENT
DES EAUX. ET DES ESPRITS SORTAIENT
DES ROSES. V. HUGO*

1897

VERRE SOUFFLÉ-MOULÉ,
GRAVÉ À L'ACIDE ET À LA ROUE
ET PEINT À L'ÉMAIL
H. : 20 / D. : 21,5
SIGNATURE À L'OR SOUS L'OBJET
MENTION À L'OR SUR LA PAROI : *ET DES
ROSES SORTAIENT DES EAUX / ET DES
ESPRITS SORTAIENT DES ROSES /
V.HUGO*

ACHAT AVEC L'AIDE DU FRAM, 1983

215

80.3.2

VASE *LA SAGESSE. V. HUGO*
1897
VERRE SOUFFLÉ-MOULÉ, TRIPLE COUCHE, GRAVÉ À
L'ACIDE ET À LA ROUE, REHAUSSÉ D'OR ET CABOCHONS,
ANSES EN APPLICATION
H. : 30 / D. : 13,5
SIGNATURE GRAVÉE ET REHAUSSÉE D'OR SOUS L'OBJET
CITATION REHAUSSÉE D'OR SUR LA PAROI, EXTRAIT DU
POÈME *REGARD JETÉ DANS UNE MANSARDE* (LES
RAYONS ET LES OMBRES, IV) DE VICTOR HUGO : *AINSI TU
RESTERAS, COMME UN LIS, COMME UN CYGNE / BLANCHE
ENTRE LES FRONTS PURS MARQUÉS D'UN DIVIN SIGNE /
ET TU SERAS DE CEUX QUI, SANS PEUR, SANS ENNUI /
DES SAINTES ACTIONS AMASSANT LA RICHESSE /
RANGENT LEUR BARQUE AU PORT / LEUR VIE À / LA
SAGESSE / V.HUGO / NOËL 1897*
DON MICHEL DAUM, 1980

216

83.1.18

VASE *TRISTAN ET YSEULT*

VERS 1897

VERRE SOUFFLÉ-MOULÉ, MULTICOUCHE,
GRAVÉ À L'ACIDE ET À LA ROUE

H. : 38 / D. : 22,5

NON SIGNÉ

ACHAT AVEC L'AIDE DU FRAM, 1983

221

5.1.49

ASE AUX ROSES DE NOËL

ERS 1898

ERRE SOUFFLÉ-MOULÉ, TRIPLE
COUCHE, GRAVÉ À L'ACIDE ET À LA ROUE,
MARTELÉ ET REHAUSSÉ D'OR

. : 30,5 / D. : 14,5

SIGNATURE À L'OR SOUS L'OBJET
MENTION GRAVÉE SUR LA PAROI : *NOËL*
N° GRAVÉ SUR LA PAROI : *1450*

DON CRISTALLERIE DAUM-NANCY, 1985

222

82.2.3

VASE AUX POIS DE SENTEUR

1898-1899

VERRE SOUFFLÉ-MOULÉ, TRIPLE
COUCHE, GRAVÉ À L'ACIDE ET À LA ROUE,
MARTELÉ

H. : 40,5 / D. : 14

SIGNATURE GRAVÉE À LA ROUE
ET REHAUSSÉE D'OR SOUS L'OBJET

DON CONSEIL GÉNÉRAL
DE MEURTHE-ET-MOSELLE, 1982

223

83.1.17

VASE AUX GLYCINES

1899

VERRE SOUFFLÉ-MOULÉ, TRIPLE
COUCHE, GRAVÉ À L'ACIDE ET À LA ROUE,
MARTELÉ

H. : 30 / D. : 12,5

SIGNATURE À L'OR SOUS L'OBJET
N° GRAVÉ SUR LA PAROI : *1414*

ACHAT AVEC L'AIDE DU FRAM, 1983

224

95.1.48

VASE AUX RENONCULES

1899

VERRE SOUFFLÉ-MOULÉ, TRIPLE
COUCHE, GRAVÉ À L'ACIDE ET À LA ROUE,
MARTELÉ

H. : 19,5 / D. : 10,7

SIGNATURE À L'OR SOUS L'OBJET
N° GRAVÉ SUR LA PAROI : *1418*

DON CRISTALLERIE DAUM-NANCY, 1985

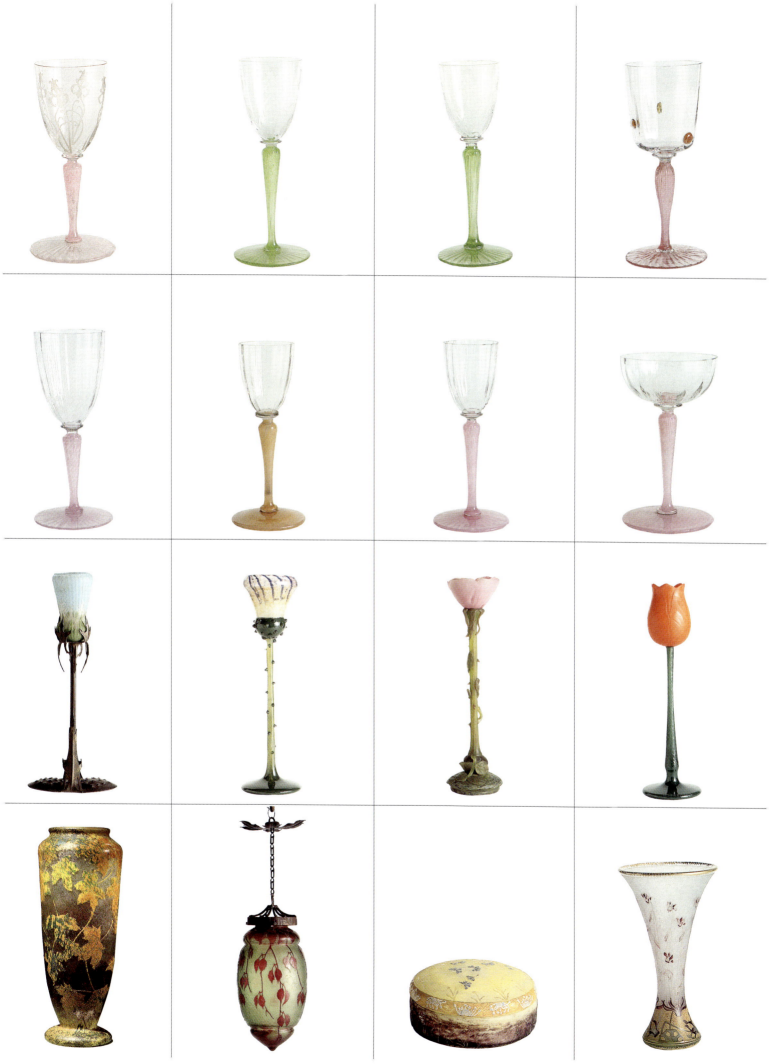

225

83.1.61

**CENDRIER AUX CAPUCINES
ET SCARABÉES**

VERS 1899

VERRE SOUFFLÉ, GRAVÉ À L'ACIDE
ET À LA ROUE, MARTELÉ ET CABOCHONS

H. : 5,5 / D. : 15

SIGNATURE GRAVÉE À LA ROUE
SUR LA PAROI

ACHAT AVEC L'AIDE DU FRAM, 1983

 226

99.12.30.(2)

BROC, *SERVICE AUX IRIS*

1900

VERRE SOUFFLÉ-MOULÉ,
GRAVÉ À L'ACIDE ET À LA ROUE
ANSE EN APPLICATION

H. : 19 / D. : 10,6

NON SIGNÉ

DON GROUPE SAGEM, 1999

 227

99.12.30.(1)

BROC, *SERVICE AUX IRIS*

1900

VERRE SOUFFLÉ-MOULÉ,
GRAVÉ À L'ACIDE ET À LA ROUE
JAMBE ET PIED EN APPLICATION

H. : 19,5 / D. : 14,2

NON SIGNÉ

DON GROUPE SAGEM, 1999

 228

99.12.30.(3)

CARAFE, *SERVICE AUX IRIS*

1900

VERRE SOUFFLÉ-MOULÉ,
GRAVÉ À L'ACIDE ET À LA ROUE
BAGUE EN APPLICATION

H. : 27,5 / D. : 13,3

NON SIGNÉ

DON GROUPE SAGEM, 1999

 233

99.12.67.(2)

VERRE
DÉCOR DE PASTILLES

1900

VERRE SOUFFLÉ-MOULÉ
ET APPLICATIONS
JAMBE ET PIED EN APPLICATION

H. : 18,4 / D. (OUVERTURE) : 7,4

NON SIGNÉ

DON GROUPE SAGEM, 1999

 234

99.12.67.(3)

VERRE
DÉCOR DE PASTILLES

1900

VERRE SOUFFLÉ-MOULÉ
ET APPLICATIONS
JAMBE ET PIED EN APPLICATION

H. : 14,9 / D. (OUVERTURE) : 5,5

NON SIGNÉ

DON GROUPE SAGEM, 1999

 235

99.12.67.(4)

VERRE
DÉCOR DE PASTILLES

1900

VERRE SOUFFLÉ-MOULÉ
ET APPLICATIONS
JAMBE ET PIED EN APPLICATION

H. : 14,1 / D. (OUVERTURE) : 5,3

NON SIGNÉ

DON GROUPE SAGEM, 1999

 236

95.1.95

CARAFE, *SERVICE SAXE*

1900

VERRE SOUFFLÉ-MOULÉ
BAGUE EN APPLICATION

H. : 32 / D. : 13,7

NON SIGNÉ

DON CRISTALLERIE DAUM-NANCY, 198

 241

99.12.3

VASE

APRÈS 1891

VERRE SOUFFLÉ-MOULÉ
ET REHAUSSÉ D'OR
ANSES EN APPLICATION

H. : 21,8 / D. : 6,1

NON SIGNÉ

DON GROUPE SAGEM, 1999

 242

83.1.34

COUPE AUX ALGUES ET POISSONS

1900

VERRE SOUFFLÉ-MOULÉ, TRIPLE
COUCHE, GRAVÉ À L'ACIDE ET À LA ROUE

H. : 25 / L. : 30

SIGNATURE GRAVÉE À LA ROUE
SUR LA BASE

ACHAT AVEC L'AIDE DU FRAM, 1983

243

83.3.8

VASE AUX MARGUERITES

VERS 1900

VERRE SOUFFLÉ-MOULÉ,
GRAVÉ À LA ROUE ET REHAUSSÉ D'OR,
APPLICATIONS

H. : 20,5 / D. : 7,5

SIGNATURE PEINTE À L'OR SOUS L'OBJET

DON MICHEL DAUM ET SES SŒURS
MMES PIERRE FROISSART ET
HENRI DE PAILLERETS, EN SOUVENIR
DE LEUR PÈRE ANTONIN DAUM, 1983

244

83.1.11

VASE AUX ROSES ET LIBELLULES

VERS 1900

VERRE SOUFFLÉ-MOULÉ,
GRAVÉ À L'ACIDE, PEINT À L'ÉMAIL,
REHAUSSÉ D'OR ET CABOCHONS

H. : 62 / D. : 22,5

SIGNATURE À L'OR SOUS L'OBJET

ACHAT AVEC L'AIDE DU FRAM, 1983

 249

83.1.54

TULIPE
(PIÈCE INACHEVÉE)

VERS 1900

VERRE SOUFFLÉ-MOULÉ
JAMBE ET PIED ÉTIRÉS EN APPLICATION

H. : 35,8 / D. : 10

NON SIGNÉ

ACHAT AVEC L'AIDE DU FRAM, 1983

 250

83.1.46

ANÉMONE PULSATILLE

VERS 1900

VERRE SOUFFLÉ-MOULÉ,
GRAVÉ À LA ROUE ET MARTELÉ
JAMBE ET PIED ÉTIRÉS EN APPLICATION

H. : 36 / D. : 8,5

SIGNATURE GRAVÉE À LA ROUE
SUR LE PIED

ACHAT AVEC L'AIDE DU FRAM, 1983

 251

83.1.55

VASE AUX ARBRES SOUS LA PLUIE

APRÈS 1900

VERRE SOUFFLÉ-MOULÉ,
« DÉCOR INTERCALAIRE À GRAND FEU »
ET CABOCHONS

H. : 16 / D. : 12,5

NON SIGNÉ

ACHAT AVEC L'AIDE DU FRAM, 1983

 252

2000.5.3

VASE AUX IRIS ET GRENOUILLE

1901

VERRE SOUFFLÉ-MOULÉ,
GRAVÉ À L'ACIDE ET REHAUSSÉ D'OR

H. : 19,8 / D. : 13

SIGNATURE À L'OR SOUS L'OBJET

ACHAT, 2000

229

9.12.30.(4)

ERRE, *SERVICE AUX IRIS*

900

ERRE SOUFFLÉ-MOULÉ,
RAVÉ À L'ACIDE ET À LA ROUE
AMBE ET PIED EN APPLICATION

. : 18,8 / D. (OUVERTURE) : 7,2

ON SIGNÉ

ON GROUPE SAGEM, 1999

230

99.12.30.(5)

VERRE, *SERVICE AUX IRIS*

1900

VERRE SOUFFLÉ-MOULÉ,
GRAVÉ À L'ACIDE ET À LA ROUE
JAMBE ET PIED EN APPLICATION

H. : 18,7 / D. (OUVERTURE) : 5,8

NON SIGNÉ

DON GROUPE SAGEM, 1999

231

99.12.30.(6)

VERRE, *SERVICE AUX IRIS*

1900

VERRE SOUFFLÉ-MOULÉ,
GRAVÉ À L'ACIDE ET À LA ROUE
JAMBE ET PIED EN APPLICATION

H. : 17,1 / D. (OUVERTURE) : 5,3

NON SIGNÉ

DON GROUPE SAGEM, 1999

232

99.12.67.(1)

VERRE
DÉCOR DE PASTILLES

1900

VERRE SOUFFLÉ-MOULÉ
ET APPLICATIONS
JAMBE ET PIED EN APPLICATION

H. : 18,4 / D. (OUVERTURE) : 7,4

NON SIGNÉ

DON GROUPE SAGEM, 1999

237

9.12.68.(1)

ERRE, *SERVICE SAXE*

ERS 1900

ERRE SOUFFLÉ-MOULÉ
AMBE ET PIED EN APPLICATION

. : 19,1 / D. (OUVERTURE) : 7,3

ON SIGNÉ

ON GROUPE SAGEM, 1999

238

99.12.68.(2)

VERRE, *SERVICE SAXE*

VERS 1900

VERRE SOUFFLÉ-MOULÉ
JAMBE ET PIED EN APPLICATION

H. : 16,9 / D. (OUVERTURE) : 5,2

NON SIGNÉ

DON GROUPE SAGEM, 1999

239

99.12.68.(3)

VERRE, *SERVICE SAXE*

VERS 1900

VERRE SOUFFLÉ-MOULÉ
JAMBE ET PIED EN APPLICATION

H. : 16,9 / D. (OUVERTURE) : 5,2

NON SIGNÉ

DON GROUPE SAGEM, 1999

240

99.12.68.(4)

COUPE À CHAMPAGNE, *SERVICE SAXE*

VERS 1900

VERRE SOUFFLÉ-MOULÉ
JAMBE ET PIED EN APPLICATION

H. : 15,7 / D. (OUVERTURE) : 9,3

NON SIGNÉ

DON GROUPE SAGEM, 1999

245

3.1.22

AMPE *CHARDON*

ERS 1900

ERRE SOUFFLÉ-MOULÉ,
RAVÉ À L'ACIDE
ED EN FER FORGÉ

: 45 / D. : 19,5

IGNATURE GRAVÉE SUR LA PAROI

CHAT AVEC L'AIDE DU FRAM, 1983

246

82.2.1

CHARDON

VERS 1900

VERRE SOUFFLÉ-MOULÉ
JAMBE ET PIED ÉTIRÉS EN APPLICATION

H. : 44 / D. : 12,5

NON SIGNÉ

DON DU CONSEIL GÉNÉRAL
DE MEURTHE-ET-MOSELLE, 1982

247

83.1.19

ÉGLANTINE

VERS 1900

VERRE SOUFFLÉ-MOULÉ, GRAVÉ
À L'ACIDE ET À LA ROUE
JAMBE ET PIED ÉTIRÉS EN APPLICATION,
AVEC APPLICATIONS

H. : 33 / D. : 9,1

SIGNATURE GRAVÉE À LA ROUE
SUR LE PIED

ACHAT AVEC L'AIDE DU FRAM, 1983

248

83.1.45

TULIPE

VERS 1900

VERRE SOUFFLÉ-MOULÉ,
GRAVÉ À L'ACIDE
JAMBE ET PIED ÉTIRÉS EN APPLICATION
ET MARTELÉE

H. : 34,5 / D. : 10

SIGNATURE GRAVÉE À LA ROUE
SUR LE PIED

ACHAT AVEC L'AIDE DU FRAM, 1983

253

3.1.28

ASE AUX FEUILLES D'ÉRABLE

301

ERRE SOUFFLÉ-MOULÉ,
VITRIFICATION », GRAVÉ À L'ACIDE
T À LA ROUE

: 57 / D. : 24

IGNATURE GRAVÉE À LA ROUE
OUS L'OBJET

CHAT AVEC L'AIDE DU FRAM, 1983

254

95.1.79

LANTERNE AUX FEUILLES DE BOULEAU

1901

VERRE SOUFFLÉ-MOULÉ, DOUBLE
COUCHE, GRAVÉ À L'ACIDE ET À LA ROUE
MONTURE EN MÉTAL

H. : 30 / D. : 15,3

SIGNATURE GRAVÉE ET DORÉE
SUR LA PAROI
N° GRAVÉ SUR LA PAROI : *1761*

DON CRISTALLERIE DAUM-NANCY, 1985

255

95.1.25

BONBONNIÈRE AUX BLEUETS

1901

VERRE SOUFFLÉ-MOULÉ,
GRAVÉ À L'ACIDE, PEINT À L'ÉMAIL
ET REHAUSSÉ D'OR

H. : 6,8 / D. : 14,8

SIGNATURE À L'OR SOUS L'OBJET

DON CRISTALLERIE DAUM-NANCY, 1985

256

83.1.6

VASE AUX CYCLAMENS

1901

VERRE SOUFFLÉ-MOULÉ,
GRAVÉ À L'ACIDE ET À LA ROUE,
PEINT À L'ÉMAIL ET REHAUSSÉ D'OR

H. : 29,5 / D. : 17

SIGNATURE À L'OR SOUS L'OBJET

ACHAT AVEC L'AIDE DU FRAM, 1983

257

83.1.59

VASE AUX BLEUETS ET RÉSÉDAS

1902

VERRE SOUFFLÉ-MOULÉ,
GRAVÉ À L'ACIDE, PEINT À L'ÉMAIL
ET REHAUSSÉ D'OR
ANSES EN APPLICATION

H. : 22 / D. : 13

SIGNATURE À L'OR SOUS L'OBJET
N° GRAVÉ SOUS L'OBJET : *2035*

ACHAT AVEC L'AIDE DU FRAM, 1983

258

83.1.5

VASE AUX BLEUETS ET RÉSÉDAS

1902

VERRE SOUFFLÉ-MOULÉ, GRAVÉ
À L'ACIDE, PEINT À L'ÉMAIL
ET REHAUSSÉ D'OR

H. : 13 / D. : 16

SIGNATURE À L'OR SOUS L'OBJET

ACHAT AVEC L'AIDE DU FRAM, 1983

259

83.1.41

VASE AUX ROSES ET PAPILLONS

1903

VERRE SOUFFLÉ-MOULÉ,
GRAVÉ À L'ACIDE ET À LA ROUE

H. : 19 / D. : 14

SIGNATURE GRAVÉE À LA ROUE SOUS
L'OBJET

ACHAT AVEC L'AIDE DU FRAM, 1983

260

92.22.2

VASE AUX PISSENLITS
COMME LA PLUME AU VENT

1903

VERRE SOUFFLÉ-MOULÉ,
GRAVÉ À L'ACIDE ET À LA ROUE
ET REHAUSSÉ D'OR

H. : 51 / D. : 13

SIGNATURE À L'OR
MENTION GRAVÉE SUR LA PAROI
À L'ACIDE : *COMME LA PLUME AU VENT*

DON CRISTALLERIE DAUM-NANCY, 1985

265

2000.5.4

VASE AUX PAVOTS

VERS 1903

VERRE SOUFFLÉ-MOULÉ, QUATRE
COUCHES, GRAVÉ À L'ACIDE
ET À LA ROUE, APPLICATIONS

H. : 21,8 / D. : 26

SIGNATURE GRAVÉE SOUS L'OBJET

ACHAT, 2000

266

83.1.32

VASE AUX LIBELLULES ET RENONCULES

1904

VERRE SOUFFLÉ-MOULÉ, MULTICOUCHE,
« VITRIFICATION », GRAVÉ À L'ACIDE
ET À LA ROUE, APPLICATIONS

H. : 36,5 / D. : 14,5

SIGNATURE GRAVÉE SOUS L'OBJET

ACHAT AVEC L'AIDE DU FRAM, 1983

267

83.1.53

VASE AUX NARCISSES ET MUGUET

1904

VERRE SOUFFLÉ-MOULÉ, TRIPLE COUCHE,
GRAVÉ À L'ACIDE ET À LA ROUE, MARTELÉ

H. : 20,5 / D. : 13,2

SIGNATURE GRAVÉE À LA ROUE
SOUS L'OBJET
N° GRAVÉ : *2328*

ACHAT AVEC L'AIDE DU FRAM, 1983

268

83.1.36

COUPE AUX PAPILLONS DE NUIT

1905

VERRE SOUFFLÉ-MOULÉ, GRAVÉ
À L'ACIDE ET À LA ROUE, PEINT À L'ÉMAIL
REHAUSSÉ D'OR ET APPLICATIONS

H. : 15 / L. : 13,5

SIGNATURE GRAVÉE À LA ROUE
SOUS L'OBJET

ACHAT AVEC L'AIDE DU FRAM, 1983

273

83.1.23

VASE AUX BRANCHES DE VIGNE VIERGE

VERS 1905

VERRE SOUFFLÉ-MOULÉ,
« VITRIFICATION », GRAVÉ À L'ACIDE
ET À LA ROUE, APPLICATIONS

H. : 53 / D. : 15,3

SIGNATURE GRAVÉE À LA ROUE
SUR LE PIED

ACHAT AVEC L'AIDE DU FRAM, 1983

274

83.1.44

VASE AUX BOULEAUX EN AUTOMNE

1905

VERRE SOUFFLÉ-MOULÉ,
« VITRIFICATION », GRAVÉ À L'ACIDE

H. : 55,5 / D. : 15,2

SIGNATURE GRAVÉE À LA ROUE
ET REHAUSSÉE D'OR SOUS L'OBJET
N° GRAVÉ SUR LA PAROI : *2522*

ACHAT AVEC L'AIDE DU FRAM, 1983

275

95.1.69

VASE AUX ANÉMONES

1905

VERRE SOUFFLÉ-MOULÉ,
GRAVÉ À L'ACIDE ET À LA ROUE

H. : 45,6 / D. (COL) : 15

SIGNATURE GRAVÉE À LA ROUE
SOUS L'OBJET
N° GRAVÉ SUR LA PAROI : *2482*

DON CRISTALLERIE DAUM-NANCY, 1985

276

95.1.68

VASE AUX MARGUERITES

1905

VERRE SOUFFLÉ-MOULÉ,
« DÉCOR INTERCALAIRE », GRAVÉ À
L'ACIDE ET À LA ROUE, MARTELÉ
ANSES EN APPLICATION

H. : 29,2 / D. : 9,3

NON SIGNÉ

DON CRISTALLERIE DAUM-NANCY, 1985

281

2000.5.5

VERRE À VIN DU RHIN AVEC PAYSAGE

1906

VERRE SOUFFLÉ-MOULÉ,
GRAVÉ À L'ACIDE ET PEINT À L'ÉMAIL

H. : 19,9 / D. (OUVERTURE) : 6

NON SIGNÉ
N° GRAVÉ SUR LA PAROI : *2913*

ACHAT, 2000

282

83.1.58

VERRE À VIN DU RHIN
AVEC SARMENTS DE VIGNE

1906

VERRE SOUFFLÉ-MOULÉ, DOUBLE
COUCHE, GRAVÉ À L'ACIDE ET À LA ROUE,
MARTELÉ

H. : 21,5 / D. (OUVERTURE) : 6,9

SIGNATURE GRAVÉE À L'ACIDE
SOUS L'OBJET
N° GRAVÉ SUR LE PIED : *2916*

ACHAT AVEC L'AIDE DU FRAM, 1983

283

92.22.1

COUPE POUR LE XIIIᵉ CONCOURS NATIONAL
ET INTERNATIONAL DE TIR DE NANCY

1906

VERRE SOUFFLÉ-MOULÉ, GRAVÉ À L'ACIDE
ET À LA ROUE, PEINT À L'ÉMAIL ET REHAUSSÉ D'OR
PIED EN APPLICATION
H. : 11,5 / D. (OUVERTURE) : 10,9
SIGNATURE À L'OR SOUS L'OBJET
MENTION EN RÉSERVE EN HAUT : *XIIIᵉ CONCOURS
NATIONAL ET INTERNATIONAL DE TIR. NANCY 1906*
MENTION EN RÉSERVE SUR LE PIED : *QUI S'Y FROTTE
S'Y PIQUE* / MENTION GRAVÉE À L'ACIDE SUR LA
PAROI SOUS LE COQ : *VIGILAT*
DON CRISTALLERIE DAUM-NANCY, 1985

284

95.1.36

COUPE POUR LE XIIIᵉ CONCOURS NATI
ET INTERNATIONAL DE TIR DE NANCY

1906

VERRE SOUFFLÉ-MOULÉ, GRAVÉ À L'ACIDE
ET À LA ROUE, PEINT À L'ÉMAIL ET REHAUSSÉ
PIED EN APPLICATION
H. : 11,6 / D. (OUVERTURE) : 11,1
SIGNATURE À L'OR SOUS L'OBJET
MENTION EN RÉSERVE EN HAUT : *XIIIᵉ CONCO
NATIONAL ET INTERNATIONAL DE TIR. NANCY
MENTION GRAVÉE À LA ROUE SUR LA PAROI
TIR DE VITESSE / MENTION EN RÉSERVE SUR
QUI S'Y FROTTE S'Y PIQUE / MENTION GRAVÉE
À L'ACIDE SUR LA PAROI SOUS LE COQ : *VIGIL.*
DON CRISTALLERIE DAUM-NANCY, 1985

261

83.1.21

VASE AUX FEUILLES DE BOULEAU

1903

VERRE SOUFFLÉ-MOULÉ, MULTICOUCHE,
GRAVÉ À L'ACIDE ET À LA ROUE

H. : 52 / D. : 27,5

NON SIGNÉ

ACHAT AVEC L'AIDE DU FRAM, 1983

 262

83.1.12

VASE AUX HORTENSIAS

1903

VERRE SOUFFLÉ-MOULÉ, GRAVÉ
À L'ACIDE ET À LA ROUE, PEINT À L'ÉMAIL,
REHAUSSÉ D'OR ET APPLICATIONS

H. : 45 / D. : 12,7

NON SIGNÉ

ACHAT AVEC L'AIDE DU FRAM, 1983

 263

91.9.1

COUPE AUX HORTENSIAS ET SCARABÉES

VERS 1903

VERRE SOUFFLÉ-MOULÉ,
GRAVÉ À L'ACIDE, PEINT À L'ÉMAIL,
REHAUSSÉ D'OR ET APPLICATIONS
ANSES EN APPLICATION

H. : 8,5 / D. : 15,3

SIGNATURE À L'OR SOUS L'OBJET

DON DES AMIS DU MUSÉE
DES BEAUX-ARTS DE NANCY -
ASSOCIATION EMMANUEL HÉRÉ, 1991

 264

99.7.1

EN COLLABORATION AVEC
LOUIS MAJORELLE

LAMPE *MONNAIE-DU-PAPE*

VERS 1903

VERRE SOUFFLÉ-MOULÉ,
GRAVÉ À L'ACIDE
PIED EN FER FORGÉ CISELÉ ET PATINÉ

H. : 68

SIGNATURE GRAVÉE SUR CHAQUE FLEUR

ACHAT DE L'ASSOCIATION
DES AMIS DE LA CRISTALLERIE DAUM
AVEC L'AIDE DU FRAM, 1999

 269

83.1.37

COUPE AU HANNETON

VERS 1905

VERRE SOUFFLÉ-MOULÉ, APPLICATIONS
ET INCLUSIONS DE PAILLETTES D'OR

H. : 15 / L. : 18,5

SIGNATURE GRAVÉE À LA ROUE
SUR LA BASE

ACHAT AVEC L'AIDE DU FRAM, 1983

 270

83.1.35

GOBELET AUX PAPILLON DE NUIT
ET MOUSTIQUE

VERS 1905

VERRE SOUFFLÉ-MOULÉ,
GRAVÉ À LA ROUE ET APPLICATIONS

H. : 18,5 / D. : 10

NON SIGNÉ

ACHAT AVEC L'AIDE DU FRAM, 1983

 271

95.1.41

COUPE AUX FLEURS VIOLETTES

1905

VERRE SOUFFLÉ-MOULÉ,
« VITRIFICATION », GRAVÉ À L'ACIDE
ET À LA ROUE, PEINT À L'ÉMAIL

H. : 9,6 / L. : 15,2

SIGNATURE GRAVÉE SUR LA PAROI

DON CRISTALLERIE DAUM-NANCY, 1985

 272

95.1.40

VASE AUX FLEURS VIOLETTES

1905

VERRE SOUFFLÉ-MOULÉ,
« VITRIFICATION », GRAVÉ À L'ACIDE
ET À LA ROUE, MARTELÉ

H. : 17,4 / D. : 7,2

SIGNATURE GRAVÉE À LA ROUE
SUR LA BASE

DON CRISTALLERIE DAUM-NANCY, 1985

 277

82.1.3

CRUCHE AUX ÉPIS DE BLÉ ET CIGALES

1905

VERRE SOUFFLÉ-MOULÉ, GRAVÉ
À L'ACIDE ET À LA ROUE, PEINT À L'ÉMAIL,
REHAUSSÉ D'OR ET APPLICATIONS
ANSE EN APPLICATION

H. : 41 / D. : 15,5

SIGNATURE À L'OR SOUS L'OBJET

ACHAT, 1982

 278

83.1.42

LAMPE *PERCE-NEIGE*

VERS 1905

VERRE SOUFFLÉ-MOULÉ,
DOUBLE COUCHE, GRAVÉ À L'ACIDE
PIED EN FER FORGÉ

H. : 43 / D. : 19

SIGNATURE GRAVÉE À LA ROUE
SUR L'ABAT-JOUR
N° GRAVÉ SUR L'ABAT-JOUR : *2682*

ACHAT AVEC L'AIDE DU FRAM, 1983

 279

95.1.81

SUSPENSION AUX PISSENLITS

1905

VERRE SOUFFLÉ-MOULÉ,
GRAVÉ À L'ACIDE ET À LA ROUE

MONTURE EN MÉTAL

H. : 26 / D. : 17,8

SIGNATURE GRAVÉE ET DORÉE
SUR LA PAROI
N° GRAVÉ SUR LA PAROI : *2693*

DON CRISTALLERIE DAUM-NANCY, 1985

 280

95.1.83

VASE BLEUTÉ À TROIS CABOCHONS

1905-1910

VERRE SOUFFLÉ-MOULÉ
ET APPLICATIONS

H. : 28,2 / D. (COL) : 12,2

NON SIGNÉ

DON CRISTALLERIE DAUM-NANCY, 1985

 285

83.8.1

VASE AUX CYGNES

1906

VERRE SOUFFLÉ-MOULÉ,
« VITRIFICATIONS », GRAVÉ À L'ACIDE
ET PEINT À L'ÉMAIL

H. : 16,7 / D. : 19,2

SIGNATURE EN NOIR SOUS L'OBJET

DON MME PIERRE OLMI, 1983

 286

92.22.6

VASE AUX JACINTHES SAUVAGES

1906

VERRE SOUFFLÉ-MOULÉ, GRAVÉ
À L'ACIDE ET À LA ROUE, PEINT À L'ÉMAIL

H. : 25,2 / D. : 20,2

SIGNATURE GRAVÉE SOUS L'OBJET
N° GRAVÉ SUR LA PAROI : *2829*

DON CRISTALLERIE DAUM-NANCY, 1985

 287

95.1.53

VASE AUX COLCHIQUES

1906

VERRE SOUFFLÉ-MOULÉ, MULTICOUCHE,
GRAVÉ À L'ACIDE ET À LA ROUE

H. : 27,2 / D. : 9,5

SIGNATURE GRAVÉE À LA ROUE
SOUS L'OBJET
N° GRAVÉ SUR LA PAROI : *2816*

DON CRISTALLERIE DAUM-NANCY, 1985

 288

95.1.54

VASE AUX JACINTHES SAUVAGES

1906

VERRE SOUFFLÉ-MOULÉ, MULTICOUCHE,
GRAVÉ À L'ACIDE ET À LA ROUE

H. : 31,5 / D. : 8,2

SIGNATURE À L'OR SOUS L'OBJET
N° GRAVÉ SUR LA PAROI : *2817*

DON CRISTALLERIE DAUM-NANCY, 1985

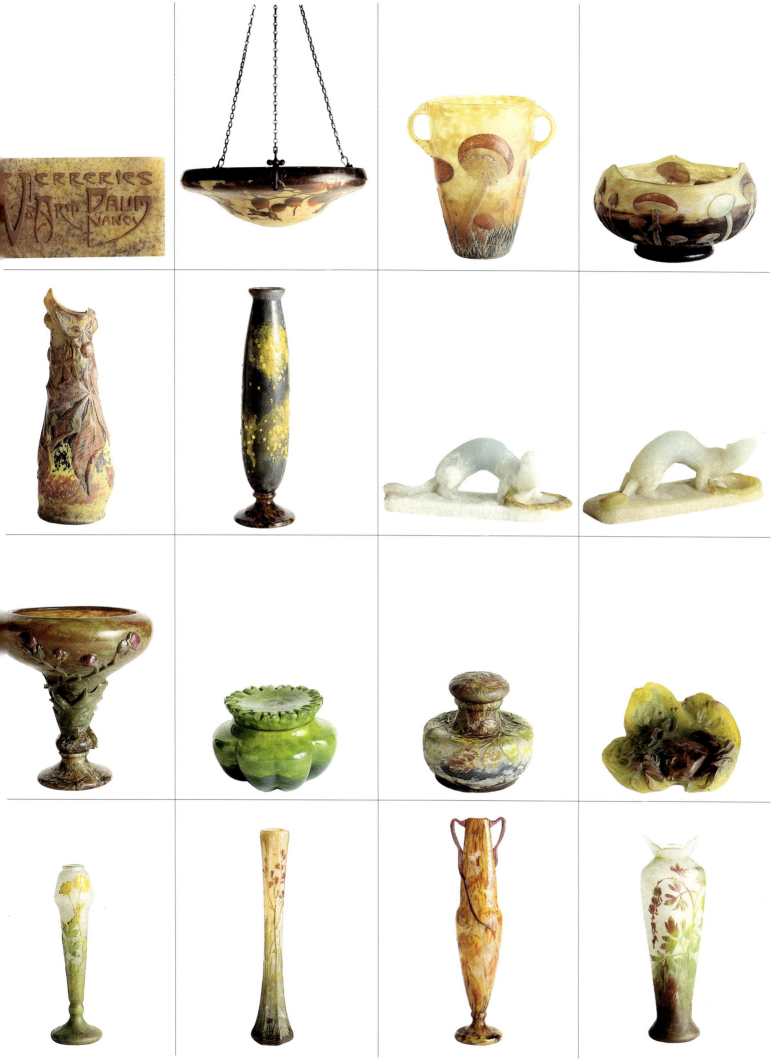

289

95.1.75

VASE AUX MARGUERITES

1906

VERRE SOUFFLÉ-MOULÉ, GRAVÉ
À L'ACIDE ET À LA ROUE, APPLICATIONS

H. : 43,4 / D. (COL) : 10,2

SIGNATURE EN RÉSERVE SUR LA PAROI

DON CRISTALLERIE DAUM-NANCY, 1985

 290

95.1.90

TÊTE D'ENFANT

VERS 1906

PÂTE DE VERRE

H. : 14,7 / L. : 12,3 / P. : 5,5

SIGNATURE GRAVÉE À LA ROUE
SOUS L'OBJET

DON CRISTALLERIE DAUM-NANCY, 1985

 291

95.1.91
EN COLLABORATION AVEC
WALTER AMALRIC ET MAX-BLONDEA

LAPIN

VERS 1906

PÂTE DE VERRE

H. : 8,3 / L. : 14 / P. : 11

SIGNATURE GRAVÉE SUR LE SOCLE :
MAX-BLONDEA / A WALTER / NANCY

DON CRISTALLERIE DAUM-NANCY, 1985

 292

95.1.92
EN COLLABORATION
AVEC WALTER AMALRIC

FENNEC

VERS 1906

PÂTE DE VERRE

H. : 11,3 / L. : 16,6 / P. : 8

SIGNATURE GRAVÉE SUR LA BASE :
A WALTER - NANCY

DON CRISTALLERIE DAUM-NANCY, 1985

 297

2000.5.6

VASE AUX ÉPHÉMÈRES

1907

VERRE SOUFFLÉ-MOULÉ,
GRAVÉ À L'ACIDE ET PEINT À L'ÉMAIL

H. : 18,6 : L. : 10,2

NON SIGNÉ

ACHAT, 2000

 298

2000.5.8

VASE AU PAYSAGE *MESSIDOR*

1908

VERRE SOUFFLÉ-MOULÉ,
GRAVÉ À L'ACIDE ET PEINT À L'ÉMAIL

H. : 13,3 / L. : 7,3

SIGNATURE PEINTE À L'ÉMAIL
SOUS L'OBJET
N° GRAVÉ SUR LA PAROI : *3133*

ACHAT, 2000

 299

2000.5.7

VASE AU PAYSAGE *MESSIDOR*

1908

VERRE SOUFFLÉ-MOULÉ,
GRAVÉ À L'ACIDE ET PEINT À L'ÉMAIL

H. : 19,4 / L. : 15

SIGNATURE PEINTE À L'ÉMAIL
SUR LA PAROI

ACHAT, 2000

 300

83.1.39

VASE AUX RAISINS

VERS 1908

SOUFFLÉ-MOULÉ, « VITRIFICATION »,
GRAVÉ À L'ACIDE ET À LA ROUE,
APPLICATIONS

H. : 42,2 / D. : 21,5

SIGNATURE GRAVÉE À LA ROUE
SUR LA BASE

ACHAT AVEC L'AIDE DU FRAM, 1983

 305

83.10.1

PENDENTIF EN FLEUR À TROIS PÉTALES

VERS 1908

PÂTE DE VERRE

L. : 3,5

NON SIGNÉ

DON M. JANTZEN, 1983

 306

83.1.57

VASE AUX BRYONES

1909

VERRE SOUFFLÉ-MOULÉ,
GRAVÉ À L'ACIDE, PEINT À L'ÉMAIL
ET APPLICATIONS
ANSES EN APPLICATION

H. : 32 / D. : 14

NON SIGNÉ
N° GRAVÉ SUR LA PAROI : *3350*

ACHAT AVEC L'AIDE DU FRAM, 1983

 307

82.1.2

VASE AUX COLCHIQUES

VERS 1909

VERRE SOUFFLÉ-MOULÉ, GRAVÉ
À L'ACIDE ET À LA ROUE, APPLICATIONS
PIED EN APPLICATION

H. : 41,5 / D. : 10,5

SIGNATURE GRAVÉE À LA ROUE
SUR LE PIED

ACHAT, 1982

 308

83.1.40

VASE AUX COLOQUINTES

VERS 1909

VERRE SOUFFLÉ-MOULÉ ET APPLICATIO

H. : 39 / D. : 12,5

NON SIGNÉ

ACHAT AVEC L'AIDE DU FRAM, 1983

 313

89.4.1
EN COLLABORATION AVEC VICTOR PROUVÉ

**MÉDAILLON À L'EFFIGIE DE LA CHAMBRE
DE COMMERCE DE NANCY**

VERS 1909

PÂTE DE VERRE

D. : 10

SIGNATURE MOULÉE (BAS/MILIEU) :
V. PROUVE
SIGNATURE GRAVÉE AU VERSO : *DAUM*,
MENTION MOULÉE (HAUT/GAUCHE) :
CHAMBRE DE COMMERCE DE NANCY

DON DES AMIS DU MUSÉE DES BEAUX-
ARTS DE NANCY – ASSOCIATION
EMMANUEL HÉRÉ, 1989

 314

95.1.94

PLAQUE *DAUM NANCY PARIS*

VERS 1909

PÂTE DE VERRE

H. : 9,8 / L. : 9,8 / P. : 3

SIGNATURE EN RÉSERVE (BAS/GAUCHE)
MENTION EN RÉSERVE (BAS/DROITE) :
32, RUE DE PARADIS (PARIS)

DON CRISTALLERIE DAUM-NANCY, 1985

 315

95.1.56

VASE AUX FOUGÈRES

1910

VERRE SOUFFLÉ-MOULÉ, MULTICOUCHE,
GRAVÉ À L'ACIDE ET À LA ROUE

H. : 39,4 / L. : 13,2

NON SIGNÉ
N° GRAVÉ SUR LA PAROI : *3392*

DON CRISTALLERIE DAUM-NANCY, 1985

 316

95.1.70

VASE AUX BOUTONS D'OR

1910

VERRE SOUFFLÉ-MOULÉ,
« VITRIFICATION », GRAVÉ À L'ACIDE

H. : 50 / D. (COL) : 8,6

SIGNATURE GRAVÉE À LA ROUE
SUR LE PIED
N° GRAVÉ SUR LA PAROI : *3474*

DON CRISTALLERIE DAUM-NANCY, 1985

293

95.1.93

PLAQUE *VERRERIES D'ART. DAUM NANCY*

VERS 1906

PÂTE DE VERRE

H. : 20,8 / L. : 12 / P. : 1

MENTION AU CENTRE : *VERRERIES / D'ART DAUM / NANCY /* [CROIX DE LORRAINE]

DON CRISTALLERIE DAUM-NANCY, 1985

294

95.1.80

SUSPENSION AUX NOISETTES

1907

VERRE SOUFFLÉ-MOULÉ, DOUBLE COUCHE, GRAVÉ À L'ACIDE ET À LA ROUE MONTURE EN MÉTAL

H. : 49,5 / D. : 15,2

SIGNATURE EN RÉSERVE SUR LA PAROI

DON CRISTALLERIE DAUM-NANCY, 1985

295

92.22.7

VASE AUX CHAMPIGNONS

1907

VERRE SOUFFLÉ-MOULÉ, GRAVÉ À L'ACIDE ET À LA ROUE, PEINT À L'ÉMAIL ANSES EN APPLICATION

H. : 20 / D. : 13,8

SIGNATURE ET N° *8* GRAVÉS SOUS L'OBJET N° GRAVÉ SUR LA PAROI : *3017*

DON CRISTALLERIE DAUM-NANCY, 1985

296

92.22.9

COUPE AUX CHAMPIGNONS

1907

VERRE SOUFFLÉ-MOULÉ, GRAVÉ À L'ACIDE ET À LA ROUE, PEINT À L'ÉMAIL

H. : 14 / D. : 24

SIGNATURE ET N° *11* GRAVÉS SOUS L'OBJET N° GRAVÉ SUR LA PAROI : *3016*

DON CRISTALLERIE DAUM-NANCY, 1985

301

83.1.25

VASE AUX FEUILLES DE MARRONNIER EN AUTOMNE

VERS 1908

« VASE EN HAUT-RELIEF CISELÉ » : VERRE SOUFFLÉ-MOULÉ MÉCANIQUEMENT, GRAVÉ À L'ACIDE ET À LA ROUE

H. : 42 / D. : 14,5

SIGNATURE GRAVÉE À LA ROUE SUR LA PAROI

ACHAT AVEC L'AIDE DU FRAM, 1983

302

92.22.10

VASE AUX MIMOSAS

VERS 1908

VERRE SOUFFLÉ-MOULÉ, « VITRIFICATION » ET APPLICATIONS PIED EN APPLICATION

H. : 45,5 / D. : 7,3

NON SIGNÉ

DON CRISTALLERIE DAUM-NANCY, 1985

303

83.1.26 EN COLLABORATION AVEC WALTER AMALRIC

BAGUIER À L'HERMINE

VERS 1908

PÂTE DE VERRE

H. : 10 / L. : 27 / P. : 9

SIGNATURE GRAVÉE À LA ROUE SUR LE SOCLE

ACHAT AVEC L'AIDE DU FRAM, 1983

304

93.26.2 EN COLLABORATION AVEC WALTER AMALRIC

BAGUIER À L'HERMINE

VERS 1908

PÂTE DE VERRE

H. : 10,5 / L. : 26,5 / P. : 10

SIGNATURE SUR LE SOCLE : *DAUM*

DON CRISTALLERIE DAUM-NANCY, 1985

309

83.1.38

COUPE AUX CHARDONS

VERS 1909

VERRE SOUFFLÉ-MOULÉ ET APPLICATIONS PIED EN APPLICATION

H. : 33 / D. : 32

SIGNATURE GRAVÉE À LA ROUE SUR LE PIED

ACHAT AVEC L'AIDE DU FRAM, 1983

310

95.1.87

BONBONNIÈRE

1909

VERRE SOUFFLÉ-MOULÉ

H. : 7,7 / D. (COUVERCLE) : 11,9

NON SIGNÉ

DON CRISTALLERIE DAUM-NANCY, 1985

311

95.1.37

ENCRIER AUX RONCES

1909

VERRE SOUFFLÉ-MOULÉ, « VITRIFICATION », GRAVÉ À L'ACIDE ET À LA ROUE

H. : 8,3 / D. : 8,8

SIGNATURE GRAVÉE SUR LA PAROI N° GRAVÉ SUR LE BOUCHON : *3249*

DON CRISTALLERIE DAUM-NANCY, 1985

312

83.1.48 EN COLLABORATION AVEC WALTER AMALRIC

CENDRIER AU CRABE

VERS 1909

PÂTE DE VERRE

H. : 5,5 / L. : 17

SIGNATURE GRAVÉE ET INVERSÉE SOUS L'OBJET

ACHAT AVEC L'AIDE DU FRAM, 1983

317

95.1.43

VASE AUX BOUTONS D'OR

1910

VERRE SOUFFLÉ-MOULÉ, « VITRIFICATION », GRAVÉ À L'ACIDE

H. : 19 / D. : 4,3

SIGNATURE GRAVÉE SOUS L'OBJET N° GRAVÉ SUR LA PAROI : *3480*

DON CRISTALLERIE DAUM-NANCY, 1985

318

95.1.55

VASE AUX SAXIFRAGES

VERS 1910

VERRE SOUFFLÉ-MOULÉ, GRAVÉ À L'ACIDE ET À LA ROUE, PEINT À L'ÉMAIL

H. : 35,2 / L. : 4,6

N° GRAVÉ SUR LA PAROI : *3302*

NON SIGNÉ

DON CRISTALLERIE DAUM-NANCY, 1985

319

82.2.2

VASE AUX FEUILLES DE HÊTRE ROUGE

1910

VERRE SOUFFLÉ-MOULÉ, « VITRIFICATION », GRAVÉ À L'ACIDE ET À LA ROUE ANSES EN APPLICATION

H. : 47 / D. : 10

SIGNATURE GRAVÉE À LA ROUE SOUS L'OBJET

DON DU CONSEIL GÉNÉRAL DE MEURTHE-ET-MOSELLE, 1982

320

83.1.31

VASE AUX CŒURS DE JEANNETTE

1910

VERRE SOUFFLÉ-MOULÉ, « VITRIFICATION », GRAVÉ À L'ACIDE

H. : 38,5 / D. : 12,3

SIGNATURE GRAVÉE À LA ROUE SUR LE PIED N° GRAVÉ SUR LA PAROI : *3464*

ACHAT AVEC L'AIDE DU FRAM, 1983

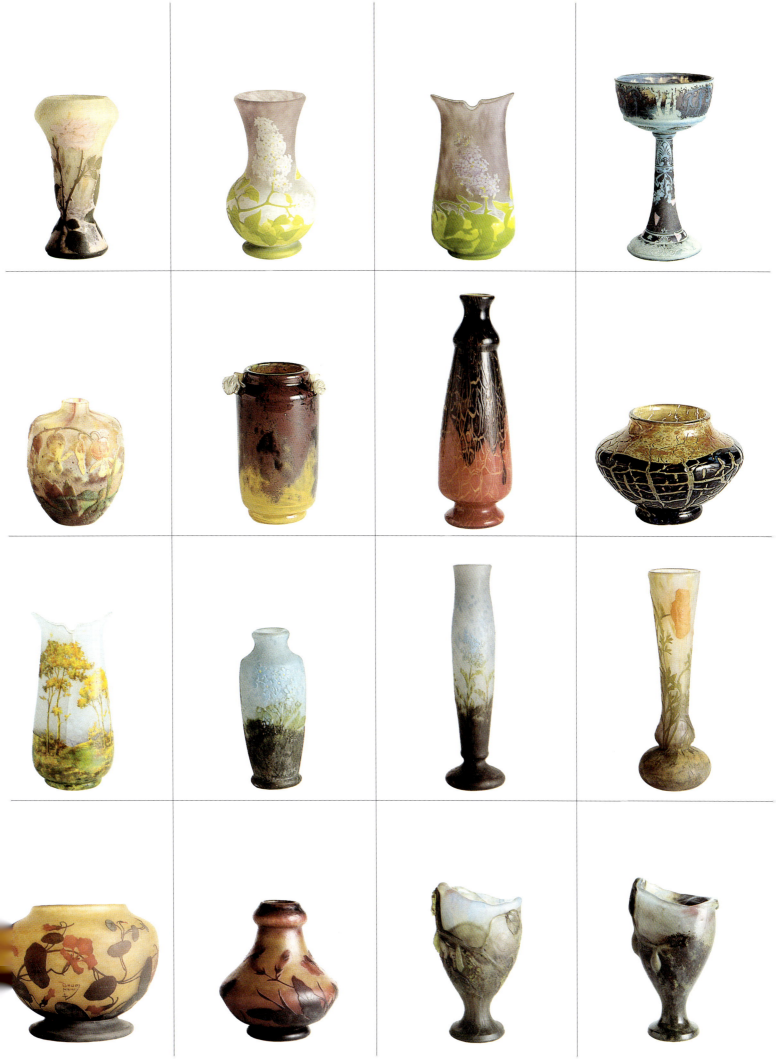

321

83.1.27

VASE AUX MÛRES

1910

VERRE SOUFFLÉ-MOULÉ,
« VITRIFICATION »,
GRAVÉ À L'ACIDE ET LA ROUE

H. : 53,5 / D. : 15,3

SIGNATURE GRAVÉE SUR LA PAROI
N° GRAVÉ SUR LA PAROI : *3425*

ACHAT AVEC L'AIDE DU FRAM, 1983

322

83.1.30

VASE AUX MÛRES

1910

VERRE SOUFFLÉ-MOULÉ,
« VITRIFICATION »,
GRAVÉ À L'ACIDE ET LA ROUE

H. : 34,5 / D. : 12,3

SIGNATURE EN RÉSERVE SUR LA PAROI
N° GRAVÉ SUR LA PAROI : *3450*

ACHAT AVEC L'AIDE DU FRAM, 1983

323

82.1.1

VASE AUX ARAIGNÉE ET AUBÉPINES

VERS 1910

VERRE SOUFFLÉ-MOULÉ, DOUBLE
COUCHE, « VITRIFICATION », GRAVÉ
À L'ACIDE ET À LA ROUE, LAMELLES

H. : 34,6 / D. : 8

SIGNATURE GRAVÉE À LA ROUE
SUR LA BASE

ACHAT, 1982

324

92.22.11

VASE AUX BAIES D'AUBÉPINE

VERS 1910

VERRE SOUFFLÉ-MOULÉ, MULTICOUCH
« VITRIFICATION », GRAVÉ À L'ACIDE
ET À LA ROUE

H. : 18 / D. : 9,8

SIGNATURE EN RÉSERVE SUR LA PAROI

DON CRISTALLERIE DAUM-NANCY, 198

329

95.1.58

VASE AUX ROSES

1910

VERRE SOUFFLÉ-MOULÉ,
« VITRIFICATION », GRAVÉ À L'ACIDE
ET À LA ROUE, LAMELLES

H. : 32,3 / L. : 11

SIGNATURE GRAVÉE À LA ROUE
SOUS L'OBJET
N° GRAVÉ SUR LA PAROI : *3435*

DON CRISTALLERIE DAUM-NANCY, 1985

330

83.3.6

JARDINIÈRE AUX ROSES

1910

VERRE SOUFFLÉ-MOULÉ,
« VITRIFICATION », GRAVÉ À L'ACIDE
ET À LA ROUE, LAMELLES

H. : 5,8 / L. : 12,5 / P. : 3

SIGNATURE ET N° *450* GRAVÉS
À LA ROUE SOUS L'OBJET
N° GRAVÉ SUR LA PAROI : *3445*

DON MICHEL DAUM ET SES SŒURS
MMES PIERRE FROISSART ET
HENRI DE PAILLERETS, EN SOUVENIR
DE LEUR PÈRE ANTONIN DAUM, 1983

331

83.1.62

COUPE AUX IRIS

1910

VERRE SOUFFLÉ-MOULÉ, DOUBLE
COUCHE, GRAVÉ L'ACIDE ET À LA ROUE,
PEINT À L'ÉMAIL
PIED EN APPLICATION

H. : 9,8 / D. : 9

SIGNATURE GRAVÉE À LA ROUE
SUR LA PAROI
N° GRAVÉ SUR LA PAROI : *3510*

ACHAT AVEC L'AIDE DU FRAM, 1983

332

95.1.47

VASE À FEUILLAGE BLEU

1910

VERRE SOUFFLÉ-MOULÉ,
GRAVÉ À L'ACIDE ET À LA ROUE

H. : 13,6 / D. : 5,9

SIGNATURE GRAVÉE SOUS L'OBJET

DON CRISTALLERIE DAUM-NANCY, 198

337

95.1.86

VASE *VERRE DE JADE* JAUNE ET BRUN

VERS 1910

VERRE SOUFFLÉ-MOULÉ

H. : 38,7 / D. (COL) : 4,5

SIGNATURE GRAVÉE À LA ROUE
SUR LE PIED

DON CRISTALLERIE DAUM-NANCY, 1985

338

83.1.50

LAMPE AUX FLEURS D'EUCALYPTUS

1910-1913

VERRE SOUFFLÉ-MOULÉ, TRIPLE
COUCHE, GRAVÉ À L'ACIDE ET À LA ROUE
MONTURE EN MÉTAL

H. : 74 / D. (ABAT-JOUR) : 33

SIGNATURE GRAVÉE À LA ROUE
SUR L'ABAT-JOUR

ACHAT AVEC L'AIDE DU FRAM, 1983

339

83.1.60

CENDRIER AUX MONTBRÉTIAS

1911

VERRE SOUFFLÉ-MOULÉ,
GRAVÉ À L'ACIDE ET PEINT À L'ÉMAIL

H. : 5 / D. : 18,5

SIGNATURE EN RÉSERVE SUR LA PAROI
N° GRAVÉ SUR LA PAROI : *3647*

ACHAT AVEC L'AIDE DU FRAM, 1983

340

99.4.1

VASE AUX ARBRES JAUNES

1911

VERRE SOUFFLÉ-MOULÉ,
« VITRIFICATION », GRAVÉ À L'ACIDE
ET PEINT À L'ÉMAIL

H. : 4 / L. : 5,5

SIGNATURE PEINTE SOUS L'OBJET

DON DES AMIS DU MUSÉE
DES BEAUX-ARTS DE NANCY -
ASSOCIATION EMMANUEL HÉRÉ, 1999

345

95.1.72

VASE AUX MONNAIES-DU-PAPE

1911

VERRE SOUFFLÉ-MOULÉ, DOUBLE
COUCHE, GRAVÉ À L'ACIDE ET À LA ROUE

H. : 48,2 / D. (COL) : 7

SIGNATURE EN RÉSERVE SUR LA PAROI
N° GRAVÉ SUR LA PAROI : *3583*

DON CRISTALLERIE DAUM-NANCY, 1985

346

95.1.64

VASE AUX GENTIANES

1912

VERRE SOUFFLÉ-MOULÉ, DOUBLE
COUCHE, GRAVÉ À L'ACIDE ET À LA ROUE,
LAMELLES

H. : 35,2 / D. : 9,1

SIGNATURE GRAVÉE À LA ROUE
SUR LE PIED
N° GRAVÉ SUR LA PAROI : *3772*

DON CRISTALLERIE DAUM-NANCY, 1985

347

95.1.65

VASE AUX GENTIANES

1912

VERRE SOUFFLÉ-MOULÉ, DOUBLE
COUCHE, GRAVÉ À L'ACIDE ET À LA ROUE,
LAMELLES

H. : 25,7 / D. : 9,9

SIGNATURE ET N° *61* GRAVÉS
À LA ROUE SUR LE PIED
N° GRAVÉ SUR LA PAROI : *3773*

DON CRISTALLERIE DAUM-NANCY, 1985

348

95.1.44

CRUCHE AUX GENTIANES

1912

VERRE SOUFFLÉ-MOULÉ, DOUBLE
COUCHE, GRAVÉ À L'ACIDE ET À LA RC
LAMELLES
ANSE EN APPLICATION

H. : 13 / D. : 9,8

SIGNATURE GRAVÉE SUR LE PIED
N° GRAVÉ SUR LA PAROI : *3776*

DON CRISTALLERIE DAUM-NANCY, 198

325

5.1.60

ASE AUX ROSES

ERS 1910

ERRE SOUFFLÉ-MOULÉ, TRIPLE
OUCHE, GRAVÉ À L'ACIDE ET À LA ROUE

: 19,9 / D. : 11

GNATURE GRAVÉE SUR LE PIED

ON CRISTALLERIE DAUM-NANCY, 1985

326

95.1.57

VASE AUX LILAS

VERS 1910

VERRE SOUFFLÉ-MOULÉ, DOUBLE
COUCHE, GRAVÉ À L'ACIDE ET À LA ROUE

H. : 19,2 / D. : 11,5

SIGNATURE EN RÉSERVE SUR LA PAROI
N° GRAVÉ SUR LA PAROI : 3399

DON CRISTALLERIE DAUM-NANCY, 1985

327

2000.5.9

VASE AUX LILAS

1910

VERRE SOUFFLÉ-MOULÉ, GRAVÉ
À L'ACIDE ET PEINT À L'ÉMAIL

H. : 19,3 / L. : 10

SIGNATURE EN RÉSERVE SUR LA PAROI
N° GRAVÉ SUR LA PAROI : 3400

ACHAT, 2000

328

92.22.12

CALICE AUX FAUNES ET NYMPHES

VERS 1910

VERRE SOUFFLÉ-MOULÉ, QUATRE
COUCHES, GRAVÉ À L'ACIDE ET À LA ROUE
PIED EN APPLICATION

H. : 27,5 / D. : 15,7

NON SIGNÉ

DON CRISTALLERIE DAUM-NANCY, 1985

333

.1.38

ACON AUX CŒURS DE JEANNETTES

.10

RRE SOUFFLÉ-MOULÉ,
ITRIFICATION », GRAVÉ À L'ACIDE

: 7,2 / D. : 5,8

GNATURE EN RÉSERVE SUR LA PAROI
GRAVÉ SUR LA PAROI : 3549

ON CRISTALLERIE DAUM-NANCY, 1985

334

82.2.4

VASE *VERRE DE JADE* AUX ESCARGOTS

VERS 1910

VERRE SOUFFLÉ-MOULÉ
AVEC APPLICATIONS

H. : 17,8 / D. : 11,5

SIGNATURE GRAVÉE À LA ROUE
SOUS L'OBJET

DON DU CONSEIL GÉNÉRAL
DE MEURTHE-ET-MOSELLE, 1982

335

95.1.84

VASE *VERRE DE JADE*
DÉCOR CRAQUELÉ ROUGE ET BRUN

VERS 1910

VERRE SOUFFLÉ-MOULÉ, CRAQUELÉ

H. : 42 / D. (COL) : 6,6

NON SIGNÉ

DON CRISTALLERIE DAUM-NANCY, 1985

336

95.1.85

COUPE *VERRE DE JADE*
DÉCOR CRAQUELÉ JAUNE ET BRUN

VERS 1910

VERRE SOUFFLÉ-MOULÉ, CRAQUELÉ

H. : 11,2 / D. (COL) : 8,8

SIGNATURE GRAVÉE À LA ROUE
SUR LE PIED

DON CRISTALLERIE DAUM-NANCY, 1985

341

0.5.10

SE AUX ARBRES JAUNES

11

RRE SOUFFLÉ-MOULÉ,
ITRIFICATION », GRAVÉ
L'ACIDE ET PEINT À L'ÉMAIL

: 25,4 / L. : 12,5

GNATURE PEINTE À L'ÉMAIL
US L'OBJET

HAT, 2000

342

95.1.42

VASE AUX MYOSOTIS

1911

VERRE SOUFFLÉ-MOULÉ,
« VITRIFICATION », GRAVÉ À L'ACIDE
ET PEINT À L'ÉMAIL

H. : 10,7 / D. : 4,5

SIGNATURE GRAVÉE À LA ROUE SUR LA
PAROI
N° GRAVÉ SUR LA PAROI : 3635

DON CRISTALLERIE DAUM-NANCY, 1985

343

95.1.59

VASE AUX MYOSOTIS

1911

VERRE SOUFFLÉ-MOULÉ,
« VITRIFICATION », GRAVÉ À L'ACIDE
ET À LA ROUE, PEINT À L'ÉMAIL

H. : 38,9 / D. : 8

SIGNATURE GRAVÉE SUR LE PIED
N° GRAVÉ SUR LA PAROI : 3627

DON CRISTALLERIE DAUM-NANCY, 1985

344

95.1.63

VASE AUX PAVOTS

1911

VERRE SOUFFLÉ-MOULÉ,
« VITRIFICATION », GRAVÉ À L'ACIDE
ET À LA ROUE, LAMELLES

H. : 36,1 / D. : 12,6

SIGNATURE GRAVÉE À LA ROUE
SUR LA BASE
N° SUR LA PAROI : 3766

DON CRISTALLERIE DAUM-NANCY, 1985

349

1.62

RDINIÈRE AUX CAPUCINES

11

RRE SOUFFLÉ-MOULÉ, DOUBLE
UCHE, GRAVÉ À L'ACIDE ET À LA ROUE

: 21 / D. : 26,5

GNATURE EN RÉSERVE SUR LA PAROI
GRAVÉ SUR LA PAROI : 3726

N CRISTALLERIE DAUM-NANCY, 1985

350

95.1.66

VASE AUX BIGNONES

1912

VERRE SOUFFLÉ-MOULÉ, DOUBLE
COUCHE, GRAVÉ À L'ACIDE ET À LA ROUE

H. : 17,9 / D. : 16,1

SIGNATURE EN RÉSERVE SUR LA PAROI
N° GRAVÉ SUR LA PAROI : 3785

DON CRISTALLERIE DAUM-NANCY, 1985

351

83.1.47

VASE AUX PAPILLONS,
CHENILLES ET CHRYSALIDES

VERS 1912

VERRE SOUFFLÉ-MOULÉ,
« VITRIFICATION », GRAVÉ À L'ACIDE
ET À LA ROUE, APPLICATIONS

H. : 20 / D. : 11,3

SIGNATURE ET N° 65 GRAVÉS À LA ROUE
SOUS L'OBJET ET SUR LE PIED

ACHAT AVEC L'AIDE DU FRAM, 1983

352

83.1.76

VASE AUX CHRYSALIDES
(PIÈCE INACHEVÉE)

VERS 1912

VERRE SOUFFLÉ-MOULÉ,
« VITRIFICATION » ET APPLICATIONS

H. : 23,5 / D. : 12,5

NON SIGNÉ

ACHAT AVEC L'AIDE DU FRAM, 1983

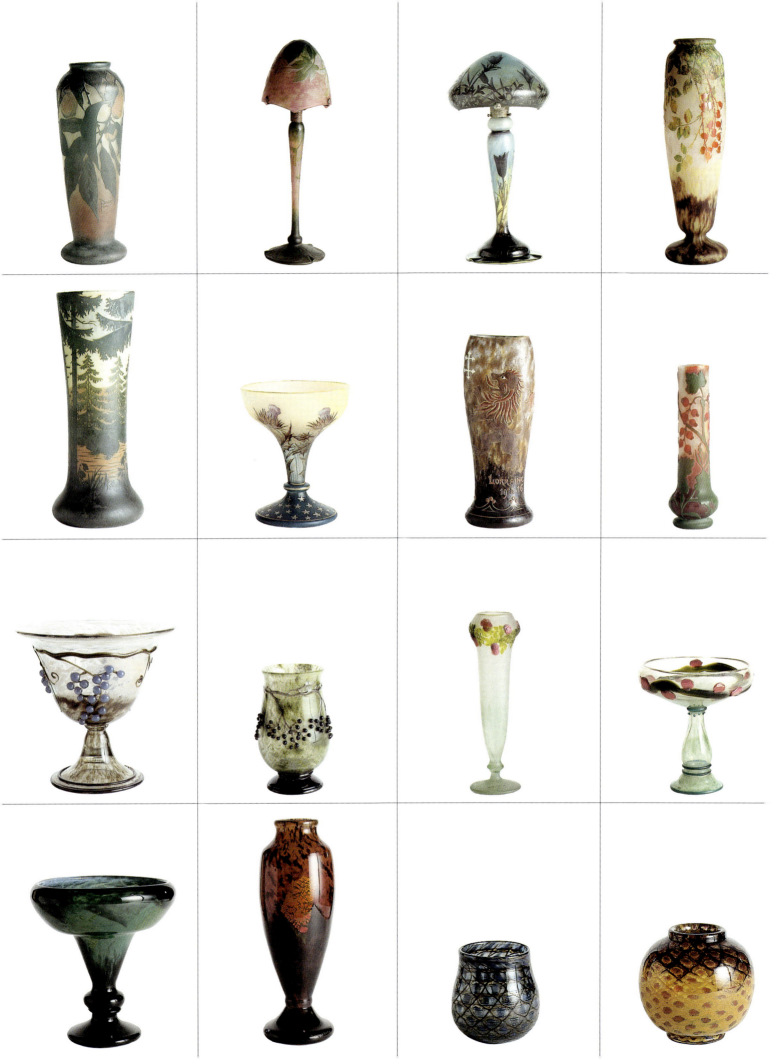

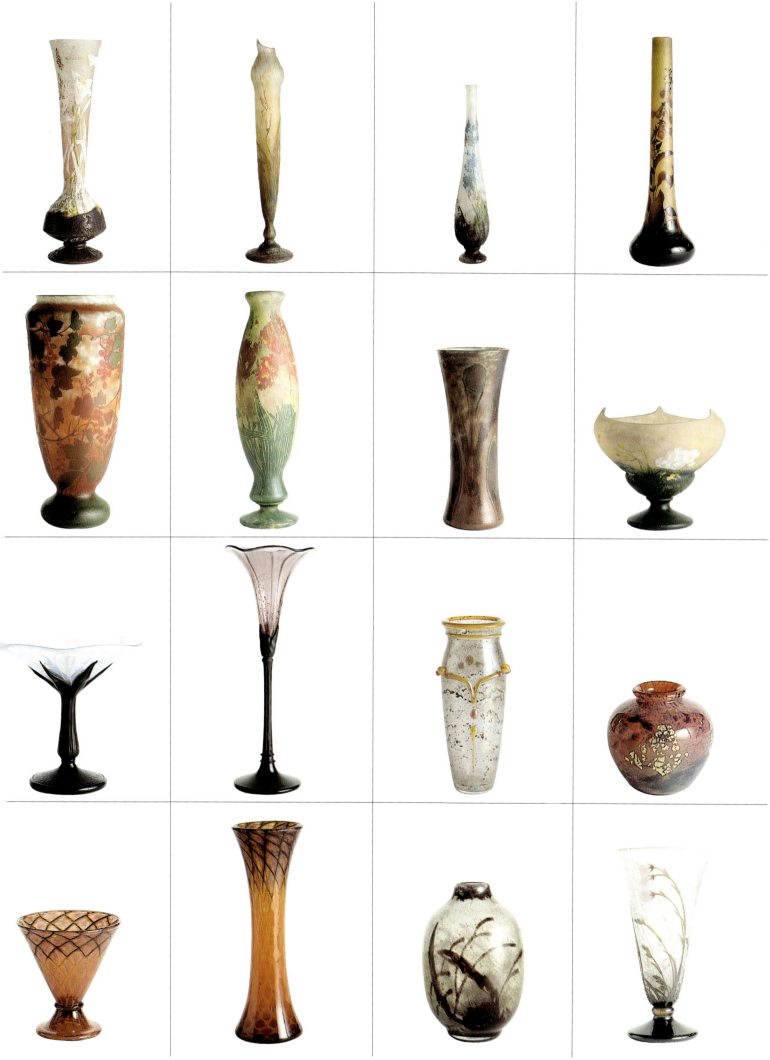

353

95.1.74

VASE AUX PLAQUEMINIERS DU JAPON

VERS 1912

VERRE SOUFFLÉ-MOULÉ, TRIPLE
COUCHE, GRAVÉ À L'ACIDE ET À LA ROUE

H. : 44,8 / D. : 9,8

SIGNATURE EN RÉSERVE SUR LA PAROI
N° GRAVÉ SUR LA PAROI : *3836*

DON CRISTALLERIE DAUM-NANCY, 1985

354

83.1.24

LAMPE AUX BRANCHES D'ÉRABLE

1912-1913

VERRE SOUFFLÉ-MOULÉ, TRIPLE
COUCHE, GRAVÉ À L'ACIDE ET À LA ROUE
MONTURE EN FER FORGÉ

H. : 46 / D. : 15

SIGNATURE GRAVÉE À LA ROUE
SUR L'ABAT-JOUR ET LE PIED

ACHAT AVEC L'AIDE DU FRAM, 1983

355

83.1.51

LAMPE AUX ANÉMONES PULSATILLES

1913

VERRE SOUFFLÉ-MOULÉ, DOUBLE
COUCHE, GRAVÉ À L'ACIDE ET À LA ROUE
MONTURE EN FER FORGÉ

H. : 46 / D. : 22,5

SIGNATURE GRAVÉE À L'ACIDE
SUR L'ABAT-JOUR
N° GRAVÉ SUR L'ABAT-JOUR : *3983*

ACHAT AVEC L'AIDE DU FRAM, 1983

356

83.1.29

VASE AUX ÉGLANTIERS

1913

VERRE SOUFFLÉ-MOULÉ,
«VITRIFICATION», GRAVÉ À L'ACIDE
ET À LA ROUE

H. : 50 / D. : 14,3

SIGNATURE EN RÉSERVE SOUS L'OBJE

ACHAT AVEC L'AIDE DU FRAM, 1983

361

92.22.8

VASE AUX SAPINS DES VOSGES

1913

VERRE SOUFFLÉ-MOULÉ, MULTICOUCHE,
GRAVÉ À L'ACIDE ET À LA ROUE

H. : 50 / D. : 17,7

NON SIGNÉ
N° GRAVÉ SUR LA PAROI : *3912*

DON CRISTALLERIES DAUM-NANCY, 1985

362

95.1.46

COUPE *LORRAINE 1918*

1918

VERRE SOUFFLÉ-MOULÉ, PEINT À L'ÉMAIL
ET REHAUSSÉ D'OR
PIED EN APPLICATION

H. : 13,1 / D. : 11

SIGNATURE ET DATE À L'OR SOUS L'OBJET
INSCRIPTION SUR LA PAROI :
LORRAINE-1918

DON CRISTALLERIE DAUM-NANCY, 1985

363

95.1.88

VASE *LORRAINE 1914-1916*

1919-1922

VERRE SOUFFLÉ-MOULÉ,
«VITRIFICATIONS», PEINT À L'ÉMAIL
ET REHAUSSÉ D'OR

H. : 24,2 / D. : 7,5

SIGNATURE GRAVÉE À LA ROUE
SUR LA BASE
MENTION PEINTE À L'ÉMAIL
SUR LA PAROI : *LORRAINE 1914-16*

DON CRISTALLERIE DAUM-NANCY, 1985

364

95.1.39.

VASE AUX GROSEILLES ROUGES

1919-1923

VERRE SOUFFLÉ-MOULÉ, TRIPLE
COUCHE, GRAVÉ À L'ACIDE ET À LA RO

H. : 13,8 / D. : 4,1

SIGNATURE EN RÉSERVE SUR LA PAR(

DON CRISTALLERIE DAUM-NANCY, 198

369

83.1.73

COUPE AUX RAISINS VIOLETS

1919-1923

VERRE SOUFFLÉ-MOULÉ ET APPLICATIONS
PIED EN APPLICATION

H. : 26 / D. : 26,7

SIGNATURE GRAVÉE À LA ROUE
SUR LE PIED

ACHAT AVEC L'AIDE DU FRAM, 1983

370

80.3.4

VASE AUX BAIES DE SUREAU

1919-1923

VERRE SOUFFLÉ-MOULÉ ET APPLICATIONS
PIED EN APPLICATION

H. : 14,5 / D. : 9

SIGNATURE GRAVÉE À LA ROUE
SUR LE PIED

DON MICHEL DAUM, 1980

371

83.3.4

VASE AVEC GUIRLANDE DE FLEURS ROSES

1919-1923

VERRE SOUFFLÉ-MOULÉ,
GRAVÉ À L'ACIDE ET À LA ROUE, MARTELÉ,
LAMELLES
PIED EN APPLICATION

H. : 21,6 / D. : 6

SIGNATURE GRAVÉE À LA ROUE
SUR LA PAROI

DON MICHEL DAUM ET SES SŒURS
MMES PIERRE FROISSART ET
HENRI DE PAILLERETS, EN SOUVENIR
DE LEUR PÈRE ANTONIN DAUM, 1983

372

83.1.63

CALICE AUX FLEURS STYLISÉES ROSE

1919-1923

VERRE SOUFFLÉ-MOULÉ ET APPLICAT.
PIED EN APPLICATION

H. : 17 / D. : 16

NON SIGNÉ

ACHAT AVEC L'AIDE DU FRAM, 1983

377

95.1.97

COUPE *VERRE DE JADE* VERTE

1919-1923

VERRE SOUFFLÉ-MOULÉ, DÉCOR
INTERCALAIRE AVEC INCLUSION
DE FEUILLES D'OR
PIED EN APPLICATION

H. : 30 / D. : 28

NON SIGNÉ

DON CRISTALLERIE DAUM-NANCY, 1985

378

83.5.1

VASE *VERRE DE JADE* GRENAT

1919-1923

VERRE SOUFFLÉ-MOULÉ, DÉCOR
INTERCALAIRE AVEC INCLUSION
DE FEUILLES D'OR

H. : 42,8 / D. : 15,5

SIGNATURE EN NOIR GRAVÉE À LA ROUE
SOUS L'OBJET

DON SOCIÉTÉ LORRAINE DES AMIS
DES ARTS ET DES MUSÉES, 1983

379

80.3.6

VASE À DÉCOR DE RÉSILLE

1919-1923

VERRE SOUFFLÉ-MOULÉ
ET DÉCOR INTERCALAIRE

H. : 11,2 / D. : 11

SIGNATURE GRAVÉE À LA ROUE
SOUS L'OBJET

DON MICHEL DAUM, 1980

380

80.3.10

VASE À DÉCOR DE RÉSILLE

1919-1923

VERRE SOUFFLÉ-MOULÉ
ET DÉCOR INTERCALAIRE

H. : 15,4 / D. : 16

SIGNATURE GRAVÉE À LA ROUE
SUR LA BASE

DON MICHEL DAUM, 1980

357

3.1.49

ASE AUX LIS

913

ERRE SOUFFLÉ-MOULÉ, TRIPLE COUCHE,
VITRIFICATION », GRAVÉ À L'ACIDE ET À
A ROUE, INCLUSION DE FEUILLES D'OR

. : 56 / D. : 16

IGNATURE GRAVÉE SUR LA PAROI
LA ROUE
ATE GRAVÉE ET REHAUSSÉE D'OR,
URMONTÉE D'UNE ÉTOILE À RAYONS
UR LA PAROI : *12 JUIN 1913*

CHAT AVEC L'AIDE DU FRAM, 1983

358

95.1.76

VASE AUX FRESIAS

1913

VERRE SOUFFLÉ-MOULÉ, MULTICOUCHE,
GRAVÉ À L'ACIDE ET À LA ROUE,
LAMELLES

H. : 52 / D. : 8

SIGNATURE ET N° *10* GRAVÉS
SUR LE PIED
N° GRAVÉ SUR LA PAROI : *3923*

DON CRISTALLERIE DAUM-NANCY, 1985

359

83.3.7

VASE AUX MYOSOTIS

1913

VERRE SOUFFLÉ-MOULÉ,
« VITRIFICATION », GRAVÉ À L'ACIDE
ET À LA ROUE, APPLICATION

H. : 28 / D. : 5,5

SIGNATURE GRAVÉE À LA ROUE
SUR LA PAROI
DATE SUR LA PAROI : *FÉVRIER / 1913*

DON MICHEL DAUM ET SES SŒURS
MMES PIERRE FROISSART ET
HENRI DE PAILLERETS, EN SOUVENIR
DE LEUR PÈRE ANTONIN DAUM, 1983

360

89.2.1

VASE AUX DIGITALES

1913

VERRE SOUFFLÉ-MOULÉ, DOUBLE
COUCHE, GRAVÉ À L'ACIDE ET À LA ROUE

H. : 79 / D. : 25

SIGNATURE SUR LA PAROI EN RÉSERVE

DON M. BABAULT, 1989

365

5.1.77

ASE AUX GROSEILLES ROUGES

919-1923

ERRE SOUFFLÉ-MOULÉ, MULTICOUCHE,
RAVÉ À L'ACIDE ET À LA ROUE

: 54,2 / D. : 19,5

IGNATURE EN RÉSERVE SUR LA PAROI
° GRAVÉ SUR LA PAROI : *4301*

ON CRISTALLERIE DAUM-NANCY, 1985

366

92.22.4

VASE AUX TULIPES PERROQUET ROUGES

1919-1922

VERRE SOUFFLÉ-MOULÉ,
« VITRIFICATION », GRAVÉ À L'ACIDE
ET À LA ROUE
PIED EN APPLICATION

H. : 53 / D. : 15

SIGNATURE EN RÉSERVE SUR LA PAROI
N° GRAVÉ SUR LA PAROI : *4120*

DON CRISTALLERIE DAUM-NANCY, 1985

367

95.1.89.

VASE À DÉCOR DE PLUMES DE PAON

1919-1923

VERRE SOUFLÉ-MOULÉ

H. : 35 / D. : 15

SIGNATURE GRAVÉE À LA ROUE
SUR LA BASE

DON CRISTALLERIE DAUM-NANCY, 1985

368

99.1.87

COUPE AUX PRIMEVÈRES

1919

VERRE SOUFFLÉ-MOULÉ, DOUBLE
COUCHE, GRAVÉ À L'ACIDE ET À LA ROUE,
LAMELLES

H. : 19,9 / D. : 22,4

SIGNATURE GRAVÉE À LA ROUE
SUR LA PAROI
N° GRAVÉ SUR LA PAROI : *4101*

DON CRISTALLERIE DAUM-NANCY, 1985

373

3.1.69

ASE *LISERON*

919-1923

ERRE SOUFFLÉ-MOULÉ
AMBE ET PIED EN APPLICATION
RAVÉS À LA ROUE ET MARTELÉS

: 21 / D. : 22

IGNATURE GRAVÉE À LA ROUE
UR LE PIED

CHAT AVEC L'AIDE DU FRAM, 1983

374

83.1.43

VASE *VOLUBILIS ROSE*

1919-1923

VERRE SOUFFLÉ-MOULÉ
AVEC INCLUSION D'OR
JAMBE ET PIED ÉTIRÉS EN APPLICATION
ET GRAVÉS À LA ROUE

H. : 49 / D. : 18,5

SIGNATURE GRAVÉE À LA ROUE
SUR LE PIED
N° GRAVÉ : *88583*

ACHAT AVEC L'AIDE DU FRAM, 1983

375

83.1.82

VASE AUX CORDONS JAUNES
ET PASTILLES ROUGES

1919-1923

VERRE SOUFFLÉ-MOULÉ
AVEC INCLUSION D'OXYDES MÉTALLIQUES
ET APPLICATIONS

H. : 25 / D. : 9,5

NON SIGNÉ

ACHAT AVEC L'AIDE DU FRAM, 1983

376

83.1.64

VASE *VERRE DE JADE* AMBRÉ

1919-1923

VERRE SOUFFLÉ-MOULÉ,
DÉCOR INTERCALAIRE AVEC INCLUSION
DE FEUILLES D'OR

H. : 11 / D. : 11,2

SIGNATURE GRAVÉE À LA ROUE
SUR LA BASE

ACHAT AVEC L'AIDE DU FRAM, 1983

381

0.3.7

ASE À DÉCOR DE RÉSILLE

919-1923

ERRE SOUFFLÉ-MOULÉ
T DÉCOR INTERCALAIRE
ED EN APPLICATION

. : 17,5 / D. : 16,3

IGNATURE GRAVÉE À LA ROUE
UR LE PIED

ON MICHEL DAUM, 1980

382

80.3.9

VASE À DÉCOR DE RÉSILLE

1919-1923

VERRE SOUFFLÉ-MOULÉ
ET DÉCOR INTERCALAIRE

H. : 33,7 / D. : 11,6

SIGNATURE GRAVÉE À LA ROUE
SUR LA BASE

DON MICHEL DAUM, 1980

383

80.3.5

VASE AUX CRABES ET AUX ALGUES

VERS 1920

VERRE SOUFFLÉ-MOULÉ
ET DÉCOR INTERCALAIRE

H. : 28 / D. : 18,5

NON SIGNÉ

DON MICHEL DAUM, 1980

384

83.1.52

VASE AUX CAMPANULES SOUS LA PLUIE

VERS 1920

VERRE SOUFFLÉ-MOULÉ, DOUBLE
COUCHE, GRAVÉ À L'ACIDE ET À LA ROUE,
LAMELLES
PIED EN APPLICATION

H. : 30,5 / D. : 16

SIGNATURE GRAVÉE À LA ROUE
SUR LE PIED

ACHAT AVEC L'AIDE DU FRAM, 1983

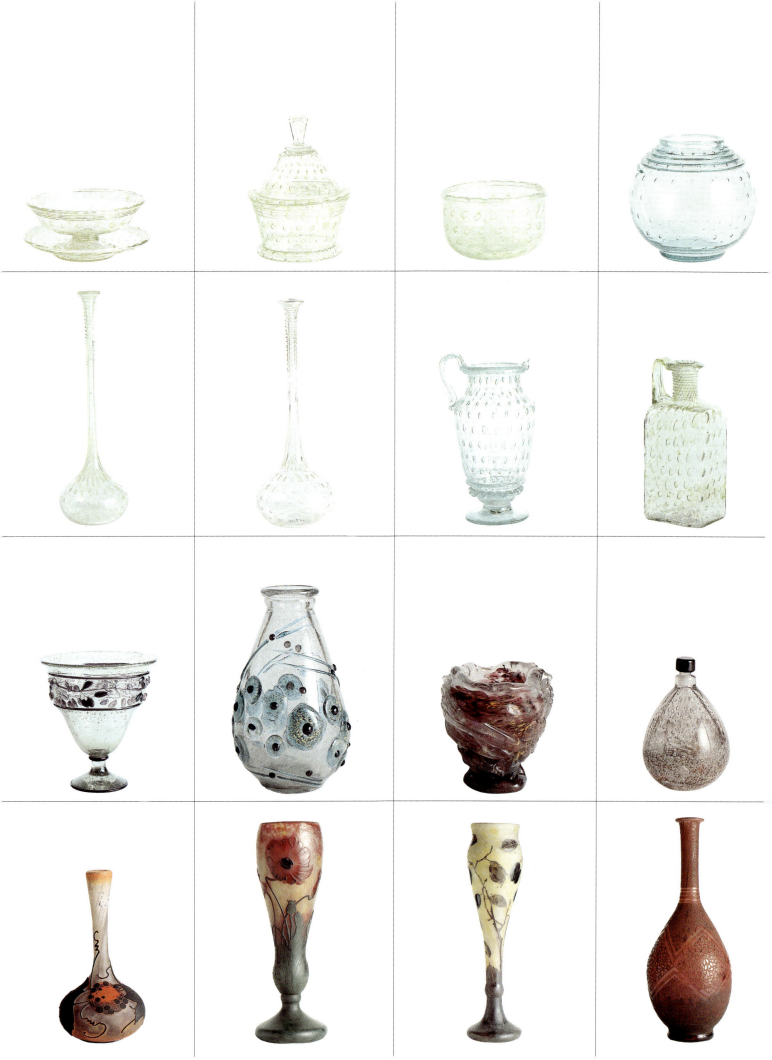

385

83.3.40

COUPE ET SOUCOUPE BULLÉES

1919-1923

VERRE SOUFFLÉ-MOULÉ,
BULLÉ MÉCANIQUEMENT
PIED DE LA COUPE EN APPLICATION

COUPE : H. : 7,9 / D. : 18
SOUCOUPE : H. : 3 / D. : 19,3

SIGNATURE GRAVÉE SOUS LES DEUX
OBJETS

DON MICHEL DAUM ET SES SŒURS
MMES PIERRE FROISSART ET
HENRI DE PAILLERETS, EN SOUVENIR
DE LEUR PÈRE ANTONIN DAUM, 1983

 386

83.3.35

POT AVEC COUVERCLE, BULLÉ

1919-1923

VERRE SOUFFLÉ-MOULÉ,
BULLÉ MÉCANIQUEMENT
BOUCHON EN APLICATION

H. : 15,9 / D. : 12

NON SIGNÉ

DON MICHEL DAUM ET SES SŒURS
MMES PIERRE FROISSART ET
HENRI DE PAILLERETS, EN SOUVENIR
DE LEUR PÈRE ANTONIN DAUM, 1983

 387

83.3.46

COUPE BULLÉE

1919-1923

VERRE SOUFFLÉ-MOULÉ,
BULLÉ MÉCANIQUEMENT

H. : 7 / D. : 11,5

NON SIGNÉ

DON MICHEL DAUM ET SES SŒURS
MMES PIERRE FROISSART ET
HENRI DE PAILLERETS, EN SOUVENIR
DE LEUR PÈRE ANTONIN DAUM, 1983

 388

83.3.41

VASE BULLÉ

1919-1923

VERRE SOUFFLÉ-MOULÉ,
BULLÉ MÉCANIQUEMENT
SERPENTIN EN APPLICATION

H. : 14,1 / D. : 14,5

NON SIGNÉ

DON MICHEL DAUM ET SES SŒURS
MMES PIERRE FROISSART ET
HENRI DE PAILLERETS, EN SOUVENIR
DE LEUR PÈRE ANTONIN DAUM, 1983

 393

83.3.38

VASE BULLÉ

1919-1923

VERRE SOUFFLÉ-MOULÉ,
BULLÉ MÉCANIQUEMENT
SERPENTIN EN APPLICATION

H. : 43,8 / D. : 13,8

SIGNATURE GRAVÉE SUR LA BASE

DON MICHEL DAUM ET SES SŒURS
MMES PIERRE FROISSART ET
HENRI DE PAILLERETS, EN SOUVENIR
DE LEUR PÈRE ANTONIN DAUM, 1983

 394

83.3.39

VASE BULLÉ

1919-1923

VERRE SOUFFLÉ-MOULÉ
BULLÉ MÉCANIQUEMENT
SERPENTIN EN APPLICATION

H. : 35,5 / D. : 13

SIGNATURE GRAVÉE SUR LA BASE

DON MICHEL DAUM ET SES SŒURS
MMES PIERRE FROISSART ET
HENRI DE PAILLERETS, EN SOUVENIR
DE LEUR PÈRE ANTONIN DAUM, 1983

 395

83.3.42

VASE BULLÉ

1919-1923

VERRE SOUFFLÉ-MOULÉ,
BULLÉ MÉCANIQUEMENT
ANSE ET PIED EN APPLICATION

H. : 20,9 / D. : 11,3

NON SIGNÉ

DON MICHEL DAUM ET SES SŒURS
MMES PIERRE FROISSART ET
HENRI DE PAILLERETS, EN SOUVENIR
DE LEUR PÈRE ANTONIN DAUM, 1983

 396

83.3.45

CARAFE BULLÉE

1919-1923

VERRE SOUFFLÉ-MOULÉ,
BULLÉ MÉCANIQUEMENT
SERPENTIN ET ANSE EN APPLICATION

H. : 18,9 / L. : 8,1 / P. : 6,2

NON SIGNÉ

DON MICHEL DAUM ET SES SŒURS
MMES PIERRE FROISSART ET
HENRI DE PAILLERETS, EN SOUVENIR
DE LEUR PÈRE ANTONIN DAUM, 1983

 401

AD.365

COUPE AUX BAIES MAUVES

VERS 1920-1925

VERRE SOUFFLÉ-MOULÉ,
BULLÉ À LA SOUDE ET APPLICATIONS

H. : 23,8 / D. : 22

SIGNATURE GRAVÉE À LA ROUE
SUR LE PIED

ACHAT, 1929

 402

83.1.72

VASE AUX PASTILLES BLEUES

VERS 1920-1925

VERRE SOUFFLÉ-MOULÉ,
BULLÉ À LA SOUDE, INCLUSION DE
FEUILLES D'OR ET APPLICATIONS

H. : 32,5 / D. : 20

SIGNATURE GRAVÉE À LA ROUE
SUR LA BASE

ACHAT AVEC L'AIDE DU FRAM, 1983

 403

83.1.77

VASE

VERS 1920-1925

VERRE SOUFFLÉ, TRAVAILLÉ AU CROCHET

H. : 17,8 / D. : 16

SIGNATURE GRAVÉE À LA ROUE
SUR LE PIED

ACHAT AVEC L'AIDE DU FRAM, 1983

 404

83.1.79

FLACON À BULLES ET BOUCHON NOIR

VERS 1920-1925

VERRE SOUFFLÉ-MOULÉ,
BULLÉ À LA SOUDE

H. : 15,5 / D. : 10,7

NON SIGNÉ

ACHAT AVEC L'AIDE DU FRAM, 1983

 409

95.1.45

VASE AUX COLOQUINTES DES JARDINS

1923

VERRE SOUFFLÉ-MOULÉ, TRIPLE
COUCHE, GRAVÉ À L'ACIDE ET À LA ROUE

H. : 15,4 / D. : 8,2

SIGNATURE GRAVÉE À LA ROUE
SUR LA PAROI
N° GRAVÉ SUR LA PAROI : 4410

DON CRISTALLERIE DAUM-NANCY, 1985

 410

95.1.78

VASE AUX PAVOTS

1923

VERRE SOUFFLÉ-MOULÉ, TRIPLE
COUCHE, GRAVÉ À L'ACIDE ET À LA ROUE,
MARTELÉ

H. : 41,7 / D. : 12,3

SIGNATURE GRAVÉE SUR LA BASE
N° GRAVÉ SUR LA PAROI : 4434

DON CRISTALLERIE DAUM-NANCY, 1985

 411

95.1.71

VASE AUX QUETSCHES

1924

VERRE SOUFFLÉ-MOULÉ, DOUBLE
COUCHE, GRAVÉ À L'ACIDE ET À LA ROUE,
LAMELLES

H. : 52,4 / D. : 12,2

SIGNATURE GRAVÉE À LA ROUE
SUR LA BASE

DON CRISTALLERIE DAUM-NANCY, 1985

 412

95.1.101

VASE À DÉCOR VÉGÉTAL STYLISÉ

1924

VERRE SOUFFLÉ-MOULÉ
ET GRAVÉ À L'ACIDE

H. : 71 / D. : 24

SIGNATURE GRAVÉE À LA ROUE
SUR LA BASE

DON CRISTALLERIE DAUM-NANCY, 1985

389

83.3.44

GOBELET BULLÉ

1919-1923

VERRE SOUFFLÉ-MOULÉ,
BULLÉ MÉCANIQUEMENT
SERPENTIN EN APPLICATION

H. : 13,4 / D. : 10,2

SIGNATURE GRAVÉE SOUS L'OBJET

DON MICHEL DAUM ET SES SŒURS
MMES PIERRE FROISSART ET
HENRI DE PAILLERETS, EN SOUVENIR
DE LEUR PÈRE ANTONIN DAUM, 1983

390

83.3.36

VASE BULLÉ

1919-1923

VERRE SOUFFLÉ-MOULÉ,
BULLÉ MÉCANIQUEMENT

H. : 18,7 / D. : 11,9

SIGNATURE GRAVÉE SOUS L'OBJET

DON MICHEL DAUM ET SES SŒURS
MMES PIERRE FROISSART ET
HENRI DE PAILLERETS, EN SOUVENIR
DE LEUR PÈRE ANTONIN DAUM, 1983

391

83.3.37

VASE BULLÉ

1919-1923

VERRE SOUFFLÉ-MOULÉ,
BULLÉ MÉCANIQUEMENT
PIED EN APPLICATION

H. : 22,8 / D. : 8

NON SIGNÉ

DON MICHEL DAUM ET SES SŒURS
MMES PIERRE FROISSART ET
HENRI DE PAILLERETS, EN SOUVENIR
DE LEUR PÈRE ANTONIN DAUM, 1983

392

83.3.43

COUPE BULLÉE

1919-1923

VERRE SOUFFLÉ-MOULÉ,
BULLÉ MÉCANIQUEMENT
SERPENTIN, JAMBE ET PIED EN
APPLICATION

H. : 19,1 / D. : 10,8

SIGNATURE GRAVÉE SOUS L'OBJET

DON MICHEL DAUM ET SES SŒURS
MMES PIERRE FROISSART ET
HENRI DE PAILLERETS, EN SOUVENIR
DE LEUR PÈRE ANTONIN DAUM, 1983

397

83.1.71

VASE AUX FLEURS BLANCHES

VERS 1920

VERRE SOUFFLÉ-MOULÉ, BULLÉ À
L'ACIDE, INCLUSION DE FEUILLES D'OR ET
APPLICATIONS GRAVÉES À LA ROUE

H. : 24,5 / D. : 24

NON SIGNÉ

ACHAT AVEC L'AIDE DU FRAM, 1983

398

AD.353

VASE BULLÉ AUX FLEURS BLANCHES

VERS 1920

VERRE SOUFFLÉ-MOULÉ, BULLÉ LA
SOUDE, INCLUSION DE FEUILLES D'OR ET
APPLICATIONS GRAVÉES À LA ROUE

H. : 17 / D. : 11,7

SIGNATURE GRAVÉE À LA ROUE
SUR LA BASE

ACHAT, 1924

399

95.1.98

VASE AUX BAIES JAUNES

VERS 1920

VERRE SOUFFLÉ-MOULÉ
ET APPLICATIONS

H. : 17 / D. : 11,4

SIGNATURE GRAVÉE À LA ROUE
SUR LE SOCLE

DON CRISTALLERIE DAUM-NANCY, 1985

400

AD.351

VASE AUX RAISINS BLEUS

VERS 1920

VERRE SOUFFLÉ-MOULÉ
ET APPLICATIONS

H. : 40,6 / D. : 23,7

SIGNATURE GRAVÉE À LA ROUE
SUR LE PIED

ACHAT, 1924

405

83.1.80

BOL AU RUBAN ROUGE

VERS 1920-1925

VERRE SOUFFLÉ-MOULÉ,
BULLÉ À LA SOUDE,
DÉCOR INTERCALAIRE

H. : 14,5 / D. : 18

SIGNATURE GRAVÉE À LA ROUE
SUR LA PAROI

ACHAT AVEC L'AIDE DU FRAM, 1983

406

83.1.81

BOL AUX ANNEAUX JAUNES

VERS 1920-1925

VERRE SOUFFLÉ-MOULÉ,
BULLÉ À LA SOUDE,
DÉCOR INTERCALAIRE

H. : 19,5 / D. : 15

SIGNATURE GRAVÉE À LA ROUE
SUR LA PAROI

ACHAT AVEC L'AIDE DU FRAM, 1983

407

95.1.100

VASE BULLÉ AUX SPIRALES JAUNES

VERS 1920-1925

VERRE SOUFFLÉ-MOULÉ,
BULLÉ À LA SOUDE ET APPLICATIONS

H. : 27,8 / D. : 11,4

NON SIGNÉ

DON CRISTALLERIE DAUM-NANCY, 1985

408

83.1.75

VASE AUX FLEURS DORÉES

VERS 1923

VERRE SOUFFLÉ-MOULÉ, BULLÉ À LA
SOUDE, DÉCOR INTERCALAIRE,
INCLUSION DE FEUILLES D'OR ET
APPLICATIONS

H. : 19,5 / D. : 14,5

SIGNATURE GRAVÉE À LA ROUE
SUR LA BASE

ACHAT AVEC L'AIDE DU FRAM, 1983

413

95.1.102

VASE AUX PASTILLES ET STRIES ROUGES

VERS 1924

VERRE SOUFFLÉ-MOULÉ,
BULLÉ À LA SOUDE, GRAVÉ À L'ACIDE
ET APPLICATIONS

H. : 22,2 / D. : 18,2

NON SIGNÉ

DON CRISTALLERIE DAUM-NANCY, 1985

414

95.1.73

VASE AUX MIRABELLES

VERS 1924-1928

VERRE SOUFFLÉ-MOULÉ, TRIPLE
COUCHE, GRAVÉ À L'ACIDE ET À LA ROUE

H. : 38,6 / D. : 9,6

SIGNATURE EN RÉSERVE SUR LA PAROI

DON CRISTALLERIE DAUM-NANCY, 1985

415

95.1.61

VASE AUX BRANCHES DE NOISETIER

1925

VERRE SOUFFLÉ-MOULÉ, TRIPLE
COUCHE GRAVÉ À L'ACIDE ET À LA ROUE

H. : 32,7 / D. : 21,8

SIGNATURE EN RÉSERVE SUR LA PAROI
N° GRAVÉ SUR LA PAROI : *4590*

DON CRISTALLERIE DAUM-NANCY, 1985

416

83.1.74

VASE AUX RAISINS ROSES

VERS 1925

VERRE SOUFFLÉ-MOULÉ, APPLICATIONS
ET INCLUSION DE FEUILLES D'OR
PIED EN APPLICATION

H. : 38,5 / D. : 25,5

SIGNATURE GRAVÉE À LA ROUE
SUR LE PIED

ACHAT AVEC L'AIDE DU FRAM, 1983

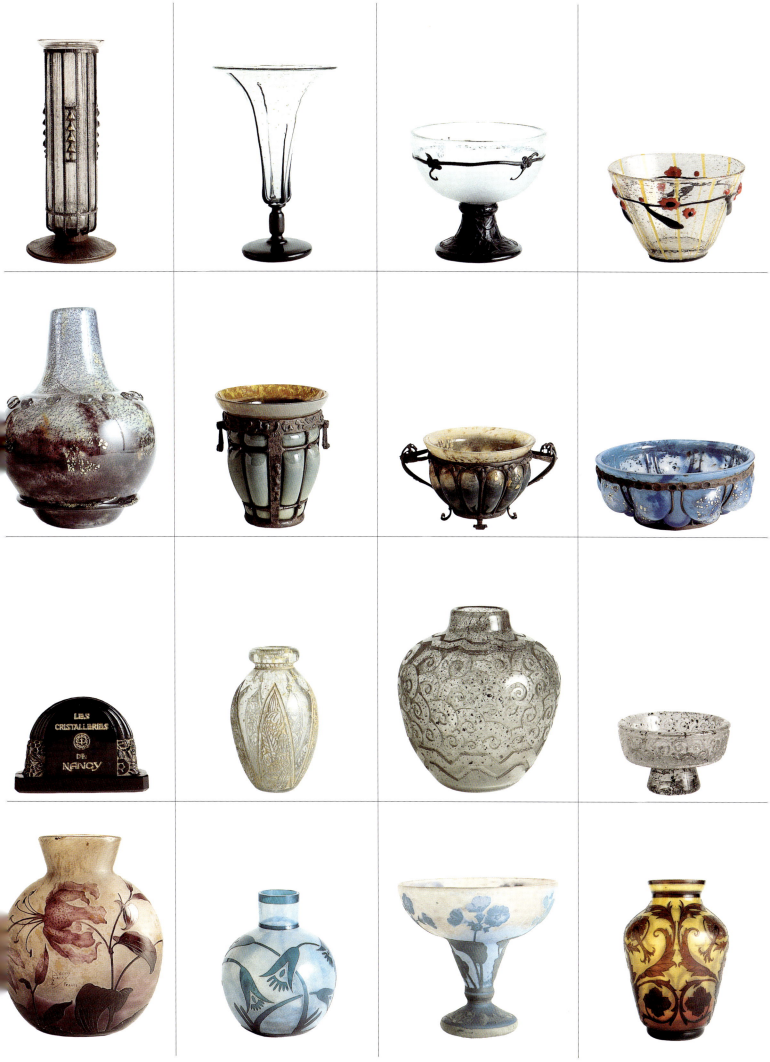

417

AD.364

VASE AUX CHÂTONS ORANGE

VERS 1925

VERRE SOUFFLÉ-MOULÉ,
BULLÉ À LA SOUDE ET APPLICATIONS
AVEC INCLUSION D'OR
PIED EN APPLICATION

H. : 43,2 / D. : 15,6

SIGNATURE GRAVÉE À LA ROUE
SUR LE PIED

ACHAT, 1929

 418

AD.367

VASE AUX BAIES BLEUES

VERS 1925

VERRE SOUFFLÉ-MOULÉ,
BULLÉ À LA SOUDE, INCLUSION
DE FEUILLES D'OR ET APPLICATIONS
PIED EN APPLICATION

H. : 46,4 / D. : 14,5

SIGNATURE GRAVÉE À LA ROUE
SUR LE PIED

ACHAT, 1929

 419

83.1.67

VASE AUX BAIES ROUGES

VERS 1925

VERRE SOUFFLÉ-MOULÉ,
GRAVÉ À LA ROUE ET APPLICATIONS
PIED EN APPLICATION

H. : 42 / D. : 13,5

SIGNATURE GRAVÉE À LA ROUE
SUR LE PIED

ACHAT AVEC L'AIDE DU FRAM, 1983

 420

83.1.68

VASE AUX BAIES ROUGES

VERS 1925

VERRE SOUFFLÉ-MOULÉ
ET APPLICATIONS

H. : 28,5 / D. : 15,5

SIGNATURE GRAVÉE À LA ROUE
SUR LA BASE

ACHAT AVEC L'AIDE DU FRAM, 1983

 425

80.3.8

VASE À DÉCOR GÉOMÉTRIQUE
BLEU ET VERT

VERS 1925

VERRE SOUFFLÉ-MOULÉ, BULLÉ
À LA SOUDE ET DÉCOR INTERCALAIRE

H. : 23,5 / D. : 18,8

SIGNATURE GRAVÉE À LA ROUE
SUR LA BASE

DON MICHEL DAUM, 1980

 426

83.1.85

COUPE AUX MARGUERITES

VERS 1925

VERRE SOUFFLÉ ET GRAVÉ À LA ROUE

H. : 16 / D. : 17

SIGNATURE GRAVÉE À LA ROUE
SUR LE PIED

ACHAT AVEC L'AIDE DU FRAM, 1983

 427

AD.356

COUPE

VERS 1925

VERRE SOUFFLÉ-MOULÉ
ET APPLICATIONS
ANSES ET PIED EN APPLICATION

H. : 14,5 / D. : 12,8

SIGNATURE GRAVÉE À LA ROUE
SUR LE PIED

ACHAT, 1925

 428

83.1.113

LAMPE DE CHEVET *VERRE DE JADE*

VERS 1925

VERRE SOUFFLÉ-MOULÉ,
DÉCOR INTERCALAIRE AVEC INCLUSION
DE FEUILLES D'OR
MONTURE EN MÉTAL

H. : 27,5 / D. : 11

SIGNATURE GRAVÉE À LA ROUE
SUR LE PIED ET L'ABAT-JOUR

ACHAT AVEC L'AIDE DU FRAM, 1983

 433

83.1.84

VASE AUX CERF ET BICHES

VERS 1925

VERRE SOUFFLÉ-MOULÉ
ET GRAVÉ À L'ACIDE

H. : 39 / D. : 34,5

SIGNATURE GRAVÉE À LA ROUE
SUR LA BASE

ACHAT AVEC L'AIDE DU FRAM, 1983

 434

83.1.104

COUPE AUX SPIRALES

VERS 1925

VERRE SOUFFLÉ-MOULÉ
ET GRAVÉ À L'ACIDE

H. : 12 / D. : 13,5

SIGNATURE GRAVÉE À LA ROUE
SUR LE PIED

ACHAT AVEC L'AIDE DU FRAM, 1983

 435

83.1.112

VASE AUX ÉPIS DE BLÉ

VERS 1925

VERRE SOUFFLÉ-MOULÉ
ET GRAVÉ À L'ACIDE

H. : 40,5 / D. : 28

SIGNATURE GRAVÉE À LA ROUE
SUR LA BASE

ACHAT AVEC L'AIDE DU FRAM, 1983

 436

95.1.107

COUPE AVEC BRANCHAGES
ET BAIES STYLISÉES

VERS 1930

VERRE SOUFFLÉ-MOULÉ
ET GRAVÉ À L'ACIDE

H. : 13,5 / D. : 30

SIGNATURE GRAVÉE À LA ROUE
SUR LA BASE

DON CRISTALLERIE DAUM-NANCY, 1985

 441

99.8.1

COUPE

VERS 1926

VERRE SOUFFLÉ-MOULÉ AVEC INCLUSION
D'OXYDES MÉTALLIQUES

H. : 12,5 / D. : 24,5

SIGNATURE GRAVÉE À LA ROUE
SUR LA BASE

DON ANNIE LEGENDRE
ET MOHAMMAD HANDJANI, 1999

 442

83.1.93

VASE AUX ARBRES STYLISÉS

VERS 1926

VERRE SOUFFLÉ-MOULÉ
ET GRAVÉ À L'ACIDE
ANSES ET PIED EN APPLICATION

H. : 20,3 / D. : 18,3

SIGNATURE GRAVÉE À LA ROUE
SUR LE PIED

ACHAT AVEC L'AIDE DU FRAM, 1983

 443

95.1.103

VASE AUX BRANCHAGES STYLISÉS

VERS 1926

VERRE SOUFFLÉ-MOULÉ
ET GRAVÉ À L'ACIDE

H. : 20,2 / D. : 18,4

NON SIGNÉ

DON CRISTALLERIE DAUM-NANCY, 1985

 444

83.1.56

VASE AUX CATLÉYAS

1926

VERRE SOUFFLÉ-MOULÉ, DOUBLE
COUCHE, GRAVÉ À L'ACIDE ET À LA ROUE

H. : 31,4 / D. : 19,5

SIGNATURE GRAVÉE À LA ROUE
SUR LA BASE

ACHAT AVEC L'AIDE DU FRAM, 1983

421

3.1.83

N COLLABORATION AVEC
OUIS MAJORELLE

ASE CYLINDRIQUE À MONTURE
MÉTALLIQUE

ERS 1925

ERRE SOUFFLÉ DANS L'ARMATURE
N FER FORGÉ ET GRAVÉ À L'ACIDE

H. : 41,5 / D. : 13,5

IGNATURE GRAVÉE À LA ROUE
UR LA PAROI : *DAUM* ET *MAJORELLE*

CHAT AVEC L'AIDE DU FRAM, 1983

 422

83.1.70

VASE *LISERON*

VERS 1925

VERRE SOUFFLÉ-MOULÉ, INCLUSION
DE FEUILLES D'OR ET APPLICATIONS

PIED EN APPLICATION

H. : 39 / D. : 26

NON SIGNÉ

ACHAT AVEC L'AIDE DU FRAM, 1983

 423

83.1.78

COUPE À DÉCOR FLORAL JAUNE ET NOIR

VERS 1925

VERRE SOUFFLÉ-MOULÉ, GRAVÉ
À LA ROUE ET APPLICATIONS
PIED EN APPLICATION, DOUBLE COUCHE,
GRAVÉ À L'ACIDE ET À LA ROUE

H. : 18,5 / D. : 21,2

SIGNATURE GRAVÉE À LA ROUE
SUR LE PIED

ACHAT AVEC L'AIDE DU FRAM, 1983

 424

95.1.99

COUPE AUX STRIES JAUNES
ET FLEURS ROUGES

VERS 1925

VERRE SOUFFLÉ-MOULÉ,
BULLÉ À LA SOUDE ET APPLICATIONS

H. : 10,9 / D. : 16,4

SIGNATURE GRAVÉE À LA ROUE
SUR LA BASE

DON CRISTALLERIE DAUM-NANCY, 1985

 429

3.1.66

ASE *VERRE DE JADE*

ERS 1925

ERRE SOUFFLÉ-MOULÉ,
ÉCOR INTERCALAIRE AVEC INCLUSION
E FEUILLES D'OR ET APPLICATIONS

: 34 / D. : 26

ON SIGNÉ

CHAT AVEC L'AIDE DU FRAM, 1983

 430

83.1.114
EN COLLABORATION AVEC
LOUIS MAJORELLE

VASE *VERRE DE JADE* À MONTURE
MÉTALLIQUE

VERS 1925

VERRE SOUFFLÉ DANS L'ARMATURE
EN FER FORGÉ, DÉCOR INTERCALAIRE
ET INCLUSION DE FEUILLES D'OR

H. : 18 / D. : 15,8

SIGNATURE GRAVÉE À LA ROUE
SOUS L'OBJET : *DAUM* ET *MAJORELLE*

ACHAT AVEC L'AIDE DU FRAM, 1983

 431

83.1.65
EN COLLABORATION AVEC
LOUIS MAJORELLE

COUPE *VERRE DE JADE* À MONTURE
MÉTALLIQUE ORNÉE DE FOUGÈRES

VERS 1925

VERRE SOUFFLÉ DANS L'ARMATURE
EN FER FORGÉ, DÉCOR INTERCALAIRE
ET INCLUSION DE FEUILLES D'OR

H. : 12 / D. : 17

SIGNATURE GRAVÉE À LA ROUE
SOUS L'OBJET : *DAUM* ET *MAJORELLE*

ACHAT AVEC L'AIDE DU FRAM, 1983

 432

83.5.2
EN COLLABORATION AVEC
LOUIS MAJORELLE

COUPE *VERRE DE JADE*
À LOBES ET MONTURE MÉTALLIQUE

VERS 1925

VERRE SOUFFLÉ DANS L'ARMATURE
EN FER FORGÉ, DÉCOR INTERCALAIRE
ET INCLUSION DE FEUILLES D'OR

H. : 10,7 / D. : 27,2

SIGNATURE GRAVÉE À LA ROUE
SOUS L'OBJET : *DAUM* ET *MAJORELLE*

DON DE LA SOCIÉTÉ LORRAINE DES AMIS
DES ARTS ET DES MUSÉES, 1983

437

.1.126

LAQUE PUBLICITAIRE

ERS 1925

ERRE MOULÉ ET REHAUSSÉ D'OR

: 12,5 / L. : 17,7 / P. : 3,8

ENTION MOULÉE EN CREUX
REHAUSSÉE D'OR SUR LA PAROI :
S / CRISTALLERIES / DE / NANCY

ON CRISTALLERIE DAUM-NANCY, 1985

 438

83.1.100

VASE AUX PAILLONS D'OR
ET FLEURS STYLISÉES

1926

VERRE SOUFFLÉ-MOULÉ,
GRAVÉ À L'ACIDE, REHAUSSÉ D'OR
ET INCLUSION D'OR

H. : 20 / D. : 11,5

SIGNATURE GRAVÉE À LA ROUE
ET PEINTE À L'OR SUR LA BASE
N° GRAVÉ SUR LA PAROI : *4640*

ACHAT AVEC L'AIDE DU FRAM, 1983

 439

AD.368

VASE AUX SPIRALES

1926

VERRE SOUFFLÉ-MOULÉ, AVEC
INCLUSION D'OXYDES MÉTALLIQUES
ET GRAVÉ À L'ACIDE

H. : 29,5 / D. : 27

SIGNATURE GRAVÉE À LA ROUE
SUR LA BASE

ACHAT, 1929

 440

80.3.11

COUPE AUX SPIRALES

1926

VERRE SOUFFLÉ-MOULÉ, AVEC
INCLUSION D'OXYDES MÉTALLIQUES
ET GRAVÉ À L'ACIDE

H. : 7 / D. : 11,3

SIGNATURE GRAVÉE À LA ROUE
SUR LE PIED

DON MICHEL DAUM, 1980

 445

.1.20

ASE AUX LIS TIGRÉS

27

RRE SOUFFLÉ-MOULÉ, TRIPLE
UCHE, GRAVÉ À L'ACIDE ET À LA ROUE

: 31 / D. : 26,5

GNATURE EN RÉSERVE SUR LA PAROI
GRAVÉ SUR LA PAROI : *4823*

HAT AVEC L'AIDE DU FRAM, 1983

 446

95.1.105

VASE AUX CAMPANULES BLEUES

1927

VERRE SOUFFLÉ-MOULÉ, DOUBLE
COUCHE ET GRAVÉ À L'ACIDE

H. : 19,9 / D. : 6,5

NON SIGNÉ

DON CRISTALLERIE DAUM-NANCY, 1985

 447

92.22.5

COUPE AUX PRIMEVÈRES MAUVES

1927

VERRE SOUFFLÉ-MOULÉ, TRIPLE COUCHE,
GRAVÉ À L'ACIDE ET À LA ROUE

H. : 26 / D. : 28,3

NON SIGNÉ

DON CRISTALLERIE DAUM-NANCY, 1985

 448

95.1.104

VASE AUX RINCEAUX
ET FLEURS STYLISÉES

VERS 1927

VERRE SOUFFLÉ-MOULÉ, DOUBLE
COUCHE, GRAVÉ À L'ACIDE ET À LA ROUE

H. : 27,5 / D. : 10,7

NON SIGNÉ

DON CRISTALLERIE DAUM-NANCY, 1985

449

83.1.89

VASE

VERS 1927

VERRE SOUFFLÉ-MOULÉ
ET GRAVÉ À L'ACIDE
PIED TAILLÉ EN APPLICATION

H. : 31,5 / D. : 31

SIGNATURE GRAVÉE À LA ROUE
SUR LA BASE

ACHAT AVEC L'AIDE DU FRAM, 1983

450

95.1.106

VASE AUX BANDES HORINZONTALES

1929

VERRE SOUFFLÉ-MOULÉ
ET GRAVÉ À L'ACIDE

H. : 36,6 / D. : 14,2

SIGNATURE GRAVÉE À LA ROUE
SUR LA BASE

DON CRISTALLERIE DAUM-NANCY, 1985

451

83.1.92

VASE AUX CHEVRONS

VERS 1929

VERRE SOUFFLÉ-MOULÉ
ET GRAVÉ À L'ACIDE

H. : 42 / D. : 31

SIGNATURE GRAVÉE À LA ROUE
SUR LA BASE

ACHAT AVEC L'AIDE DU FRAM, 1983

452

83.1.87

VASE À DÉCOR VÉGÉTAL STYLISÉ

1929

VERRE SOUFFLÉ-MOULÉ
ET GRAVÉ À L'ACIDE
ANSES EN APPLICATION

H. : 34,5 / D. : 28

SIGNATURE GRAVÉE À LA ROUE
SUR LA BASE

ACHAT AVEC L'AIDE DU FRAM, 1983

457

99.12.31.(5)

VERRE, *SERVICE DE BANGE*

VERS 1930

VERRE SOUFFLÉ-MOULÉ
ET REHAUSSÉ D'OR
PIED EN APPLICATION

H. : 6,6 / D. (OUVERTURE) : 7,7

SIGNÉ DEUX FOIS ET GRAVÉ À L'OR
SOUS L'OBJET

DON GROUPE SAGEM, 1999

458

99.12.31.(6)

SOUCOUPE, *SERVICE DE BANGE*

VERS 1930

VERRE SOUFFLÉ-MOULÉ
ET REHAUSSÉ D'OR

H. : 2,5 / D. : 14,5

NON SIGNÉ

DON GROUPE SAGEM, 1999

459

99.12.32.(3)

CARAFE, *SERVICE DE BANGE*

VERS 1930

VERRE SOUFFLÉ-MOULÉ,
GRAVÉ À L'ACIDE ET REHAUSSÉ D'OR
PIED EN APPLICATION

H. : 32 / D. : 9,2

SIGNATURE À L'OR SOUS L'OBJET

DON GROUPE SAGEM, 1999

460

99.12.32.(4)

CARAFE, *SERVICE DE BANGE*

VERS 1930

VERRE SOUFFLÉ-MOULÉ,
GRAVÉ À L'ACIDE ET REHAUSSÉ D'OR
PIED EN APPLICATION

H. : 27,6 / D. : 9

SIGNATURE À L'OR SOUS L'OBJET

DON GROUPE SAGEM, 1999

465

99.12.42.(3)

VERRE, *SERVICE DE BANGE*
(PÊCHEUR)

VERS 1930

VERRE SOUFFLÉ-MOULÉ
ET REHAUSSÉ D'OR
PIED EN APPLICATION

H. : 7,5 / D. (OUVERTURE) : 4,9

SIGNÉ DEUX FOIS ET GRAVÉ À L'OR
SOUS L'OBJET

DON GROUPE SAGEM, 1999

466

99.12.42.(4)

VERRE, *SERVICE DE BANGE*
(PIQUE-NIQUE)

VERS 1930

VERRE SOUFFLÉ-MOULÉ
ET REHAUSSÉ D'OR
PIED EN APPLICATION

H. : 7,5 / D. (OUVERTURE) : 4,9

SIGNATURE GRAVÉE SOUS L'OBJET

DON GROUPE SAGEM, 1999

467

99.12.42.(5)

VERRE, *SERVICE DE BANGE*
(ÉQUILIBRISTES)

VERS 1930

VERRE SOUFFLÉ-MOULÉ
ET REHAUSSÉ D'OR
PIED EN APPLICATION

H. : 7,5 / D. (OUVERTURE) : 4,9

SIGNATURE À L'OR SOUS L'OBJET

DON GROUPE SAGEM, 1999

468

99.12.43

VERRE, *SERVICE DE BANGE*
(SAUT DE HAIES)

VERS 1930

VERRE SOUFFLÉ-MOULÉ
ET REHAUSSÉ D'OR
PIED EN APPLICATION

H. : 11,6 / D. (OUVERTURE) : 7,4

SIGNATURE À L'OR SOUS L'OBJET

DON GROUPE SAGEM, 1999

473

99.12.34.(5)

VERRE, *SERVICE CHAMBORD*

VERS 1930

VERRE SOUFFLÉ-MOULÉ
PIED CREUX EN APPLICATION

H. : 9,5 / D. (OUVERTURE) : 5,6

SIGNATURE GRAVÉE SOUS L'OBJET

DON GROUPE SAGEM, 1999

474

99.12.34.(4)

COUPE, *SERVICE CHAMBORD*

VERS 1930

VERRE SOUFFLÉ-MOULÉ,
GRAVÉ À L'ACIDE ET REHAUSSÉ D'OR
PIED CREUX EN APPLICATION

H. : 11,7 / D. (OUVERTURE) : 10,8

SIGNATURE GRAVÉE SOUS L'OBJET
MONOGRAMME SUR LA PAROI : *LH*

DON GROUPE SAGEM, 1999

475

99.12.33

VERRE, *SERVICE CHEVREUSE*

VERS 1930

VERRE SOUFFLÉ-MOULÉ,
GRAVÉ À L'ACIDE ET REHAUSSÉ D'OR
PIED EN APPLICATION

H. : 11 / D. (OUVERTURE) : 6,7

SIGNÉ DEUX FOIS ET GRAVÉ À L'OR
SOUS L'OBJET

DON GROUPE SAGEM, 1999

476

99.12.35

BROC À EAU, *SERVICE SAMPIGNY*

VERS 1930

VERRE SOUFFLÉ-MOULÉ
ANSE ET PIED EN APPLICATION

H. : 26,4 / D. : 12,5

NON SIGNÉ

DON GROUPE SAGEM, 1999

453

9.12.31.(1)

ROC À EAU, *SERVICE DE BANGE*

ERS 1930

ERRE SOUFFLÉ-MOULÉ
T REHAUSSÉ D'OR
NSE ET PIED EN APPLICATION

: 22 / D. : 12

IGNATURE À L'OR SOUS L'OBJET

ON GROUPE SAGEM, 1999

454

99.12.31.(2)

CARAFE, *SERVICE DE BANGE*

VERS 1930

VERRE SOUFFLÉ-MOULÉ
ET REHAUSSÉ D'OR
PIED EN APPLICATION

H. : 28,2 / D. : 9,1

SIGNATURE À L'OR SOUS L'OBJET

DON GROUPE SAGEM, 1999

455

99.12.31.(3)

VERRE, *SERVICE DE BANGE*

VERS 1930

VERRE SOUFFLÉ-MOULÉ
ET REHAUSSÉ D'OR
PIED EN APPLICATION

H. : 8,7 / D. (OUVERTURE) : 5,8

SIGNÉ DEUX FOIS ET GRAVÉ À L'OR
SOUS L'OBJET

DON GROUPE SAGEM, 1999

456

99.12.31.(4)

VERRE, *SERVICE DE BANGE*

VERS 1930

VERRE SOUFFLÉ-MOULÉ
ET REHAUSSÉ D'OR
PIED EN APPLICATION

H. : 7,7 / D. (OUVERTURE) : 4,9

SIGNÉ DEUX FOIS ET GRAVÉ À L'OR
SOUS L'OBJET

DON GROUPE SAGEM, 1999

461

.12.32.(1)

ARAFE, *SERVICE DE BANGE*

RS 1930

RRE SOUFFLÉ-MOULÉ,
RAVÉ À L'ACIDE ET REHAUSSÉ D'OR
ED EN APPLICATION

: 24,8 / D. : 8,1

IGNATURE À L'OR SOUS L'OBJET

N GROUPE SAGEM, 1999

462

99.12.32.(2)

COUPE, *SERVICE DE BANGE*

VERS 1930

VERRE SOUFFLÉ-MOULÉ,
GRAVÉ À L'ACIDE ET REHAUSSÉ D'OR

H. : 6,5 / D. (OUVERTURE) : 11,1

SIGNÉ DEUX FOIS ET GRAVÉ À L'OR
SOUS L'OBJET

DON GROUPE SAGEM, 1999

463

99.12.42.(1)

VERRE, *SERVICE DE BANGE*
(PATINEUR)

VERS 1930

VERRE SOUFFLÉ-MOULÉ
ET REHAUSSÉ D'OR
PIED EN APPLICATION

H. : 7,5 / D. (OUVERTURE) : 4,9

SIGNATURE À L'OR SOUS L'OBJET

DON GROUPE SAGEM, 1999

464

99.12.42.(2)

VERRE, *SERVICE DE BANGE*
(JOUEUSES DE TENNIS)

VERS 1930

VERRE SOUFFLÉ-MOULÉ
ET REHAUSSÉ D'OR
PIED EN APPLICATION

H. : 7,7 / D. (OUVERTURE) : 4,8

SIGNATURE À L'OR SOUS L'OBJET

DON GROUPE SAGEM, 1999

469

.12.44

RRE, *SERVICE DE BANGE*
ALANÇOIRE)

RS 1930

RRE SOUFFLÉ-MOULÉ
REHAUSSÉ D'OR
ED EN APPLICATION

: 11,6 / D. (OUVERTURE) : 7,4

GNATURE À L'OR SOUS L'OBJET

N GROUPE SAGEM, 1999

470

99.12.34.(1)

BROC À EAU, *SERVICE CHAMBORD*

VERS 1930

VERRE SOUFFLÉ-MOULÉ,
GRAVÉ À L'ACIDE ET REHAUSSÉ D'OR
ANSE ET PIED EN APPLICATION

H. : 26,6 / D. : 14,2

SIGNATURE GRAVÉE SOUS L'OBJET
MONOGRAMME SUR LA PAROI : *LH*

DON GROUPE SAGEM, 1999

471

99.12.34.(2)

VERRE, *SERVICE CHAMBORD*

VERS 1930

VERRE SOUFFLÉ-MOULÉ,
GRAVÉ À L'ACIDE ET REHAUSSÉ D'OR
PIED CREUX EN APPLICATION

H. : 14,9 / D. (OUVERTURE) : 9,5

SIGNATURE GRAVÉE SOUS L'OBJET
MONOGRAMME SUR LA PAROI : *LH*

DON GROUPE SAGEM, 1999

472

99.12.34.(3)

VERRE, *SERVICE CHAMBORD*

VERS 1930

VERRE SOUFFLÉ-MOULÉ,
GRAVÉ À L'ACIDE ET REHAUSSÉ D'OR
PIED CREUX EN APPLICATION

H. : 11,7 / D. (OUVERTURE) : 7

SIGNATURE GRAVÉE SOUS L'OBJET
MONOGRAMME SUR LA PAROI : *LH*

DON GROUPE SAGEM, 1999

477

.12.36

RAFE

RS 1930

RRE SOUFFLÉ-MOULÉ,
AVÉ À L'ACIDE ET REHAUSSÉ D'OR

: 25,3 / L. : 9,8

GNATURE GRAVÉE À LA BASE

N GROUPE SAGEM, 1999

478

99.12.37.(1)

CARAFE, *SERVICE MONTGOLFIER*

VERS 1930

VERRE SOUFFLÉ-MOULÉ,
GRAVÉ À L'ACIDE ET REHAUSSÉ D'OR
PIED EN APPLICATION

H. : 28 / D. : 10,5

SIGNATURE GRAVÉE À LA BASE

DON GROUPE SAGEM, 1999

479

99.12.37.(2)

VERRE, *SERVICE MONTGOLFIER*

VERS 1930

VERRE SOUFFLÉ-MOULÉ,
GRAVÉ À L'ACIDE
PIED EN APPLICATION

H. : 13,2 / D. (OUVERTURE) : 9,2

SIGNATURE GRAVÉE SUR LE PIED

DON GROUPE SAGEM, 1999

480

99.12.37.(3)

VERRE, *SERVICE MONTGOLFIER*

VERS 1930

VERRE SOUFFLÉ-MOULÉ,
GRAVÉ À L'ACIDE
PIED EN APPLICATION

H. : 10 : D. (OUVERTURE) : 6,2

SIGNATURE GRAVÉE SUR LE PIED

DON GROUPE SAGEM, 1999

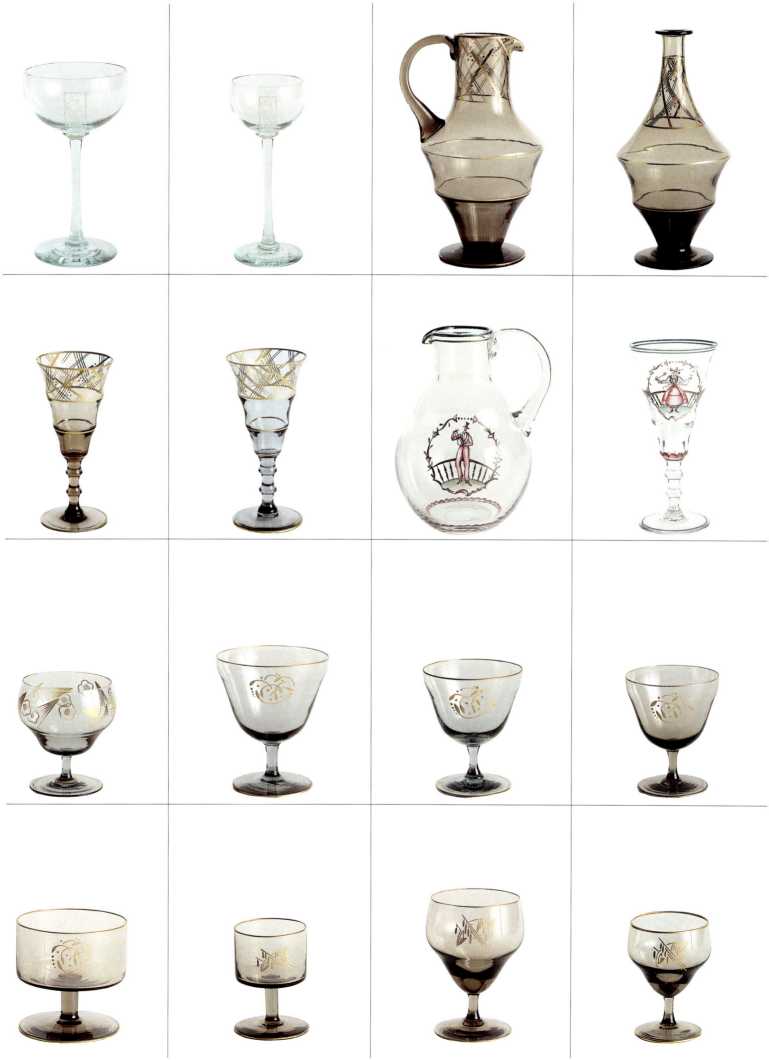

481

99.12.38.(2)

BROC, *SERVICE FLORÉAL*

VERS 1930

VERRE SOUFFLÉ-MOULÉ, PEINT À L'ÉMAIL
ANSE ET PIED EN APPLICATION

H. : 23,3 / D. : 9,2

SIGNATURE GRAVÉE SOUS L'OBJET
MONOGRAMME SUR LA PAROI : *CAG*

DON GROUPE SAGEM, 1999

482

99.12.38.(1)

CARAFE, *SERVICE FLORÉAL*

VERS 1930

VERRE SOUFFLÉ-MOULÉ, PEINT À L'ÉMAIL
PIED EN APPLICATION

H. : 32,5 / D. : 9,2

SIGNATURE GRAVÉE À LA BASE
ET SOUS L'OBJET
MONOGRAMME SUR LA PAROI : *CAG*

DON GROUPE SAGEM, 1999

483

99.12.38.(3)

VERRE, *SERVICE FLORÉAL*

VERS 1930

VERRE SOUFFLÉ-MOULÉ, PEINT À L'ÉMAIL
JAMBE ET PIED EN APPLICATION

H. : 19,9 / D. (OUVERTURE) : 5,9

SIGNATURE GRAVÉE SOUS L'OBJET
MONOGRAMME SUR LA PAROI : *CAG*

DON GROUPE SAGEM, 1999

484

99.12.38.(4)

VERRE, *SERVICE FLORÉAL*

VERS 1930

VERRE SOUFFLÉ-MOULÉ, PEINT À L'ÉM
JAMBE ET PIED EN APPLICATION

H. : 17 / D. (OUVERTURE) : 5,4

SIGNATURE GRAVÉE SOUS L'OBJET
MONOGRAMME SUR LA PAROI : *CAG*

DON GROUPE SAGEM, 1999

489

99.12.40.(3)

VERRE, *SERVICE FORMOSE*

VERS 1930

VERRE SOUFFLÉ-MOULÉ
ET REHAUSSÉ D'OR
PIED EN APPLICATION

H. : 19 / D. (OUVERTURE) : 9,4

SIGNATURE À L'OR SOUS L'OBJET

DON GROUPE SAGEM, 1999

490

99.12.40.(8)

VERRE, *SERVICE FORMOSE*

VERS 1930

VERRE SOUFFLÉ-MOULÉ
ET REHAUSSÉ D'OR
PIED EN APPLICATION

H. : 19 / D. (OUVERTURE) : 9,3

NON SIGNÉ

DON GROUPE SAGEM, 1999

491

99.12.40.(4)

VERRE, *SERVICE FORMOSE*

VERS 1930

VERRE SOUFFLÉ-MOULÉ
ET REHAUSSÉ D'OR
PIED EN APPLICATION

H. : 17,5 / D. (OUVERTURE) : 6,7

SIGNÉ DEUX FOIS SOUS L'OBJET
ET GRAVÉ À L'OR

DON GROUPE SAGEM, 1999

492

99.12.40.(5)

VERRE, *SERVICE FORMOSE*

VERS 1930

VERRE SOUFFLÉ-MOULÉ
ET REHAUSSÉ D'OR
PIED EN APPLICATION

H. : 15,8 / D. (OUVERTURE) : 7,4

SIGNÉ DEUX FOIS ET GRAVÉ À L'OR
SOUS L'OBJET

DON GROUPE SAGEM, 1999

497

99.12.45

VERRE, *SERVICE ARKEL*
(JOUEUSE DE GOLF)

VERS 1930

VERRE SOUFFLÉ-MOULÉ
ET REHAUSSÉ D'OR
JAMBE ET PIED EN APPLICATION

H. : 10,3 / D. (OUVERTURE) : 8,5

SIGNATURE GRAVÉE SOUS L'OBJET

DON GROUPE SAGEM, 1999

498

99.12.46

VERRE, *SERVICE ARKEL*
(PUMA)

VERS 1930

VERRE SOUFFLÉ-MOULÉ
ET REHAUSSÉ D'OR
JAMBE ET PIED EN APPLICATION

H. : 10,4 / D. (OUVERTURE) : 8,3

NON SIGNÉ

DON GROUPE SAGEM, 1999

499

99.12.47.(1)

VERRE, *SERVICE ARKEL*
(VÉGÉTAUX)

VERS 1930

VERRE SOUFFLÉ-MOULÉ
ET REHAUSSÉ D'OR
JAMBE ET PIED EN APPLICATION

H. : 10,2 / D. (OUVERTURE) : 8,4

SIGNÉ DEUX FOIS ET GRAVÉ À L'OR
SOUS L'OBJET

DON GROUPE SAGEM, 1999

500

99.12.47.(2)

VERRE, *SERVICE ARKEL*
(VÉGÉTAUX)

VERS 1930

VERRE SOUFFLÉ-MOULÉ
ET REHAUSSÉ D'OR
JAMBE ET PIED EN APPLICATION

H. : 10,3 / D. (OUVERTURE) : 8,1

SIGNÉ DEUX FOIS ET GRAVÉ À L'OR
SOUS L'OBJET

DON GROUPE SAGEM, 1999

505

99.12.53

VERRE, *SERVICE TULIPE*
(VÉGÉTAUX)

VERS 1930

VERRE SOUFFLÉ-MOULÉ
ET REHAUSSÉ D'OR
JAMBE ET PIED EN APPLICATION

H. : 8,3 / D. (OUVERTURE) : 9,6

SIGNÉ DEUX FOIS ET GRAVÉ À L'OR
SOUS L'OBJET

DON GROUPE SAGEM, 1999

506

99.12.62

VERRE, *SERVICE MAY*
(PLACE STANISLAS)

VERS 1930

VERRE SOUFFLÉ-MOULÉ
ET REHAUSSÉ D'OR
JAMBE ET PIED EN APPLICATION

H. : 10 / D. (OUVERTURE) : 9,4

SIGNATURE GRAVÉE SOUS L'OBJET

DON GROUPE SAGEM, 1999

507

99.12.59

VERRE, *SERVICE MAY*
(ÉCUREUIL)

VERS 1930

VERRE SOUFFLÉ-MOULÉ
ET REHAUSSÉ D'OR
JAMBE ET PIED EN APPLICATION

H. : 10,1 / D. (OUVERTURE) : 8,5

SIGNATURE GRAVÉE SOUS L'OBJET

DON GROUPE SAGEM, 1999

508

99.12.49

VERRE, *SERVICE MAY*
(VÉGÉTAUX)

VERS 1930

VERRE SOUFFLÉ-MOULÉ
ET REHAUSSÉ D'OR
JAMBE ET PIED EN APPLICATION

H. : 9,2 / D. (OUVERTURE) : 7,4

SIGNÉ DEUX FOIS ET GRAVÉ À L'OR
SOUS L'OBJET

DON GROUPE SAGEM, 1999

485

9.12.38.(6)

OUPE À CHAMPAGNE, *SERVICE FLORÉAL*

ERS 1930

ERRE SOUFFLÉ-MOULÉ, PEINT À L'ÉMAIL
AMBE ET PIED EN APPLICATION

. : 15,4 / D. (OUVERTURE) : 8,3

IGNATURE GRAVÉE SOUS L'OBJET
ONOGRAMME SUR LA PAROI : *CAG*

ON GROUPE SAGEM, 1999

486

99.12.38.(5)

VERRE, *SERVICE FLORÉAL*

VERS 1930

VERRE SOUFFLÉ-MOULÉ, PEINT À L'ÉMAIL
JAMBE ET PIED EN APPLICATION

H. : 14,6 / D. (OUVERTURE) : 5,7

SIGNATURE GRAVÉE SOUS L'OBJET
MONOGRAMME SUR LA PAROI : *CAG*

DON GROUPE SAGEM, 1999

487

99.12.40.(1)

BROC, *SERVICE FORMOSE*

VERS 1930

VERRE SOUFFLÉ-MOULÉ
ET REHAUSSÉ D'OR
ANSE ET PIED EN APPLICATION

H. : 24 / D. : 13,5

SIGNATURE GRAVÉE À L'OR
À LA BASE ET SOUS L'OBJET

DON GROUPE SAGEM, 1999

488

99.12.40.(2)

CARAFE, *SERVICE FORMOSE*

VERS 1930

VERRE SOUFFLÉ-MOULÉ
ET REHAUSSÉ D'OR
PIED EN APPLICATION

H. : 24,5 / D. : 12,2

SIGNATURE À L'OR À LA BASE

DON GROUPE SAGEM, 1999

493

.12.40.(6)

ERRE, *SERVICE FORMOSE*

ERS 1930

ERRE SOUFFLÉ-MOULÉ
REHAUSSÉ D'OR
ED EN APPLICATION

: 14,7 / D. (OUVERTURE) : 6,9

IGNÉ DEUX FOIS ET GRAVÉ À L'OR
OUS L'OBJET

ON GROUPE SAGEM, 1999

494

99.12.40.(7)

VERRE, *SERVICE FORMOSE*

VERS 1930

VERRE SOUFFLÉ-MOULÉ
ET REHAUSSÉ D'OR
PIED EN APPLICATION

H. : 15 / D. (OUVERTURE) : 7,1

SIGNÉ DEUX FOIS ET GRAVÉ À L'OR
SOUS L'OBJET

DON GROUPE SAGEM, 1999

495

99.12.41.(1)

BROC À EAU, *SERVICE FORMOSE*
(JOUEUR DE TRIANGLE)

VERS 1930

VERRE SOUFFLÉ-MOULÉ
ET PEINT À L'ÉMAIL
ANSE EN APPLICATION

H. : 18,8 / D. : 12,5

NON SIGNÉ

DON GROUPE SAGEM, 1999

496

99.12.41.(2)

VERRE, *SERVICE FORMOSE*
(DANSEUSE)

VERS 1930

VERRE SOUFFLÉ-MOULÉ
ET PEINT À L'ÉMAIL
PIED EN APPLICATION

H. : 18,9 / D. (OUVERTURE) : 9,3

SIGNATURE SOUS L'OBJET

DON GROUPE SAGEM, 1999

501

.12.60

ERRE, *SERVICE ARKEL*
ÉGÉTAUX)

ERS 1930

ERRE SOUFFLÉ-MOULÉ
REHAUSSÉ D'OR
AMBE ET PIED EN APPLICATION

: 9,9 / D. (OUVERTURE) : 8,3

IGNATURE GRAVÉE SOUS L'OBJET

ON GROUPE SAGEM, 1999

502

99.12.48.(1)

VERRE, *SERVICE TULIPE*
(VÉGÉTAUX)

VERS 1930

VERRE SOUFFLÉ-MOULÉ
ET REHAUSSÉ D'OR
JAMBE ET PIED EN APPLICATION

H. : 11,5 / D. (OUVERTURE) : 9,7

SIGNÉ DEUX FOIS ET GRAVÉ À L'OR
SOUS L'OBJET

DON GROUPE SAGEM, 1999

503

99.12.48.(2)

VERRE, *SERVICE TULIPE*
(VÉGÉTAUX)

VERS 1930

VERRE SOUFFLÉ-MOULÉ
ET REHAUSSÉ D'OR
JAMBE ET PIED EN APPLICATION

H. : 8,9 / D. (OUVERTURE) : 7,5

SIGNÉ DEUX FOIS ET GRAVÉ À L'OR
SOUS L'OBJET

DON GROUPE SAGEM, 1999

504

99.12.54

VERRE, *SERVICE TULIPE*
(VÉGÉTAUX)

VERS 1930

VERRE SOUFFLÉ-MOULÉ
ET REHAUSSÉ D'OR
JAMBE ET PIED EN APPLICATION

H. : 8,9 / D. (OUVERTURE) : 7,4

SIGNÉ DEUX FOIS ET GRAVÉ À L'OR
SOUS L'OBJET

DON GROUPE SAGEM, 1999

509

.12.50

RRE, *SERVICE MAY*
ÉGÉTAUX)

RS 1930

RRE SOUFFLÉ-MOULÉ
REHAUSSÉ D'OR
AMBE ET PIED EN APPLICATION

: 8,3 / D. (OUVERTURE) : 8,5

GNÉ DEUX FOIS ET GRAVÉ À L'OR
OUS L'OBJET

ON GROUPE SAGEM, 1999

510

99.12.51

VERRE, *SERVICE MAY*
(VÉGÉTAUX)

VERS 1930

VERRE SOUFFLÉ-MOULÉ
ET REHAUSSÉ D'OR
JAMBE ET PIED EN APPLICATION

H. : 7,3 / D. (OUVERTURE) : 5

SIGNÉ DEUX FOIS ET GRAVÉ À L'OR
SOUS L'OBJET

DON GROUPE SAGEM, 1999

511

99.12.52

VERRE
(VÉGÉTAUX)

VERS 1930

VERRE SOUFFLÉ-MOULÉ
ET REHAUSSÉ D'OR
JAMBE ET PIED EN APPLICATION

H. : 11,7 / D. (OUVERTURE) : 7,6

SIGNÉ DEUX FOIS ET GRAVÉ À L'OR
SOUS L'OBJET

DON GROUPE SAGEM, 1999

512

99.12.55

VERRE
(VÉGÉTAUX)

VERS 1930

VERRE SOUFFLÉ-MOULÉ
ET REHAUSSÉ D'OR
JAMBE ET PIED EN APPLICATION

H. : 7,8 / D. (OUVERTURE) : 5,5

SIGNÉ DEUX FOIS ET GRAVÉ À L'OR
SOUS L'OBJET

DON GROUPE SAGEM, 1999

513

99.12.64

VERRE, *SERVICE BRETEUIL*

VERS 1930

VERRE SOUFFLÉ-MOULÉ
ET REHAUSSÉ D'OR
JAMBE ET PIED EN APPLICATION

H. : 11,5 / D. (OUVERTURE) : 8,10

SIGNÉ À L'OR SOUS L'OBJET :
DAMON-DELANTE ET *DAUM*

DON GROUPE SAGEM, 1999

514

99.12.56

VERRE, *SERVICE BRETEUIL
(VÉGÉTAUX)*

VERS 1930

VERRE SOUFFLÉ-MOULÉ
ET REHAUSSÉ D'OR
JAMBE ET PIED EN APPLICATION

H. : 9,9 / D. (OUVERTURE) : 7

SIGNÉ DEUX FOIS ET GRAVÉ À L'OR
SOUS L'OBJET

DON GROUPE SAGEM, 1999

515

99.12.58

VERRE, SERVI*CE CHOLET
(PERROQUETS)*

VERS 1930

VERRE SOUFFLÉ-MOULÉ
ET REHAUSSÉ D'OR
JAMBE ET PIED EN APPLICATION

H. : 12,8 / D. (OUVERTURE) : 7,1

SIGNATURE GRAVÉE SOUS L'OBJET

DON GROUPE SAGEM, 1999

516

99.12.57

VERRE
(VÉGÉTAUX)

VERS 1930

VERRE SOUFFLÉ-MOULÉ
ET REHAUSSÉ D'OR
PIED EN APPLICATION

H. : 8,8 / D. (OUVERTURE) : 6,8

SIGNÉ DEUX FOIS ET GRAVÉ À L'OR
SOUS L'OBJET

DON GROUPE SAGEM, 1999

521

83.1.110

COUPE À FACETTES

VERS 1930

VERRE SOUFFLÉ-MOULÉ ET TAILLÉ
PIED EN APPLICATION

H. : 16 / D. : 37,5

SIGNATURE GRAVÉE À LA ROUE
SUR LE PIED

ACHAT AVEC L'AIDE DU FRAM, 1983

522

83.1.111

VASE HEXAGONAL

VERS 1930

VERRE SOUFFLÉ-MOULÉ ET TAILLÉ
PIED EN APPLICATION

H. : 39,5 / D. : 22

SIGNATURE GRAVÉE À LA ROUE
SUR LE PIED

ACHAT AVEC L'AIDE DU FRAM, 1983

523

83.1.102

COUPE À RUBAN ET PASTILLES

VERS 1930

VERRE SOUFFLÉ-MOULÉ
ET GRAVÉ À L'ACIDE

H. : 11,5 / D. : 13

SIGNATURE GRAVÉE À LA ROUE
SUR LA BASE

ACHAT AVEC L'AIDE DU FRAM, 1983

524

83.1.86

LAMPE CANNELÉE

VERS 1930

VERRE SOUFFLÉ-MOULÉ
ET GRAVÉ À L'ACIDE

H. : 56,5 / D. : 25

SIGNATURE GRAVÉE À LA ROUE
SUR LE PIED ET L'ABAT-JOUR

ACHAT AVEC L'AIDE DU FRAM, 1983

529

95.1.112

VASE À FACETTES

VERS 1935

VERRE SOUFFLÉ-MOULÉ ET TAILLÉ

H. : 40 / D. : 10,3

SIGNATURE GRAVÉE À LA ROUE
SUR LA BASE

DON CRISTALLERIE DAUM-NANCY, 1985

530

83.1.103

COUPE À RUBAN ET PASTILLES

VERS 1935

VERRE SOUFFLÉ-MOULÉ
ET GRAVÉ À L'ACIDE

H. : 15 / D. : 16

SIGNATURE GRAVÉE À LA ROUE
SUR LA BASE

ACHAT AVEC L'AIDE DU FRAM, 1983

531

83.1.98

VASE AUX PASTILLES CONCENTRIQUES

VERS 1935

VERRE SOUFFLÉ-MOULÉ
ET GRAVÉ À L'ACIDE

H. : 27,5 / D. : 27,3

SIGNATURE GRAVÉE À LA ROUE
SUR LA BASE

ACHAT AVEC L'AIDE DU FRAM, 1983

532

95.1.108

COUPE AUX SPIRALES

VERS 1935

VERRE SOUFFLÉ-MOULÉ
ET GRAVÉ À L'ACIDE

H. : 6,1 / D. : 34,3

SIGNATURE GRAVÉE À LA ROUE
SOUS L'OBJET

DON CRISTALLERIE DAUM-NANCY, 198

537

83.1.94

VASE AUX CARRÉS

VERS 1935

VERRE SOUFFLÉ-MOULÉ
ET GRAVÉ À L'ACIDE

H. : 16,5 / D. : 24,5

SIGNATURE GRAVÉE À LA ROUE
SUR LA BASE

ACHAT AVEC L'AIDE DU FRAM, 1983

538

95.1.110

VASE AUX LOSANGES

VERS 1935

VERRE SOUFFLÉ-MOULÉ
ET GRAVÉ À L'ACIDE

H. : 21,5 / D. : 23

SIGNATURE GRAVÉE À LA ROUE
SUR LA BASE

DON CRISTALLERIE DAUM-NANCY, 1985

539

99.12.39.(1)

VERRE, *SERVICE DU PAQUEBOT*
NORMANDIE

1935

CRISTAL SOUFFLÉ-MOULÉ
ET GRAVÉ À L'ACIDE
JAMBE ET PIED EN APPLICATION

H. : 13,2 / D. (OUVERTURE) : 6,7

NON SIGNÉ
MONOGRAMME SUR LA PAROI : *CGT*
(COMPAGNIE GÉNÉRALE TRANSATLANTIQUE)

DON GROUPE SAGEM, 1999

540

99.12.39.(2)

VERRE, *SERVICE DU PAQUEBOT*
NORMANDIE

1935

CRISTAL SOUFFLÉ-MOULÉ
ET GRAVÉ À L'ACIDE
PIED EN APPLICATION

H. : 12,3 / D. (OUVERTURE) : 7,1

NON SIGNÉ
MONOGRAMME SUR LA PAROI : *CGT*
(COMPAGNIE GÉNÉRALE TRANSATLANTIQUE)

DON GROUPE SAGEM, 1999

517

99.12.61

VERRE, *SERVICE MARLY*
(PATINEUR)

VERS 1930

VERRE SOUFFLÉ-MOULÉ
ET REHAUSSÉ D'OR
JAMBE ET PIED EN APPLICATION

H. : 8,8 / D. (OUVERTURE) : 6,8

SIGNÉ DEUX FOIS ET GRAVÉ À L'OR
SOUS L'OBJET

DON GROUPE SAGEM, 1999

518

99.12.63

VERRE, *JEANNE LANVIN*

VERS 1930

VERRE SOUFFLÉ-MOULÉ
ET REHAUSSÉ D'OR
PIED EN APPLICATION

H. : 8,5 / D. (OUVERTURE) : 5,3

NON SIGNÉ

DON GROUPE SAGEM, 1999

519

99.12.65

VERRE
(DEUX FEMMES PRENANT LE THÉ)

VERS 1930

VERRE SOUFFLÉ-MOULÉ, TAILLÉ
ET REHAUSSÉ D'OR

H. : 8,8 / D. (OUVERTURE) : 6

NON SIGNÉ

DON GROUPE SAGEM, 1999

520

95.1.111

COUPE À FACETTES

VERS 1930

VERRE SOUFFLÉ-MOULÉ ET TAILLÉ

H. : 15,6 / D. : 28,5

SIGNATURE GRAVÉE À LA ROUE
SUR LA BASE

DON CRISTALLERIE DAUM-NANCY, 1985

525

83.1.91

LAMPE RECTANGULAIRE

1930

VERRE SOUFFLÉ-MOULÉ
ET GRAVÉ À L'ACIDE

H. : 27 / L. : 23,5

SIGNATURE GRAVÉE À LA ROUE
SUR LE PIED ET L'ABAT-JOUR

ACHAT AVEC L'AIDE DU FRAM, 1983

526

83.1.96

VASE AUX SPIRALES

VERS 1930

VERRE SOUFFLÉ-MOULÉ
ET GRAVÉ À L'ACIDE

H. : 45,5 / D. : 36

SIGNATURE GRAVÉE À LA ROUE
SUR LA BASE

ACHAT AVEC L'AIDE DU FRAM, 1983

527

83.1.88

VASE À DÉCOR D'OVES

VERS 1930

VERRE SOUFFLÉ-MOULÉ
ET GRAVÉ À L'ACIDE

H. : 54,5 / D. : 31

SIGNATURE GRAVÉE À LA ROUE
SUR LA BASE

ACHAT AVEC L'AIDE DU FRAM, 1983

528

83.1.95

VASE À DÉCOR DE GRECQUE

VERS 1930

VERRE SOUFFLÉ-MOULÉ
ET GRAVÉ À L'ACIDE

H. : 42 / D. : 30,5

SIGNATURE GRAVÉE À LA ROUE
SUR LA BASE

ACHAT AVEC L'AIDE DU FRAM, 1983

533

83.1.90

VASE AUX TRIANGLES

VERS 1935

VERRE SOUFFLÉ-MOULÉ
ET GRAVÉ À L'ACIDE

H. : 26 / D. : 19

SIGNATURE GRAVÉE À LA ROUE
SUR LA BASE

ACHAT AVEC L'AIDE DU FRAM, 1983

534

83.1.101

VASE AUX CARRÉS

VERS 1935

VERRE SOUFFLÉ-MOULÉ
ET GRAVÉ À L'ACIDE

H. : 17 / D. : 11,6

SIGNATURE GRAVÉE À LA ROUE
SUR LA BASE

ACHAT AVEC L'AIDE DU FRAM, 1983

535

83.1.97

COUPE AUX LOSANGES

VERS 1935

VERRE SOUFFLÉ-MOULÉ
ET GRAVÉ À L'ACIDE

H. : 31 / D. : 35,5

SIGNATURE GRAVÉE À LA ROUE
SUR LA BASE

ACHAT AVEC L'AIDE DU FRAM, 1983

536

83.1.108

VASE AUX TRAPÈZES

VERS 1935

VERRE SOUFFLÉ-MOULÉ
ET GRAVÉ À L'ACIDE

H. : 18 / D. : 16,5

SIGNATURE GRAVÉE À LA ROUE
SUR LA BASE

ACHAT AVEC L'AIDE DU FRAM, 1983

541

99.12.39.(3)

VERRE, *SERVICE DU PAQUEBOT*
NORMANDIE

1935

CRISTAL SOUFFLÉ-MOULÉ
ET GRAVÉ À L'ACIDE
PIED EN APPLICATION

H. : 10 / D. (OUVERTURE) : 5,6

NON SIGNÉ
MONOGRAMME SUR LA PAROI : *CGT*
(COMPAGNIE GÉNÉRALE TRANSATLANTIQUE)

DON GROUPE SAGEM, 1999

542

99.12.39.(4)

VERRE, *SERVICE DU PAQUEBOT*
NORMANDIE

1935

CRISTAL SOUFFLÉ-MOULÉ
ET GRAVÉ À L'ACIDE
PIED EN APPLICATION

H. : 8,7 / D. (OUVERTURE) : 4,9

NON SIGNÉ
MONOGRAMME SUR LA PAROI : *CGT*
(COMPAGNIE GÉNÉRALE TRANSATLANTIQUE)

DON GROUPE SAGEM, 1999

543

95.1.109

COUPE AUX CARRÉS

1936

VERRE SOUFFLÉ-MOULÉ
ET GRAVÉ À L'ACIDE

H. : 10,8 / D. : 27

SIGNATURE GRAVÉE À LA ROUE
SUR LA BASE

DON CRISTALLERIE DAUM-NANCY, 1985

544

83.1.106

COUPE AUX DAMIERS

VERS 1937

VERRE SOUFFLÉ-MOULÉ
ET GRAVÉ À L'ACIDE

H. : 16,5 / D. : 21,5

SIGNATURE GRAVÉE À LA ROUE
SUR LA BASE

ACHAT AVEC L'AIDE DU FRAM, 1983

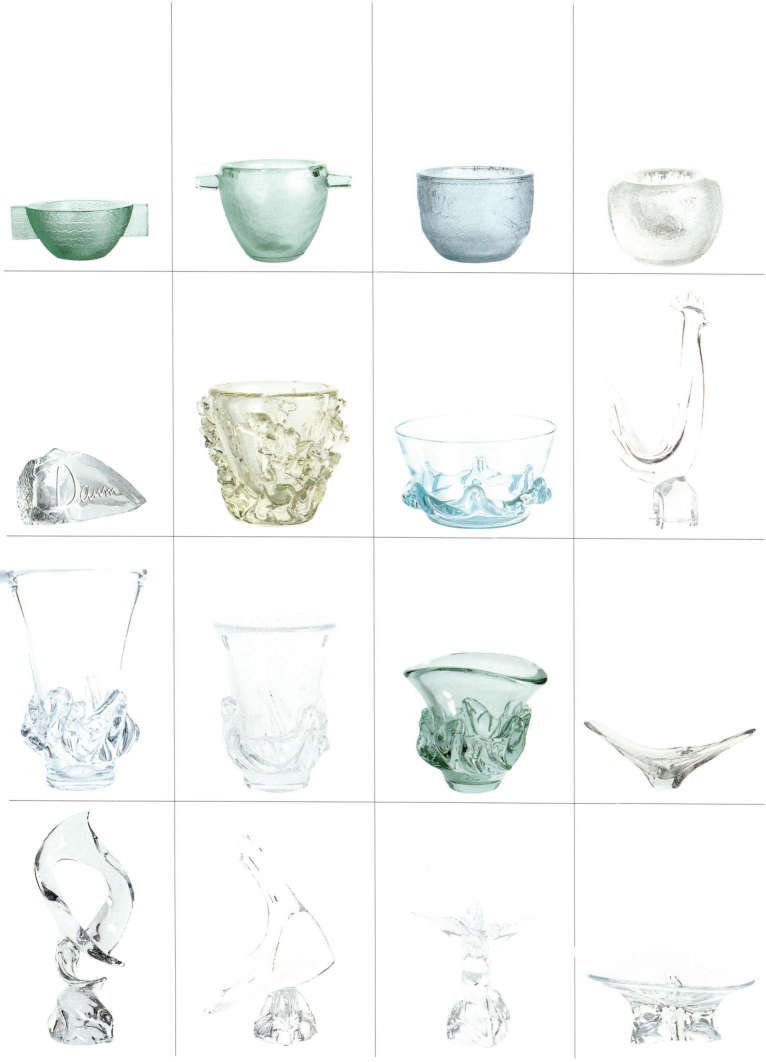

545

83.3.48

VASE AUX BRANCHAGES EN FLEURS

VERS 1938

VERRE SOUFFLÉ-MOULÉ
ET GRAVÉ À LA ROUE

H. : 13,5 / D. : 10,7

SIGNATURE GRAVÉE À LA ROUE
SUR LA BASE

DON MICHEL DAUM ET SES SŒURS
MMES PIERRE FROISSART ET
HENRI DE PAILLERETS, EN SOUVENIR
DE LEUR PÈRE ANTONIN DAUM, 1983

546

83.3.47

VASE AUX FLEURS STYLISÉES

VERS 1938

VERRE SOUFFLÉ-MOULÉ
ET GRAVÉ À LA ROUE

H. : 22,9 / D. : 8,7

NON SIGNÉ

DON MICHEL DAUM ET SES SŒURS
MMES PIERRE FROISSART ET
HENRI DE PAILLERETS, EN SOUVENIR
DE LEUR PÈRE ANTONIN DAUM, 1983

547

83.1.99

COUPE À OUVERTURE RABATTUE
ET FESTONNÉE

VERS 1938

VERRE SOUFFLÉ-MOULÉ
ET GRAVÉ À L'ACIDE

H. : 11 / D. : 22

SIGNATURE GRAVÉE À LA ROUE
SUR LA BASE

ACHAT AVEC L'AIDE DU FRAM, 1983

548

83.1.121

COUPE À OUVERTURE RABATTUE
ET FESTONNÉE

VERS 1938

VERRE SOUFFLÉ-MOULÉ
ET BULLÉ À LA SOUDE

H. : 12,5 / D. : 23

SIGNATURE GRAVÉE SUR LA BASE

ACHAT AVEC L'AIDE DU FRAM, 1983

553

83.1.109

BOUGEOIR CANNELÉ

VERS 1946

CRISTAL SOUFFLÉ-MOULÉ, TAILLÉ
ET GRAVÉ À L'ACIDE

H. : 16,5 / D. : 6,4

SIGNATURE GRAVÉE À LA ROUE
SOUS L'OBJET

ACHAT AVEC L'AIDE DU FRAM, 1983

554

83.1.119

SEAU À GLACE BULLÉ

VERS 1948

CRISTAL SOUFFLÉ-MOULÉ,
BULLÉ À LA SOUDE
ANSES EN APPLICATION

H. : 12,8 / D. : 12

SIGNATURE GRAVÉE SUR LA BASE

ACHAT AVEC L'AIDE DU FRAM, 1983

555

83.3.28

VASE AUX ANSES ASYMÉTRIQUES

VERS 1948

CRISTAL SOUFFLÉ-MOULÉ
ANSES EN APPLICATION

H. : 12,9 / D. : 12,8

SIGNATURE GRAVÉE SUR LA BASE

DON MICHEL DAUM ET SES SŒURS
MMES PIERRE FROISSART ET
HENRI DE PAILLERETS, EN SOUVENIR
DE LEUR PÈRE ANTONIN DAUM, 1983

556

83.3.31

VASE AU CORDON SPIRALÉ

VERS 1948

CRISTAL SOUFFLÉ-MOULÉ
APPLICATION ÉTIRÉE À CHAUD

H. : 12,9 / D. : 12,8

SIGNATURE GRAVÉE SUR LA BASE

DON MICHEL DAUM ET SES SŒURS
MMES PIERRE FROISSART ET
HENRI DE PAILLERETS, EN SOUVENIR
DE LEUR PÈRE ANTONIN DAUM, 1983

561

95.1.115

COQ

VERS 1950

CRISTAL ÉTIRÉ À CHAUD

H. : 45,5 / L. : 21,5

SIGNATURE GRAVÉE SUR LA BASE

DON CRISTALLERIE DAUM-NANCY, 1985

562

83.1.122.(1)
83.1.122.(2)

PAIRE DE CHANDELIERS *GÉMAUX*

VERS 1950

CRISTAL ÉTIRÉ À CHAUD

H. : 26 / L. : 100,5

SIGNATURE GRAVÉE SUR LA BASE

ACHAT AVEC L'AIDE DU FRAM, 1983

563

95.1.116

CORAIL

1951

CRISTAL ÉTIRÉ À CHAUD

H. : 36,2 / L. : 21

SIGNATURE GRAVÉE SUR LA BASE

DON CRISTALLERIE DAUM-NANCY, 1985

564

83.3.27

CORAIL

1951

CRISTAL ÉTIRÉ À CHAUD

H. : 30 / L. : 29

SIGNATURE GRAVÉE SUR LA BASE

DON MICHEL DAUM ET SES SŒURS
MMES PIERRE FROISSART ET
HENRI DE PAILLERETS, EN SOUVENIR
DE LEUR PÈRE ANTONIN DAUM, 1983

569

83.3.20

REQUIN À AILERONS

1953

CRISTAL ÉTIRÉ À CHAUD

H.: 43,5 / L. : 14,3

SIGNATURE GRAVÉE SUR LE SOCLE

DON MICHEL DAUM ET SES SŒURS
MMES PIERRE FROISSART ET
HENRI DE PAILLERETS, EN SOUVENIR
DE LEUR PÈRE ANTONIN DAUM, 1983

570

83.3.30

VASE *DAUPHIN*

1954

CRISTAL SOUFFLÉ-MOULÉ
ET ÉTIRÉ À CHAUD

H. : 24 / L. : 33

SIGNATURE GRAVÉE SUR LA BASE

DON MICHEL DAUM ET SES SŒURS
MMES PIERRE FROISSART ET
HENRI DE PAILLERETS, EN SOUVENIR
DE LEUR PÈRE ANTONIN DAUM, 1983

571

83.1.115

VASE *CYCLOPE*

1956

CRISTAL SOUFFLÉ

H. : 18,5 / L. : 15,5

SIGNATURE GRAVÉE SUR LA BASE

ACHAT AVEC L'AIDE DU FRAM, 1983

572

99.5.1
TAILLÉ PAR LOUIS GISQUET POUR LE T
DE MEILLEUR OUVRIER DE FRANCE EN

VASE

CRISTAL SOUFFLÉ-MOULÉ ET TAILLÉ

H. : 29 / D. (OUVERTURE) : 25,5

SIGNATURE GRAVÉE SUR LA BASE
INSCRIPTION GRAVÉE SUR LA BASE :
L. GISQUET M.O.F. 1956

DON LOUIS GISQUET, 1999

549

83.1.105

COUPE AUX POIGNÉES VERTICALES

VERS 1939

VERRE SOUFFLÉ-MOULÉ
ET GRAVÉ À L'ACIDE
ANSES EN APPLICATION

H. : 9 / D. : 19,5

SIGNATURE GRAVÉE À LA ROUE
SOUS L'OBJET

ACHAT AVEC L'AIDE DU FRAM, 1983

 550

83.1.107

COUPE AUX POIGNÉES HORIZONTALES

VERS 1939

VERRE SOUFFLÉ-MOULÉ
ET GRAVÉ À L'ACIDE
ANSES EN APPLICATION ET TAILLÉES

H. : 14,5 / D. : 17

SIGNATURE GRAVÉE À LA ROUE
SUR LA BASE

ACHAT AVEC L'AIDE DU FRAM, 1983

 551

83.3.50

COUPE BLEU-VERT

VERS 1946

CRISTAL SOUFFLÉ-MOULÉ
ET GRAVÉ À L'ACIDE

H. : 13,4 / D. : 18,8

SIGNATURE GRAVÉE SOUS L'OBJET
À LA ROUE

DON MICHEL DAUM ET SES SŒURS
MMES PIERRE FROISSART ET
HENRI DE PAILLERETS, EN SOUVENIR
DE LEUR PÈRE ANTONIN DAUM, 1983

 552

83.1.118

COUPE

VERS 1946

CRISTAL SOUFFLÉ-MOULÉ
ET GRAVÉ À L'ACIDE

H. : 12,8 / D. : 17

NON SIGNÉ

ACHAT AVEC L'AIDE DU FRAM, 1983

 557

5.1.114

PLAQUE PUBLICITAIRE

VERS 1950

CRISTAL ET ARGENT

H. : 9 / L. : 16,5 / P. : 9

DON CRISTALLERIE DAUM-NANCY, 1985

 558

83.3.9

VASE

VERS 1950

CRISTAL SOUFFLÉ-MOULÉ
APPLICATION TRAVAILLÉE AU CROCHET

H. : 15 / D. : 14,8

SIGNATURE GRAVÉE SUR LA BASE

DON MICHEL DAUM ET SES SŒURS
MMES PIERRE FROISSART ET
HENRI DE PAILLERETS, EN SOUVENIR
DE LEUR PÈRE ANTONIN DAUM, 1983

 559

95.1.113

COUPE SORCY

VERS 1950

CRISTAL SOUFFLÉ-MOULÉ
APPLICATION TRAVAILLÉE AU CROCHET

H. : 12 / D. : 21,8

SIGNATURE GRAVÉE SUR LA BASE

DON CRISTALLERIE DAUM-NANCY, 1985

 560

83.3.13

COQ

VERS 1950

CRISTAL ÉTIRÉ À CHAUD

H. : 46,5 / L. : 22,5

SIGNATURE GRAVÉE SUR LE SOCLE

DON MICHEL DAUM ET SES SŒURS
MMES PIERRE FROISSART ET
HENRI DE PAILLERETS, EN SOUVENIR
DE LEUR PÈRE ANTONIN DAUM, 1983

 565

.1.123

VASE SIRIUS

1952

CRISTAL SOUFFLÉ-MOULÉ
APPLICATION TRAVAILLÉE AU CROCHET

H. : 49,5 / D. : 32

SIGNATURE GRAVÉE SUR LA BASE

ACHAT AVEC L'AIDE DU FRAM, 1983

 566

83.1.124

VASE SIRIUS BULLÉ

1952

CRISTAL SOUFFLÉ-MOULÉ,
BULLÉ À LA SOUDE
APPLICATION TRAVAILLÉE AU CROCHET

H. : 25 / D. : 18,9

NON SIGNÉ

ACHAT AVEC L'AIDE DU FRAM, 1983

 567

83.1.120

COUPE SIRIUS

1952

CRISTAL SOUFFLÉ-MOULÉ
APPLICATION TRAVAILLÉE AU CROCHET

H. : 21 / D. : 24,5

SIGNATURE GRAVÉE SUR LA BASE

ACHAT AVEC L'AIDE DU FRAM, 1983

 568

83.1.122.(1)

COUPE VERSEAU

1952

CRISTAL ÉTIRÉ À CHAUD

H. : 26 / L. : 100,5

SIGNATURE GRAVÉE SUR LA BASE

ACHAT AVEC L'AIDE DU FRAM, 1983

 573

.1.117

FLAMME CREUSE

56

CRISTAL ÉTIRÉ À CHAUD

H. : 41,2 / L. : 21

SIGNATURE GRAVÉE SUR LA BASE

DON CRISTALLERIE DAUM-NANCY, 1985

574

83.3.14

POISSON JAPONAIS

VERS 1956

CRISTAL ÉTIRÉ À CHAUD

H. : 40 / L. : 26,5

SIGNATURE GRAVÉE SUR LE SOCLE

DON MICHEL DAUM ET SES SŒURS
MMES PIERRE FROISSART ET
HENRI DE PAILLERETS, EN SOUVENIR
DE LEUR PÈRE ANTONIN DAUM, 1983

 575

83.3.15

MARTINET EN VOL

1957

CRISTAL ÉTIRÉ À CHAUD

H. : 23,5 / L. : 34,5

SIGNATURE GRAVÉE SUR LE SOCLE

DON MICHEL DAUM ET SES SŒURS
MMES PIERRE FROISSART ET
HENRI DE PAILLERETS, EN SOUVENIR
DE LEUR PÈRE ANTONIN DAUM, 1983

 576

83.3.12

COUPE PÉROUGE

1958

CRISTAL ÉTIRÉ À CHAUD

H. : 10,3 / D. : 24

SIGNATURE GRAVÉE SUR LE PIED

DON MICHEL DAUM ET SES SŒURS
MMES PIERRE FROISSART ET
HENRI DE PAILLERETS, EN SOUVENIR
DE LEUR PÈRE ANTONIN DAUM, 1983

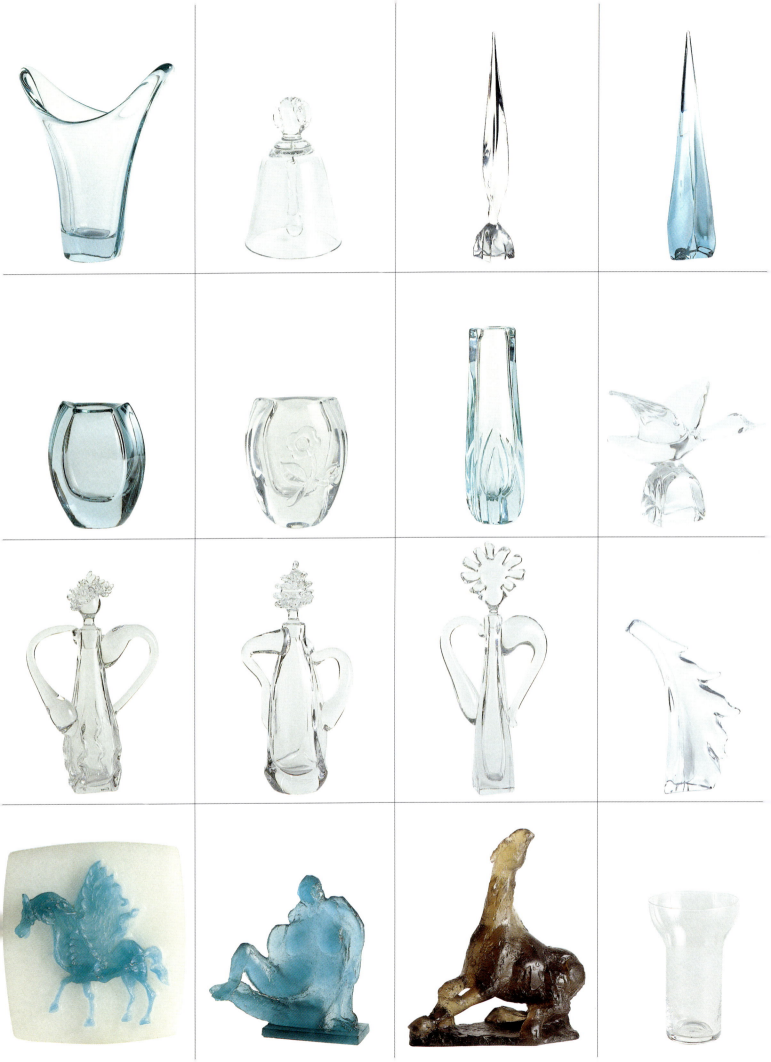

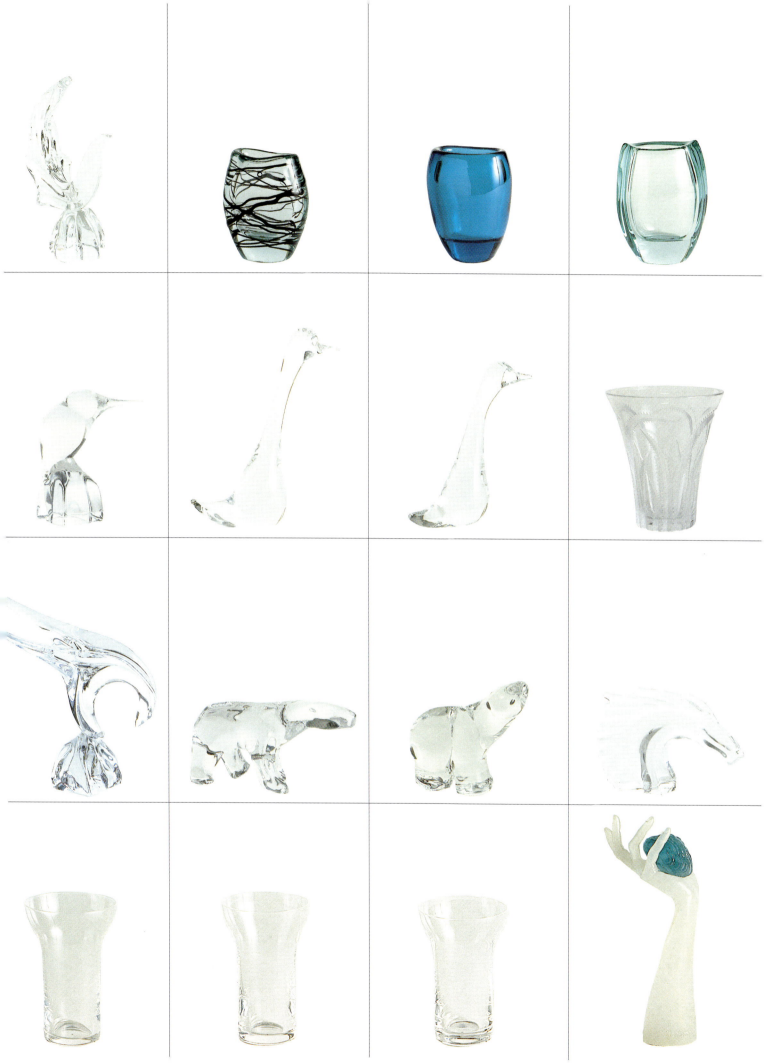

577

83.3.32

VASE *ORIADE*

1958

CRISTAL SOUFFLÉ-MOULÉ

H. : 30 / L. : 28

SIGNATURE GRAVÉE SUR LA BASE

DON MICHEL DAUM ET SES SŒURS
MMES PIERRE FROISSART ET
HENRI DE PAILLERETS, EN SOUVENIR
DE LEUR PÈRE ANTONIN DAUM, 1983

578

83.3.49

CLOCHE AVEC BATTANT

VERS 1958

CRISTAL SOUFFLÉ-MOULÉ
POIGNÉE EN APPLICATION

H. : 18,7 / D. : 12,8

NON SIGNÉ

DON MICHEL DAUM ET SES SŒURS
MMES PIERRE FROISSART ET
HENRI DE PAILLERETS, EN SOUVENIR
DE LEUR PÈRE ANTONIN DAUM, 1983

579

83.3.10

FLAMME SUR SOCLE

VERS 1959

CRISTAL ÉTIRÉ À CHAUD

H. : 61 / L. : 8,6

SIGNATURE GRAVÉE SUR LE SOCLE

DON MICHEL DAUM ET SES SŒURS
MMES PIERRE FROISSART ET
HENRI DE PAILLERETS, EN SOUVENIR
DE LEUR PÈRE ANTONIN DAUM, 1983

580

83.3.11

FLAMME SANS SOCLE

VERS 1959

CRISTAL ÉTIRÉ À CHAUD

H. : 48,5 / L. : 11

SIGNATURE GRAVÉE SUR LA BASE

DON MICHEL DAUM ET SES SŒURS
MMES PIERRE FROISSART ET
HENRI DE PAILLERETS, EN SOUVENIR
DE LEUR PÈRE ANTONIN DAUM, 1983

585

83.3.33

VASE *ORPHÉE*

1960

CRISTAL SOUFFLÉ-MOULÉ

H. : 15,8 / L. : 13,2

SIGNATURE GRAVÉE SUR LA BASE

DON MICHEL DAUM ET SES SŒURS
MMES PIERRE FROISSART ET
HENRI DE PAILLERETS, EN SOUVENIR
DE LEUR PÈRE ANTONIN DAUM, 1983

586

83.3.29

VASE AVEC FLEUR

1960

CRISTAL SOUFFLÉ-MOULÉ
ET APPLICATION

H. : 15,3 / L. : 12,6

SIGNATURE GRAVÉE SUR LA BASE

DON MICHEL DAUM ET SES SŒURS
MMES PIERRE FROISSART ET
HENRI DE PAILLERETS, EN SOUVENIR
DE LEUR PÈRE ANTONIN DAUM, 1983

587

83.3.34

VASE *ORPHÉE*

1960

CRISTAL SOUFFLÉ-MOULÉ
ET GRAVÉ À LA ROUE

H. : 26,4 / D. : 8,2

SIGNATURE GRAVÉE SUR LA BASE

DON MICHEL DAUM ET SES SŒURS
MMES PIERRE FROISSART ET
HENRI DE PAILLERETS, EN SOUVENIR
DE LEUR PÈRE ANTONIN DAUM, 1983

588

83.3.26

CANARD EN VOL

1960

CRISTAL ÉTIRÉ À CHAUD

H. : 21 / L. : 36

SIGNATURE GRAVÉE SUR LA BASE

DON MICHEL DAUM ET SES SŒURS
MMES PIERRE FROISSART ET
HENRI DE PAILLERETS, EN SOUVENIR
DE LEUR PÈRE ANTONIN DAUM, 1983

593

2000.5.16

FLACON ANTHROPOMORPHE

VERS 1960

CRISTAL SOUFFLÉ-MOULÉ
ET ÉTIRÉ À CHAUD
ANSES EN APPLICATION
BOUCHON TRAVAILLÉ AU CROCHET

H. : 38,5 / L. : 25

SIGNATURE GRAVÉE SUR LA BASE

ACHAT, 2000

594

2000.5.17

FLACON ANTHROPOMORPHE

VERS 1960

CRISTAL SOUFFLÉ-MOULÉ
ET ÉTIRÉ À CHAUD
ANSES EN APPLICATION

H. 38,8 / L. : 19,5

SIGNATURE GRAVÉE SUR LA BASE

ACHAT, 2000

595

2000.5.15

FLACON ANTHROPOMORPHE

VERS 1960

CRISTAL SOUFFLÉ-MOULÉ
ET ÉTIRÉ À CHAUD
ANSES EN APPLICATION
BOUCHON TRAVAILLÉ AU CROCHET

H. 53 / L. : 23,2

SIGNATURE GRAVÉE SUR LA BASE

ACHAT, 2000

596

83.3.23

TÊTE DE CHEVAL

1961

CRISTAL ÉTIRÉ À CHAUD

H. : 19 / L. : 28

SIGNATURE GRAVÉE SUR LA BASE

DON MICHEL DAUM ET SES SŒURS
MMES PIERRE FROISSART ET
HENRI DE PAILLERETS, EN SOUVENIR
DE LEUR PÈRE ANTONIN DAUM, 1983

601

95.1.118
EN COLLABORATION AVEC
SALVADOR DALI

PÉGASE

1967

PÂTE DE VERRE ET SUPPORT MÉTALLIQUE

H. : 35,3 / L. : 35,3

SIGNATURE SUR LA FACE : *DAUM* ET *DALI*

DON CRISTALLERIE DAUM-NANCY, 1985

602

93.26.1
EN COLLABORATION AVEC
JEAN-PIERRE DEMARCHY

LA BAIGNEUSE

1968

PÂTE DE VERRE

H. : 24 / L. : 25

SIGNATURE SUR LE SOCLE :
DAUM ET *DEMARCHY*

DON CRISTALLERIE DAUM-NANCY, 1985

603

95.1.119
EN COLLABORATION AVEC
MAURICE LEGENDRE

CHEVAL

1968

PÂTE DE VERRE

H. : 36,2 / L. : 33,5

SIGNATURE SUR LE SOCLE :
DAUM ET *LEGENDRE*

DON CRISTALLERIE DAUM-NANCY, 1985

604

99.12.66.(1)
EN COLLABORATION AVEC
ROGER TALLON

VERRE, *SERVICE 3T*

1968

CRISTAL SOUFFLÉ-MOULÉ

H. : 11,4 / D. (OUVERTURE) : 7,4

NON SIGNÉ

DON GROUPE SAGEM, 1999

581

.3.24

SEAU DE PARADIS

RS 1959

ISTAL ÉTIRÉ À CHAUD

: 22,5 / L. : 10,8

GNATURE GRAVÉE SUR LA BASE

N MICHEL DAUM ET SES SŒURS
MES PIERRE FROISSART ET
NRI DE PAILLERETS, EN SOUVENIR
LEUR PÈRE ANTONIN DAUM, 1983

582

83.1.116

VASE *ORPHÉE*

DÉCOR DE LACIS NOIRS

1960

CRISTAL SOUFFLÉ-MOULÉ

H. : 11,5 / L. : 10

SIGNATURE GRAVÉE SUR LA BASE
N° GRAVÉ SUR LA PAROI : *1919*

ACHAT AVEC L'AIDE DU FRAM, 1983

583

83.1.117.(1)

VASE *ORPHÉE*

1960

CRISTAL SOUFFLÉ-MOULÉ

H. : 11,5 / L. : 9,5

SIGNATURE GRAVÉE SUR LA BASE

ACHAT AVEC L'AIDE DU FRAM, 1983

584

83.1.117.(2)

VASE *ORPHÉE*

1960

CRISTAL SOUFFLÉ-MOULÉ

H. : 16 / L. : 12,5

SIGNATURE GRAVÉE SUR LA BASE

ACHAT AVEC L'AIDE DU FRAM, 1983

589

.3.22

ARTIN-PÊCHEUR

RS 1960

ISTAL ÉTIRÉ À CHAUD

: 20,5 / L. : 17

GNATURE GRAVÉE SUR LE SOCLE

N MICHEL DAUM ET SES SŒURS
MES PIERRE FROISSART ET
NRI DE PAILLERETS, EN SOUVENIR
LEUR PÈRE ANTONIN DAUM, 1983

590

83.3.25

GRANDE SARCELLE

VERS 1960

CRISTAL ÉTIRÉ À CHAUD

H. : 27,5 / L. : 14,5

SIGNATURE GRAVÉE SUR LA BASE

DON MICHEL DAUM ET SES SŒURS
MMES PIERRE FROISSART ET
HENRI DE PAILLERETS, EN SOUVENIR
DE LEUR PÈRE ANTONIN DAUM, 1983

591

83.3.21

PETITE SARCELLE

VERS 1960

CRISTAL ÉTIRÉ À CHAUD

H. : 18,3 / L. : 10

SIGNATURE GRAVÉE SUR LA BASE

DON MICHEL DAUM ET SES SŒURS
MMES PIERRE FROISSART ET
HENRI DE PAILLERETS, EN SOUVENIR
DE LEUR PÈRE ANTONIN DAUM, 1983

592

2000.5.14

VASE *HOGGAR*

VERS 1960

CRISTAL SOUFFLÉ-MOULÉ ET TAILLÉ

H. : 20 / D. : 18,2

NON SIGNÉ

ACHAT, 2000

597

.3.16

RFAUT

64

ISTAL ÉTIRÉ À CHAUD

: 32,5 / L. : 28,3

GNATURE GRAVÉE SUR LE SOCLE

N MICHEL DAUM ET SES SŒURS
MES PIERRE FROISSART ET
NRI DE PAILLERETS, EN SOUVENIR
LEUR PÈRE ANTONIN DAUM, 1983

598

83.3.17

GROS OURS

1965

CRISTAL ÉTIRÉ À CHAUD

H. : 15,8 / L. : 33

NON SIGNÉ

DON MICHEL DAUM ET SES SŒURS
MMES PIERRE FROISSART ET
HENRI DE PAILLERETS, EN SOUVENIR
DE LEUR PÈRE ANTONIN DAUM, 1983

599

83.3.18

PETIT OURS

1965

CRISTAL ÉTIRÉ À CHAUD

H. : 12 / L. : 14,5

SIGNATURE GRAVÉE SUR LA BASE

DON MICHEL DAUM ET SES SŒURS
MMES PIERRE FROISSART ET
HENRI DE PAILLERETS, EN SOUVENIR
DE LEUR PÈRE ANTONIN DAUM, 1983

600

83.3.19

TÊTE DE CHEVAL

1965

CRISTAL ÉTIRÉ À CHAUD

H. : 28 / L. : 19,5

SIGNATURE GRAVÉE SUR LA BASE

DON MICHEL DAUM ET SES SŒURS
MMES PIERRE FROISSART ET
HENRI DE PAILLERETS, EN SOUVENIR
DE LEUR PÈRE ANTONIN DAUM, 1983

605

.12.66.(2)

COLLABORATION AVEC
GER TALLON

RRE, *SERVICE 3T*

69

ISTAL SOUFFLÉ-MOULÉ

: 9,5 / D. (OUVERTURE) : 6,4

N SIGNÉ

N GROUPE SAGEM, 1999

606

99.12.66.(3)
EN COLLABORATION AVEC
ROGER TALLON

VERRE, *SERVICE 3T*

1969

CRISTAL SOUFFLÉ-MOULÉ

H. : 7,9 / D. (OUVERTURE) : 5,1

NON SIGNÉ

DON GROUPE SAGEM, 1999

607

99.12.66.(4)
EN COLLABORATION AVEC
ROGER TALLON

VERRE, *SERVICE 3T*

1969

CRISTAL SOUFFLÉ-MOULÉ

H. : 6,1 / D. (OUVERTURE) : 4,1

NON SIGNÉ

DON GROUPE SAGEM, 1999

608

95.1.120
EN COLLABORATION AVEC
MILVIA MAGLIONE

NUAGE

1969

PÂTE DE VERRE

H. : 32,5

SIGNATURE GRAVÉE SUR LA BASE :
DAUM ET *MAGLIONE*

DON CRISTALLERIE DAUM-NANCY, 1985

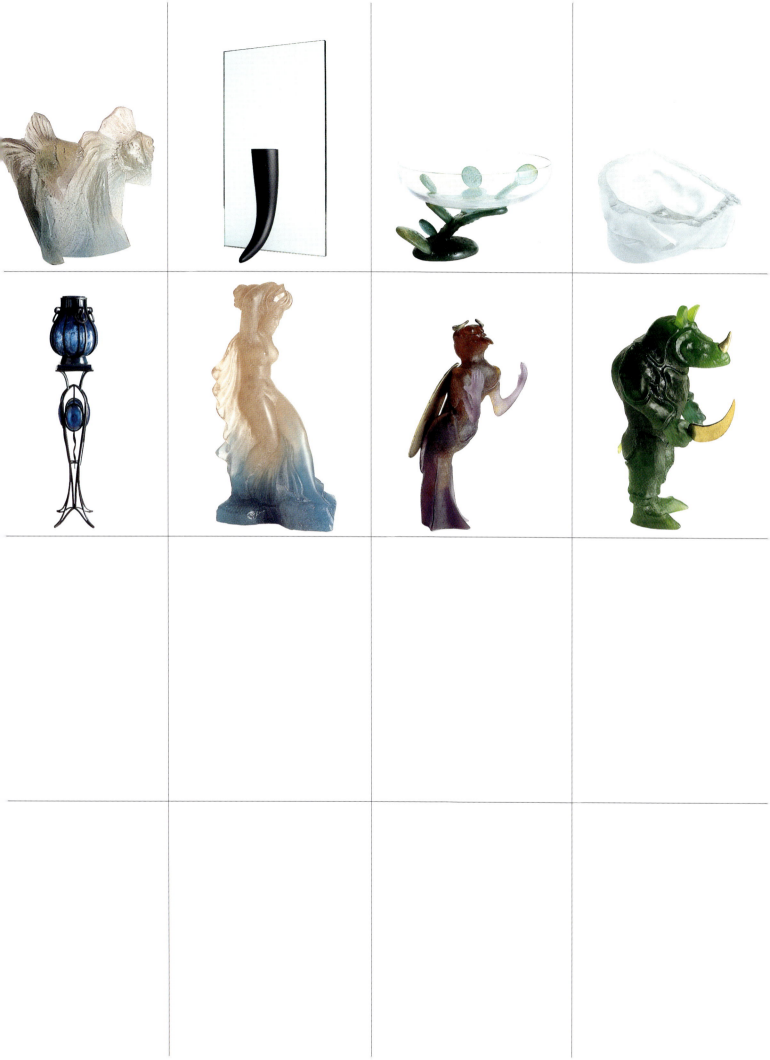

609

95.1.121
EN COLLABORATION AVEC
SALVADOR DALI

POISSON MALEBRANCHE

1973

PÂTE DE VERRE ET CRISTAL BULLÉ

H. : 43,1 / D. : 9,2

SIGNATURE SUR LA BASE :
DAUM ET *DALI*

DON CRISTALLERIE DAUM-NANCY, 1985

 610

95.1.122
EN COLLABORATION AVEC
ROY ADZAK

REFLET DU NIL

1974

PÂTE DE VERRE

H. : 27 / L. : 23,3

SIGNATURE GRAVÉE SUR LA BASE :
DAUM ET *ADZAK*

DON CRISTALLERIE DAUM-NANCY, 1985

 611

95.1.123.(1)
95.1.123.(2)
EN COLLABORATION AVEC
OLIVIER BRICE

DISCOBOLE

1976

PÂTE DE VERRE

H. : 35 / L. : 21,5

SIGNATURE SUR LE SOCLE :
DAUM ET *BRICE*

DON CRISTALLERIE DAUM-NANCY, 1985

 612

95.1.124
EN COLLABORATION AVEC
ERNESTO TRECCANI

PICCOLO FIORE

1978

PÂTE DE VERRE ET SUPPORT MÉTALLI

H. : 29,8 / L. : 20,5

SIGNATURE GRAVÉE : *DAUM* ET *TRECC*

DON CRISTALLERIE DAUM-NANCY, 198

 617

91.4.1
EN COLLABORATION AVEC
PHILIPPE STARCK

QUATRE ÉTRANGETÉS SOUS UN MUR

1989

CRISTAL ET PÂTE DE VERRE

H. : 45,3 / L. : 60 / P. : 45,3

SIGNATURE GRAVÉE SUR LE CHANT
DROIT : *DAUM* ET *STARCK*

DON CFC-DAUM, 1991

 618

98.15.4
EN COLLABORATION AVEC
ÉLISABETH GAROUSTE ET MATTIA BONETTI

COUPE, *COLLECTION TRAPANI*

1989

CRISTAL ET PÂTE DE VERRE

H. :40

SIGNATURE SUR LE PIED :
DAUM , *GAROUSTE* ET *BONETTI*

DON GROUPE SAGEM, 1998

619

98.15.5
EN COLLABORATION AVEC
ÉLISABETH GAROUSTE ET MATTIA BONETTI

BOUGEOIR, *COLLECTION TRAPANI*

1989

PÂTE DE VERRE

H. : 25

SIGNATURE SUR LE PIED :
DAUM, GAROUSTE ET *BONETTI*

DON GROUPE SAGEM, 1998

 620

98.15.6
EN COLLABORATION AVEC
ÉLISABETH GAROUSTE ET MATTIA BO

MIROIR DE TABLE, *COLLECTION TRAP*

1989

PÂTE DE VERRE ET MIROIR

H. : 34

SIGNATURE SUR LE PIED :
DAUM, GAROUSTE ET *BONETTI*

DON GROUPE SAGEM, 1998

 625

2000.2.3
EN COLLABORATION AVEC
CHRISTOPHE PILLET

TWINS COUPE L

1998

PÂTE DE VERRE

H. : 4,5 / D. : 44

SIGNATURE GRAVÉE SUR LA TRANCHE :
DAUM ET *PILLET*

DÉPÔT FONDS NATIONAL D'ART
CONTEMPORAIN (INV.99858), 2000

 626

2000.2.2
EN COLLABORATION AVEC
CHRISTOPHE PILLET

TWINS VASE L

1998

PÂTE DE VERRE

H. : 35 / L. : 28 / P. : 26

SIGNATURE GRAVÉE SUR LA TRANCHE :
DAUM ET *PILLET*

DÉPÔT FONDS NATIONAL D'ART
CONTEMPORAIN (INV.99259), 2000

613

5.1.125
N COLLABORATION AVEC
HRISTIAN POINCIGNON

YPRINS DORÉS

382

TE DE VERRE

: 16,8 / L. : 19

GNATURE GRAVÉE :
AUM ET *POINCIGNON*

ON CRISTALLERIE DAUM-NANCY, 1985

 614

89.3.1
EN COLLABORATION AVEC
PHILIPPE STARCK

ETRANGETÉ CONTRE UN MUR

1987

CRISTAL ET PÂTE DE VERRE

H. : 69,9 / L. : 40
H. (DE LA CORNE) : 35

SIGNATURE GRAVÉE SUR LE CHANT
DROIT : *DAUM* ET *STARCK*
INSCRIPTION GRAVÉE SUR LE CHAMP :
*EXEMPLAIRE MUSÉE DES BEAUX-ARTS
NANCY / JUIN 1989*

DON CFC-DAUM, 1989

 615

88.5.1
EN COLLABORATION AVEC
HILTON MAC CONNICO

COUPE AUX CACTUS

1987

CRISTAL SOUFFLÉ-MOULÉ
ET PÂTE DE VERRE

H. : 17,1 / D. : 29,7

SIGNATURE GRAVÉE SUR LE PIED :
DAUM ET *MAC CONNICO*

DON CLOTHILDE BACRI,
VICE-PRÉSIDENTE DU GROUPE DAUM, 1988

 616

98.15.1
EN COLLABORATION AVEC
IGOR MITORAJ

SATURNIA BLANC

1988

PÂTE DE VERRE

H. : 18

SIGNATURE SUR LE SOCLE :
DAUM ET *MITORAJ*

DON DU GROUPE SAGEM, 1998

 621

.4.2
I COLLABORATION AVEC
NDRÉ DUBREUIL

SE *MACAO*

90

RISTAL SOUFFLÉ DANS UNE ARMATURE
J FER FORGÉ

: 174 / H. (VASE) : 48,8
(COL DU VASE) : 17,5

GNATURE SUR LE SOCLE :
AUM ET *DUBREUIL*

ON CFC-DAUM, 1991

 622

92.11.1
EN COLLABORATION AVEC
ANDRÉ DELUOL

FÉMINITÉ

1990

PÂTE DE VERRE

H. : 41,5 / L. : 22 / P. : 12

SIGNATURE SUR LE SOCLE :
DAUM ET *DUBREUIL*

DON CFC-DAUM, 1992

 623

98.15.2
EN COLLABORATION AVEC
GILLES KERVERSAU

L'ABEILLE

1994

PÂTE DE VERRE ET BRONZE

H. : 27

SIGNATURE SUR LE PIED :
DAUM ET *KERVERSAU*

DON GROUPE SAGEM, 1998

 624

98.15.3
EN COLLABORATION AVEC
GILLES KERVERSAU

RHINO-SAMOURAÏ

1995

PÂTE DE VERRE ET BRONZE

H. : 30

SIGNATURE SUR LE PIED :
DAUM ET *KERVERSAU*

DON GROUPE SAGEM, 1998

COLLABORATEURS ET ASSOCIÉS, DES CHOIX PERTINENTS

En près d'un siècle, une dizaine de membres de la famille Daum se succèdent ou cohabitent à la tête de l'entreprise. Là où un Émile Gallé s'épuise à tout faire (diriger, gérer, contrôler, concevoir) – « j'ai les fers au feu, les fers aux pieds et aux mains[1] » –, la répartition des tâches entre les frères, les fils et les cousins d'une même famille permet une gestion plus efficace. La création est l'œuvre de collaborateurs recrutés et (ou) formés par l'entreprise. Grâce à cette disposition, alors que la disparition d'un artiste signifie souvent l'arrêt de son œuvre, ni la mort des deux Jean, ni celles d'Auguste, d'Antonin ou de Paul ne marqueront l'interruption du succès des modèles Daum.

JACQUES GRUBER, DESSIN POUR LE CATALOGUE *VERRERIES ARTISTIQUES DE NANCY, DAUM FRÈRES ET CIE*, EXPOSITION DE BRUXELLES, 1897

L'histoire de la famille Daum n'est pas l'histoire d'une dynastie d'artistes mais celle d'industriels très au fait des choses de leur époque et qui ont su s'entourer de créateurs de talent et même les former. Si leurs études respectives leur permettent d'avoir des compétences dans le domaine de la gestion, de connaître, comprendre et faire prospérer l'appareil de production, elles ne les ont pas directement formés à imaginer les pièces. Antonin, Paul ou Michel ont souvent été assimilés à tort à des créateurs du fait de leur nomination à la direction du département artistique. Confusion entretenue dans le cas d'Antonin par son rôle dans la mise en place de ce département et par son poste à la verrerie jusque dans les années 1897[2]. Il ne faut pas pour autant sous-estimer leur fonction. Au-dessus de la mêlée, ils critiquent et discutent les choix, anticipent les tendances, s'assurent de la qualité de la production. Après l'ouverture du département artistique, et pour franchir un palier, la nécessité d'un artiste s'impose.

Jacques Gruber est le premier. Sa jeunesse (il arrive à la manufacture à 23 ans[3]), ses études à Nancy et Paris avec, entre autres professeurs, Pierre-Victor Galland (peintre décorateur, détenteur de la chaire de composition décorative de l'école des Beaux-Arts de Paris) et Gustave Moreau, font de lui un créateur particulièrement attentif et réceptif. Proche de l'esprit d'Émile Gallé et des préceptes décoratifs de l'époque, il introduit l'utilisation élargie de la nature. De 1893 à 1897, il crée un grand nombre de modèles, en particulier les pièces hors série destinées aux expositions. Le symbolisme lisible dans une série de vases (*Le Rêve d'Elsa*) – comme la facture « à l'antique » de quelques-autres en référence aux peintures et vases grecs (*Tristan et Yseult*) montrent sa connaissance des arts et une vraie science de la décoration.

HENRI BERGÉ

Henri Bergé le rejoint dès 1895 et lui succède à partir de 1897. Issu, comme Gruber, des Beaux-Arts de Nancy, il n'a pas la volonté d'émancipation de ce dernier et restera à la verrerie jusqu'à sa retraite en 1932. Excellent dessinateur, Henri Bergé

---

[1] Lettre à Robert de Montesquiou, 6 juin 1894, citée par Philippe Thiébaut, ''Rêves et Réalités dans l'œuvre d'Émile Gallé'', cat. *École de Nancy 1889-1909. Art nouveau et industries d'art*, cat. exp., galeries Poirel, Nancy, 24 avril-26 juillet 1999, Rmn, Paris, 1999, p. 67 (p. 68 pour la citation précisément). / [2] Les premiers catalogues édités par l'entreprise le citent comme collaborateur artistique et non comme propriétaire et gérant. / [3] « Au musée du Luxembourg, un fantassin appartenant à l'un des régiments d'infanterie de Nancy, était en contemplation, en extase plutôt, devant des œuvres d'Émile Gallé. Lui-même était à son tour observé par un visiteur fort intéressé à ce double spectacle : et des belles œuvres, et de ce jeune soldat éprouvant tant de plaisir à les regar-

VASE *TRISTAN ET YSEULT*, VERS 1897

CAT. 216

fournit à l'entreprise des centaines de planches botaniques qui servent de modèle aux décorateurs et graveurs. Il réalise également les poncifs des décors, travaille sur les formes des pièces et crée certainement la plupart des modèles d'avant-guerre, tant en fantaisie courante que dans la production exceptionnelle. C'est dans la campagne environnante ou dans les jardins botaniques de la ville qu'il trouve ses modèles. En 1905, une note signée Antonin Daum précise qu'il « n'est tenu à aucune continuité, mais à un acte de présence journalier d'au moins une heure[4] » lui reconnaissant le droit d'exécuter toute une partie de son travail en dehors des murs de l'entreprise. Ses dessins de plantes montrent un travail plus naturaliste que véritablement artistique alors que les critiques de l'époque prônent une étude et une utilisation de la nature, et qu'ils mettent en garde contre « [les manifestations d'art] trop naturistes [qui] perdent facilement tout caractère décoratif ou le font perdre aux objets, aux surfaces sur lesquels elles sont appliquées[5] ». Une des fonctions essentielles de Henri Bergé à la manufacture est la direction des cours d'apprentissage de décors. Quelque temps après l'ouverture de l'atelier artistique, les frères Daum forment leurs propres décorateurs, graveurs, tailleurs à l'école de dessin et de modelage ouverte à la verrerie[6]. L'apprentissage dure deux années. Y sont admis « les jeunes gens [...] s'ils sont munis de leur certificat d'études et s'ils manifestent des dispositions spéciales pour le dessin ». Directement mis au travail sous le contrôle de leurs aînés (10 heures par jour en 1912), rétribués par une allocation de 15 francs par mois, les apprentis s'essayent sur des pièces faciles et surtout « pendant toute la durée de l'apprentissage et jusqu'à l'âge de dix-huit ans, les jeunes gens sont tenus de suivre les cours spéciaux de dessin et de modelage organisés gratuitement à l'usine. Ces cours ont lieu tous les jours de 10 heures à midi sauf le jeudi. Les heures de présence y sont comptées et rétribuées comme à l'atelier. Toutes les fournitures, papiers, couleurs, modèles, etc. sont délivrées gratuitement. Les dégradations seules peuvent être à la charge des élèves. Les samedis après-midi des excursions de dessin en plein air sont organisées suivant la saison et obligatoires, mais ne sont pas rétribuées. Des livrets de Caisse d'épargne et autres récompenses sont distribués deux fois par an aux meilleurs élèves. » Les élèves travaillent sous la houlette de Henri Bergé, secondé plus tard par Émile Wirtz. Ils étudient le dessin en copiant les planches botaniques disponibles à l'entreprise, œuvres de leur professeur, et font également des sorties sur le terrain. Leurs réalisations sont notées et commentées par Henri Bergé. Les plus doués sont invités à intégrer ensuite les Beaux-Arts de la ville. De l'école Daum sortiront deux collaborateurs d'importance : Émile Wirtz et Charles Schneider.

HENRI BERGÉ
COUPE CHÊNE ET NEIGE
ENCRE, CRAYON ET AQUARELLE SUR PAPIER,
1910

HENRI BERGÉ
VASE (CRUCHE GRECQUE)
AUX HÉRONS ET NEIGE
ENCRE, CRAYON ET AQUARELLE
SUR PAPIER, JANVIER 1910

der. Le jeune soldat, c'était Jacques Gruber, en permission à Paris pendant la durée de son service militaire. Le visiteur qu'il intriguait était Antonin Daum, le maître verrier du Pont-d'Essey, qui, commençant à diriger ses recherches vers la verrerie d'art, prenait ainsi que Gruber, une leçon de choses tout à fait supérieure devant les beaux "Gallé". On devine la suite du roman... Ainsi révélés l'un à l'autre, les deux artistes – mais seulement à leur retour à Nancy – lient plus amplement connaissance. Une collaboration, étroite et féconde, commence entre ces hommes dont le nom est aujourd'hui si connu, non seulement en Lorraine, mais dans tous les milieux vraiment artistes. » René d'Avril, "Les Vitraux de Jacques Gruber", *Revue lorraine*, 1912, p. 41-48. / [4] Archives Daum.

HENRI BERGÉ
CAMPANULE, 1929
ENCRE ET AQUARELLE, 49,5 X 33

HENRI BERGÉ,
MONTBRETIA, 1910
ENCRE ET AQUARELLE, 48,5 X 31,3

HENRI BERGÉ
HORTENSIA, 1904
ENCRE ET AQUARELLE, 53 X 35

HENRI BERGÉ
MARRONNIER FEUILLES SÈCHES,
NON DATÉ
ENCRE ET AQUARELLE, 50 X 35,8

GEORGES STRASSER, COURS DE DESSIN, VERRERIES DE NANCY
ÉTUDE DE MOULINS, LUNDI 10 MARS 1913
ENCRE ET LAVIS SUR PAPIER

PIERRE VERGEOT, COURS DE DESSIN,
VERRERIES DE NANCY
CERISES, GROSEILLES, LIS, NON DATÉ

Le premier entre chez Daum en 1898 comme apprenti décorateur à l'âge de 14 ans. D'abord élève de Henri Bergé, il intègre ensuite l'école des Beaux-Arts de Nancy afin de se perfectionner. De retour à l'entreprise, il devient chef de l'atelier de composition et décor, aux côtés de celui qui a été son professeur. Il est difficile de faire, avec certitude, la part de ce qui est de la main de Henri Bergé de celle d'Émile Wirtz. Les dessins de modèles de ce dernier sont néanmoins d'une facture plus libre, la référence est moins explicitement lisible (il est difficile par exemple de reconnaître la plante représentée). Mais les diplômes et médailles acquis lors des expositions des années vingt et trente confirment sa participation active à la création au sein de l'entreprise. Il obtient la Légion d'honneur en 1950 au côté de Michel Daum.

Charles Schneider emprunte à peu près la même trajectoire. Arrivé comme apprenti graveur vers 1897, il suit conjointement des études aux Beaux-Arts de Nancy. À partir de 1904, il fréquente, à l'école des Beaux-Arts de Paris, l'atelier du peintre Léon Bonnat et du graveur Jules-Clément Chapelain. Antonin Daum intercède même auprès du maire de Nancy pour que sa bourse d'études lui soit renouvelée. De 1909 à 1913, à côté de son frère Ernest, il fait un travail remarqué à la verrerie, et justement récompensé lors d'expositions (diplôme d'honneur en 1909 à Nancy, en 1910 à Bruxelles). Il quitte la maison Daum en 1913, accompagné d'Ernest et de quelques ouvriers de la manufacture, pour créer sa propre entreprise à Épinay-sur-Seine. Antonin Daum en gardera très longtemps un certain ressentiment. Une lettre rédigée en 1925, lors de l'exposition des Arts décoratifs de Paris, en témoigne : « Très déçu […] par l'exposant qui m'est donné comme pendant : la maison Schneider [n'est pas] un voisinage agréable. […] transfuge […] de mes ateliers de Nancy, [sa présence m'est] plutôt pénible à côtoyer[7]. »

L'essentiel dans une industrie d'art comme une verrerie est sa main-d'œuvre. Le savoir-faire des ouvriers, leur maîtrise de la matière tiennent une place primordiale dans la réussite ou l'échec de l'entreprise. Les noms les plus cités sont ceux que l'on retrouve dans la « notice et catalogue pour l'envoi à l'Exposition universelle de 1900 » : Adolphe Claude, Eugène Gall, Jules Marchand[8], Brutus Camille Dammann, Sévère Winckler[9] détachés en 1891 des services généraux de l'usine pour concourir à la création des ateliers d'art qu'ils n'ont jamais quittés. Présents dès le début de l'aventure artistique, la plupart d'entre eux sont encore actifs à la manufacture au début des années trente. Antonin Daum est conscient du rôle qu'ils jouent et ses remerciements en 1897 sont sincères. « Vous demanderai-je la permission de vous présenter ses chefs. […] Je

ÉMILE WIRTZ
VASE AUX ALISMAS, NON DATÉ
CRAYON, ENCRE ET AQUARELLE SUR PAPIER

ÉMILE WIRTZ
VASE AUX ŒILLETS, NON DATÉ
CRAYON, ENCRE ET AQUARELLE SUR PAPIER

[5] Alphonse Germain, ''Quelques verriers'', *L'Art décoratif*, mars 1901. / [6] L'école ferme vraisemblablement ses portes à la retraite de Henri Bergé. / [7] Lettre d'Antonin Daum, exposition des Arts décoratifs de 1925, Paris, archives Daum. La lettre ne fut jamais envoyée. / [8] Jules Marchand, né en 1853 à Huningue. / [9] Sévère Winckler, né en 1842.

LES DÉCORATEURS
PHOTOGRAPHIE EXTRAITE DU CATALOGUE
*VERRERIES ET CRISTAUX ARTISTIQUES
DE NANCY* POUR L'ENVOI À L'EXPOSITION
UNIVERSELLE DE PARIS, 1900

LES GRAVEURS À LA ROUE
PHOTOGRAPHIE EXTRAITE DU CATALOGUE
*VERRERIES ET CRISTAUX ARTISTIQUES DE
NANCY* POUR L'ENVOI À L'EXPOSITION
UNIVERSELLE DE PARIS, 1900

REMISE DE LA LÉGION D'HONNEUR
À EUGÈNE GALL (AU CENTRE)
PAR ANTONIN DAUM, 1926

nommerai [...] Claude (Adolphe) et Gall (Eugène), les verriers robustes et soucieux, tout noirs de leur four, mais dont les mains calleuses feraient envie aux fées. Jules Marchand, maître ciseleur, la pierre angulaire de cet atelier de gravure d'où sortent les plus étudiées de nos œuvres, le tout premier collaborateur de nos essais d'art, chercheur lui-même infatigable et raffiné. Dammann père, maître sur cette pléiade de peintres, doreurs, émailleurs, aquafortistes à qui il donne en exemple son activité, son talent [...]. Sévère Winckler, tailleur sur verre, comme nous fils de ce comté de Bitche si célèbre aux verriers qui montre dans la plus âpre tâche une ardeur toujours jeune et la fidélité patrimoniale[10]. »

Eugène Gall est certainement le grand verrier de la manufacture. Durant trente-sept années, il dirige la grande place[11] fantaisie. À 16 ans, en 1884, il rejoint l'entreprise en tant qu'apprenti, marchant en cela sur les traces de son père verrier chez Daum depuis 1878. La demande de décoration au grade de chevalier de la Légion d'honneur dit de lui qu'il « s'est signalé pendant toute sa carrière par un goût, une habileté professionnelle et un talent de créateur absolument exceptionnels, a concouru à l'exécution de toutes les grandes pièces d'art de la maison et particulièrement à celles figurées à l'exposition des Arts décoratifs ; s'est dévoué à l'apprentissage artistique de nombreux ouvriers et jeunes gens dont la formation a fait école dans la région de Nancy et n'a cessé de donner au personnel sous ses ordres l'exemple d'une probité professionnelle irréprochable[12] ».

Émile Toussaint[13], autre verrier d'importance, entre à l'entreprise en 1885 à l'âge de 10 ans et devient chef de place très jeune, en mars 1896 : « Combien de pièces sont sorties de ses mains puis ont fait l'admiration du monde entier. Combien de jeunes ont auprès de lui acquis la connaissance mais aussi ont conquis la noblesse du travail, la

[10] "Visite à Nancy de M. Henri Boucher le mardi 19 octobre 1897", *Supplément à la Revue industrielle de l'Est*, 24 octobre 1897. / [11] Une place désigne l'équipe qui travaille à la confection d'une pièce à la halle. Cette équipe est composée de plusieurs personnes : le premier souffleur ou chef de place, le second et troisième souffleurs qui cueillent et façonnent la paraison. L'équipe est complétée par des "gamins" qui portent les pièces à l'arche, ouvrent et ferment les moules. (cf. Les techniques, un savoir-faire remarqué et apprécié). / [12] Archives Daum. / [13] Émile Toussaint (6 novembre 1875, Montferrand (Doubs)-17 septembre 1954, Saint-Max) est le fils de Gustave Toussaint. Citation de Michel Daum, archives Daum.

VASE CYLINDRIQUE À MONTURE MÉTALLIQUE, VERS 1925

CAT. 421

dignité que donne à la vie la pratique des vertus dont il était amplement pourvu. Les deux guerres seules l'avaient arraché à son [?] d'ouvrier. Il avait lors de la première d'entre elles, mis au service de ses camarades toutes les ressources de son cœur, toutes les aptitudes à sauver leurs vies ou à apaiser leurs douleurs. La paix revenue, il avait repris ses outils, riche de souvenirs qu'il [savait] évoquer. La médaille d'argent du travail en 1923, la médaille vermeil en 1934, la médaille d'or en 1949, la décoration de chevalier du mérite rural en 1953 étaient venues reconnaître officiellement une telle continuité dans le travail, un caractère aussi généreux. » (Michel Daum, archives Daum)

À côté de ses artistes maison et de ses ouvriers, l'entreprise fait ponctuellement appel à des collaborateurs extérieurs. Le sculpteur nancéien Ernest Bussière signe quelques-unes des pièces de l'exposition de 1900, Edmond Lachenal, céramiste parisien, dessine des modèles de verres de table en 1904. Une partie de la production de l'entreprise va demander des associations avec d'autres branches de l'industrie d'art. Le travail avec Louis Majorelle en est le meilleur exemple. Sensiblement du même âge qu'Antonin Daum, avec qui il est très lié, Louis Majorelle fournit, par le biais de ses ateliers, le mobilier d'exposition, signe les ferronneries d'une partie de la production des lampes avant d'intervenir sur le verre lui-même. « Une union plus intime du verre avec la monture métallique conduit, chez Daum, aux vases ferronnés de Louis Majorelle [...]. Devant ces pièces de forte taille, où le verre encore malléable a épousé étroitement les formes de la monture, on songe à je ne sais quel mystérieux travail de fonte, à une transmutation de la substance qui donnerait à la plus fragile et à la plus transparente des matières la solidité et la fermeté du bronze[14]. » Louis Majorelle ne sera pas le seul à collaborer avec la verrerie Daum. Edgar Brandt, les frères Nics réaliseront aussi les ferronneries de nombre d'appareils d'éclairage dans les années vingt et trente. En 1969, Jacques Daum demande à César de venir exercer son talent à la verrerie. « C'est parce que je suis intimement convaincu que l'industrie d'art n'a des chances de survivre en France que dans la mesure où elle fera appel aux artistes, que j'ai fait appel à ceux qui sont les véritables créateurs des formes contemporaines[15]. » Salvador Dali réalise également quelques pièces (dont le *Poisson Malebranche* détournant un modèle d'Ernest Bussière créé en 1900, *Gueule de lion*). Dans les années quatre-vingt, Hilton Mac Connico, Philippe Starck entre autres, sont sollicités par la verrerie pour créer de nouvelles pièces.

ERNEST BUSSIÈRE
VASE *GUEULE DE LION* (À GAUCHE), 1900

---

14 Henri Clouzot, "Verreries françaises modernes", *Art et Décoration*, octobre 1923. / **15** Jacques Daum, *César/Cristal/Daum*, Union centrale des Arts décoratifs, Paris, 1969.

POISSON MALEBRANCHE, 1973

CAT. 609

UNE PRODUCTION RICHE ET DIVERSIFIÉE

La production de la verrerie Daum s'effectue selon deux types de fabrication[1]. D'un côté, une fabrication dite « ordinaire », héritée des débuts de la verrerie, c'est-à-dire du flaconnage, de la gobeleterie, des services de tables et des boules de verre[2]. En volume de marchandise et en nombre d'ouvriers employés, il s'agit du secteur d'activité le plus important de l'entreprise. De l'autre, des pièces décorées que la manufacture désigne sous le terme de « fantaisies ». Cette seconde catégorie se divise elle-même en une production courante « d'objets d'art de prix moyen et dans le goût du jour nécessitant un prix de revient bas[3] », fabriqués en série et vendus sur catalogue ; et une production de pièces hors série ou d'exposition dont on précise qu'elles demandent « des études et des essais [mais] pas forcément beaucoup de main-d'œuvre en verrerie[4] ». Commandes, cadeaux, modèles créés pour les différentes manifestations auxquelles prend part l'entreprise, font partie de ces pièces « hors série » mises en chantier par la verrerie Daum. Toutes ne sont pas des créations exceptionnelles, les commandes par exemple peuvent aller du simple flacon à des vases somptueux. La manufacture reçoit des requêtes variées émanant autant de particuliers que de détaillants, de grands magasins ou d'autres industries d'art. Lustres, vases pour un mariage, séries de flacons, services de table, coupes à remettre au vainqueur d'une épreuve, sont autant de commandes à réaliser et de clients à satisfaire. Il arrive également que la verrerie ne soit que l'exécutant fidèle d'une demande particulière, l'entreprise reprenant les dessins et poncifs que le client lui fait parvenir.

À peine créé, le département artistique est sollicité pour faire participer l'entreprise aux grands événements tant nationaux que familiaux, comme en 1892 lors de la venue du président Carnot à Nancy, et en 1893 lors de la visite de l'escadre russe en France. Pour cette occasion, et sous l'impulsion du critique nancéien Émile Goutière-Vernolle, la région lorraine se mobilise. La plupart des artistes et industriels – Émile Gallé, Victor Prouvé, Camille Martin, René Wiener, Émile Friant, Paul Colin, Louis Hestaux et Charles de Meixmoron entre autres – se retrouvent autour d'un projet commun : offrir au tsar, à l'ambassadeur de Russie, le baron de Mohrenheim, et à l'amiral Avellan, des cadeaux reflétant le savoir-faire et l'esprit de la Lorraine. Les frères Daum se voient confier la réalisation de coupes à champagne pour les officiers de l'escadre. « Les coupes destinées aux officiers de chacun des navires russes, pour y boire selon l'expression de notre comité, le champagne français, sont en cristal ambré, de forme et décoration byzantines, le fond de l'ornementation est emprunté aux armoiries de Lorraine et de l'empire russe. Le chardon de Nancy, l'alérion ducal et l'aigle impérial, la croix de Lorraine et la croix de Saint-André se détachent en émaux mats, conformes au

VISITE DU PRÉSIDENT CARNOT À NANCY, 5, 6 ET 7 JUIN 1892
AUGUSTE ET ANTONIN DAUM SALUENT LE PRÉSIDENT AVANT DE LUI OFFRIR « UN CARAFON LORRAIN ». L'ARC DE TRIOMPHE A ÉTÉ RÉALISÉ PAR LA VERRERIE DAUM ET LA TONNELLERIE FRUHINSHOLZ.

---

[1] Dans les années vingt, s'ajoutera une production de pièces signées *Lorrain*, issues de l'usine Belle Étoile de Croismare. / [2.] Boules de verre utilisées pour la fabrication des verres de montre. / [3] Prévision de fabrication pour les verreries Daum en 1929, septembre 1928, archives Daum. / [4] *Ibid.*

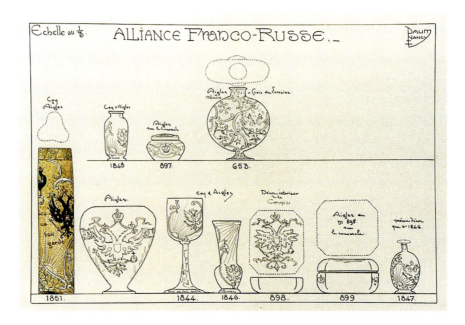

PLANCHE *ALLIANCE FRANCO-RUSSE*, 1901
AQUARELLE ET ENCRE SUR PAPIER

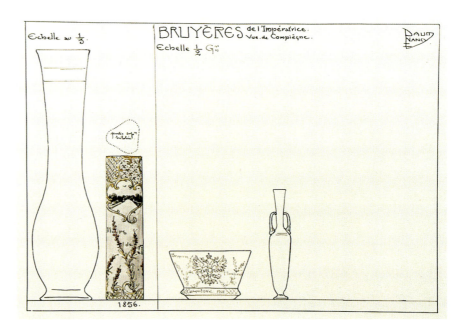

PLANCHE *BRUYÈRES DE L'IMPÉRATRICE.*
VUE DE COMPIÈGNE, 1901
AQUARELLE ET ENCRE SUR PAPIER

blason, sur des fonds niellés. Ces niellures, dont les motifs, clairs ou translucides, laissent au verre son essentielle qualité, sont rompues par des rinceaux émaillés, encadrant les emblèmes principaux, et ornementés de frottis d'or fin, accusant le caractère hiératique de la décoration. L'ancre marine et les étoiles rappellent particulièrement la destination de ces coupes. Enfin, on n'a pas omis d'y inscrire nos fières et sages devises lorraines ; elles y sont plus que jamais de mise : "qui s'y frotte s'y pique ! - plus penser que dire !" C'est bien, à l'heure actuelle, l'état d'âme des fidèles Lorrains[5]. » La fantaisie courante profite de cette réussite. Ces coupes, très remarquées et appréciées (« […] les coupes fabriquées par MM. Daum passaient de main en main ; elles ont excité une vive curiosité et une véritable admiration[6] »), ne restent pas une œuvre exceptionnelle dans la production de l'entreprise mais rejoignent dès l'année 1893 la production commerciale où elles sont référencées sous le numéro 644 et proposées au prix de 50 francs l'unité. Elles seront suivies par d'autres pièces sur le même thème et suivant les mêmes techniques quelques années plus tard, lors du premier voyage de Nicolas II en France (1896), ou encore lors de sa visite de 1901 en compagnie de l'impératrice. Les mariages offrent des occasions de réaliser de nouveaux objets, notamment celui d'Antonin Daum, en 1898. La manufacture lui offre pour l'occasion la lampe *Églantine*, une « grande lampe, composée par Gruber et dont le pied en fer forgé a été merveilleusement martelé par Morot, [qui] porte un globe-coupe, en pâte blanche et rose, découpé en fleur d'églantine gigantesque, donnant une lumière très douce[7] », accompagnée d'un guéridon de verre. Ou encore ce *Vase au lys* remis à Léon Daum, en février 1913 lors de son mariage.

Mais les pièces exceptionnelles sont, avant tout, liées aux expositions de la verrerie. Les expositions font partie de la culture de l'entreprise. Au début, elles lui offrent l'opportunité de se faire admettre dans le monde des industries d'art. Et c'est en ce sens que l'on doit comprendre les récompenses glanées jusqu'à l'apothéose du grand prix en 1900. Titres que ne manquent jamais de rappeler les frères Daum dans les catalogues ou les réclames. Enfin, à une époque où la publicité est moins développée qu'aujourd'hui, les manifestations diverses permettent à la fois de se faire connaître du public et des professionnels mais aussi de confronter son travail avec celui des autres verriers. « Nous sommes désireux de prendre part à l'exposition des Arts décoratifs de Monza (Italie) d'avril à octobre 1930. Nous comptons présenter des vases, appareils d'éclairage et services de table en verre. Est-il possible de figurer d'une part, dans la section d'ameublement et d'autre part, d'être représentés également dans la section française ?

COUPE *HOMMAGE DE LA LORRAINE À LA RUSSIE*, 1893
CAT. 183

VASE AUX LIS, 1913
CAT. 357

[5] *Historique de la manifestation franco-russe organisée par le comité lorrain à l'occasion de la visite de l'escadre russe en France, octobre 1893*, Nancy, Crépin-Leblond, 1894. / [6] *Ibid.* / [7] "Lampes en verrerie d'art par Daum frères. Exposition de la maison Majorelle", *La Lorraine artiste*, 1er avril 1901, p. 135.

VASE AUX FEUILLES DE MARRONNIER EN AUTOMNE, VERS 1908

CAT. 301

VASE AUX CERF ET BICHES, VERS 1925

CAT. 433

VITRINE DAUM À L'EXPOSITION INTERNATIONALE DE LIÈGE, 1930

Nous tenons en effet, à ce que nos verreries puissent être comparées aux verreries étrangères, aux verreries italiennes, en particulier, et c'est pourquoi nous désirons ne pas nous cantonner exclusivement dans la section française[8]. » La plus grande partie des objets présentés lors de ces grands événements sont issus de la production fantaisie courante. Daum montre des « applications à la verrerie d'usage » ou des « modèles industriels » que l'on retrouve ensuite chez les détaillants et dans les grands magasins. Les expositions sont le lieu où dévoiler les nouvelles collections, comme à Bruxelles en 1897 ou Paris en 1900, qu'il s'agisse de pièces fantaisie (boîtes à fard, flacons à parfum, etc.) ou encore de services de table. De 1893 à nos jours, la manufacture participe à un très grand nombre de manifestations qu'il serait fastidieux de nommer : Expositions universelles, foires, salons d'Arts décoratifs. La verrerie est présente (presque) partout dans le monde et expose souvent plusieurs fois dans l'année. En 1895 par exemple, les frères Daum s'affichent à la Libre Esthétique de Bruxelles sur invitation d'Octave Maus, à l'exposition des Beaux-Arts de Remiremont, au Salon de Nancy, manifestation annuelle organisée par la Société des amis des arts et enfin à l'Exposition universelle de Bordeaux où ils obtiennent un diplôme d'honneur. En 1923, c'est à Barcelone, puis Mulhouse, Paris (au musée Galliera et au Salon des artistes décorateurs), Nancy et Lyon que nous les retrouvons. La fréquence des manifestations auxquelles l'entreprise participe (« Tous les ans, au Salon des décorateurs, au Salon d'automne, à l'exposition d'hiver du musée Galliera, Daum présente une vitrine de jardinières, de vases, de coupes, de pièces[9] »), ajoutée à la faible production du département artistique l'empêche de présenter, à chaque fois, des nouveautés et l'oblige, d'une certaine manière, à réutiliser certaines pièces remarquées. La carrière du *Rêve d'Elsa* est, sur ce point, significative. Mise en chantier en 1894 pour l'exposition des Arts décoratifs lorrains, cette réalisation sera admirée l'année suivante à la Libre Esthétique de Bruxelles, et toujours cette même année 1895, présentée à l'exposition de Bordeaux. On la retrouve encore à Bruxelles en 1897 et surtout à Paris en 1900, où le catalogue la fait figurer dans la rubrique « Cristaux camées avec figures ciselées à l'antique[10] » qui reprend certaines des œuvres de Jacques Gruber. La répétition des manifestations devient quelquefois un frein à la participation aux expositions prestigieuses comme c'est le cas en 1932 à l'occasion de la 18e Biennale de Venise. Pressé de participer, Paul Daum ne peut que répondre : « Nous ne croyons cependant pas possible de participer à la Biennale, car nous ne voudrions envoyer à une exposition à Venise que des pièces tout à fait nouvelles et dignes de figurer à côté des chefs-d'œuvre des verreries vénitiennes. Or nous en sommes actuelle-

*DIPLÔME D'HONNEUR DÉCERNÉ
À ANTONIN DAUM*
EXPOSITION FRANÇAISE DE MADRID, 1927

[8] Lettre de [Paul ?] Daum, datée du 8 janvier 1930, archives Daum. / [9] Ernest Tisserant, *L'Art vivant*, n° 1, 1er novembre 1929. / [10] Il s'agit de la pièce n° 248.

TULIPE, ÉGLANTINE, ANÉMONE, TULIPE, CHARDON, VERS 1900

CAT. 246 À 250

ment tout à fait dépourvus, nos récentes créations sont actuellement exposées à Londres et Vienne, et nous ne pensons pas avoir de nouvelles pièces prêtes pour la date où doit s'ouvrir l'exposition[11]. »

Toutes les manifestations n'ont évidemment pas la même importance. Au début du vingtième siècle, une grande place est accordée aux Expositions universelles. Elles drainent une foule considérable, permettent une comparaison et une confrontation de produits venus du monde entier et sont les vitrines techniques et industrielles des pays participants. Bien y figurer est alors essentiel. Les frères Daum vont participer à la plupart de ces manifestations. À l'entreprise, jusque dans les années 1920, deux personnes, plus particulièrement, sont chargées de les installer : Émile Thiriet et Louis Gérard. Ensemble, ils « constituai[ent] l'attelage dit Plick et Plock qui allait sans connaître autre chose que le français et la débrouillardise installer des expositions en Italie, en Angleterre, auxquelles Antonin Daum n'avait plus qu'à donner le [point] final. Ces expositions avaient d'ailleurs été minutieusement préparées à Nancy, dans un hangar sur l'avenue à l'emplacement du magasin de brut. Chaque meuble, chaque tenture, chaque pièce ayant été placés, déplacés, replacés et notés sur un plan parfait[12]. » Les grands événements sont l'occasion de faire découvrir pièces exceptionnelles, nouvelles formes, techniques et décors nouveaux. L'Exposition universelle de 1900 qui se tient à Paris est à ce sujet exemplaire. Attendue par les Français, elle est préparée avec ferveur par l'entreprise Daum qui fait sa demande d'admission le 29 avril 1898. L'exposition, qui s'étend sur 112 hectares, accueille plus de 51 millions de visiteurs du 14 avril au 27 octobre. Lorsque les portes s'ouvrent, la manufacture est prête : « M. Daum, l'artiste verrier, dont Nancy connaît et admire les œuvres, avait par une délicate attention, convié samedi ses amis et de nombreuses notabilités nancéiennes à venir admirer la collection à laquelle il travaille depuis longtemps et qui est destinée à être expédiée, cette semaine, à l'Exposition[13]. » 300 pièces sont dévoilées dont beaucoup sont tout à fait nouvelles. Si Henri Bergé est l'artiste attitré de l'entreprise à l'époque, le travail de Jacques Gruber est remis à l'honneur avec huit vases dont *Tristan et Yseult*, sous-titré *Le Lai du chèvrefeuille, groupe silhouette, fond crépusculaire et vapeurs irisées*, grande urne inspirée des vases grecs (par la forme et la couleur) qui nous dévoile l'épisode de la guérison de Tristan, empoisonné par l'arme du géant Morholt au cours d'un combat singulier, en échange de leçons de musique à la princesse Yseult. Ernest Bussière, sculpteur nancéien, collabore également avec la verrerie pour « plusieurs maquettes […], formes nouvelles d'après la flore ou la faune rustiques ». Mais les deux grandes nouveautés sont

LAISSEZ-PASSER D'ANTONIN DAUM
EXPOSITION INTERNATIONALE DE L'EST
DE LA FRANCE, NANCY, 1909

[11] Lettre du 5 février 1932, archives Daum. / [12] Auteur inconnu, archives Daum. / [13] *Le Progrès de l'Est*, lundi 30 avril 1900

VASE *LA SAGESSE*, 1897

CAT. 215

d'une part une nouvelle technique, et d'autre part l'alliance du verre et de l'électricité. La « décoration intercalaire » est une des fiertés de la maison Daum, qui présente à l'exposition de 1900 une trentaine de pièces créées pour l'occasion (bénéficiant dans le catalogue édité par la maison Daum de deux photographies dévoilant la moitié des modèles). Enfin, l'entreprise se fait remarquer pour ses lampes qui marient avec intelligence et goût travail du verre et lumière électrique. Si la manufacture Daum reçoit un grand prix à l'issue de l'exposition, il convient de préciser que la classe 73 dont fait partie Daum regroupe l'ensemble des verreries tant industrielles qu'artistiques. Le jury est composé d'industriels, qui reconnaissent des qualités techniques et n'émettent pas nécessairement un jugement créatif. Cet amalgame entre l'industriel et l'artiste décorateur provoque d'ailleurs une réaction de colère et de dépit chez Émile Gallé (cf. Les objets d'art courants 1891-1914, p. 157).

À l'exposition de 1909 à Nancy, la verrerie suscite l'admiration avec les applications de pâte de verre réalisées en collaboration avec Almaric Walter : « De son côté l'atelier Daum présentait d'importantes nouveautés en pâte de verre, applicables au revêtement, au vitrail et à l'élaboration de toutes espèces de moulages[14]. » Les vitraux provoquent les commentaires élogieux des rapporteurs de la manifestation. « [...] un plus récent procédé rappelle aussi l'onde dormante des étangs sous les arbres, la magie des soleils couchants qui teignent le ciel de lueurs incandescentes, la fraîcheur et les vapeurs irisées de l'aube ! Ces remarquables créations, en pâte de verre, des ateliers Daum, dues à la collaboration de M. Walter, produisent des vitraux d'une douceur de teinte incomparable, infiniment reposante et tout imprégnée de l'atmosphère des paysages lorrains[15]. » Attendue et souhaitée, l'Exposition internationale des Arts décoratifs et industriels modernes de 1925 à Paris expose clairement ses intentions dans son règlement : « L'exposition s'étendra à tous les arts décoratifs appliqués à l'architecture, au mobilier, à la parure, à l'art de la rue, à l'art du théâtre et à l'art des jardins. Elle sera réservée à des œuvres d'une inspiration nouvelle, à l'exclusion de toute copie ou pastiche du passé, mais elle admettra les modèles nouveaux aussi bien pour les produits à bon marché que pour l'industrie du luxe, car l'objet le plus simple et le plus modeste peut contenir en soi autant d'art et de beauté que l'objet le plus précieux[16]. » Encore une fois, les établissements Daum répondent présent et montrent la diversité et la richesse de leur production. Ils exposent en six endroits différents[17], tantôt pour leur propre compte, tantôt en collaboration (avec Edgar Brandt ou le Studium des grands magasins du Louvre). De nouveaux procédés sont à l'honneur, comme la morsure profonde à l'acide

---

[14] *Bulletin des sociétés artistiques de l'Est*, septembre 1910. / [15] René D'Avril et Émile Nicolas, "Les Beaux-Arts", *Rapport général sur l'Exposition internationale de l'Est de la France Nancy 1909*, Louis Laffitte dir., Berger-Levrault, Nancy, 1912. / [16] Exposition internationale des Arts décoratifs et industriels modernes, Paris, avril-octobre 1925. Loi du 10 avril 1925. / [17] Au Grand Palais, dans la classe XII des verreries d'art. Dans cette même classe XII, l'entreprise présente ses verreries exécutées pour les ferronneries de Louis Majorelle. Toujours au Grand Palais, elle montre les verreries de table (classe XI). Elle réalise le carrelage en verre du hall d'entrée du pavillon de Nancy, et y dévoile un ensemble de pièces d'art. La section (classe VII) du mobilier voit

VITRINE DAUM, PAVILLON DE NANCY À L'EXPOSITION INTERNATIONALE DES
ARTS DÉCORATIFS ET INDUSTRIELS MODERNES DE PARIS, 1925

fluorhydrique, mais également des formes et des décors. À la suite de cette exposition, la verrerie Daum est sollicitée par l'association des musées d'Amérique afin de participer à une exposition d'objets d'art industriel issue de la manifestation de 1925. 300 objets d'art (choisis parmi la céramique, la verrerie, l'ameublement, la ferronnerie), dont 13 pièces de Daum, seront montrés dans les neuf principaux musées d'art des États-Unis[18].

Les objets de cristal sont la vedette des manifestations, de 1945 aux années soixante-dix. Et l'exposition de *L'Art du verre* qui se tient au pavillon de Marsan en 1951 affirme cette nouvelle tendance.

son association avec Edgar Brandt pour des appareils d'éclairage et avec M. Montagnac pour un ensemble mobilier/verrerie. Elle fabrique la cloison de verre dans le pavillon Studium des grands magasins du Louvre (salle de bain). Enfin des pièces de collection sont visibles à l'hôtel de l'Ambassade (collectivité de la société des artistes décorateurs). / [18] New York, Metropolitan Museum of Art ; Boston, Cleveland, Detroit, Chicago, Minneapolis, Saint-Louis, Pittsburgh et Philadelphie. Lettre de Charles R. Richards, 22 août 1925, archives Daum.

LAMPE *ÉGLANTINE*, 1898

CAT. 217

VASE AUX RAISINS ROSES, VERS 1925

CAT. 416

SERVICE À EAU, VERS 1892

CAT. 178 À 181

LA VERRERIE DAUM DEVIENT
UNE INDUSTRIE D'ART 1887-1897

Une dizaine d'années après le rachat de la verrerie par Jean Daum, les deux frères Auguste et Antonin osent le pari d'une production artistique. Alors que la manufacture et sa production ordinaire traversent une passe difficile, les arts décoratifs obtiennent une reconnaissance méritée. Émile Gallé va de succès en succès. Une nouvelle esthétique se dessine, basée sur l'observation de la nature. D'abord timide et confidentielle, la fabrication artistique prend de l'ampleur avec l'arrivée de Jacques Gruber.

C'est en 1887, avec Antonin, qu'une partie de la production (qui n'est jusqu'à lors que de la gobeleterie ordinaire, du flaconnage et des services de table) va se modifier. « Mon industrie familiale traversait une crise : il importait d'en réformer la fabrication ; ma préparation technique à l'École centrale me donnait quelques connaissances, mais un irrésistible instinct me poussait à n'en retenir que la valeur pittoresque et à les appliquer à la décoration[1]. » Cet "irrésistible instinct" est certainement conforté par la proximité d'Émile Gallé : « Si l'œuvre de Gallé fut une révélation et un ravissement universels, nulle part ailleurs qu'en cette Lorraine endeuillée par la guerre on n'en comprit le charme intime et profond, nulle part non plus on n'en saisit mieux la bonne et saine doctrine ; et le vieil art lorrain en fut soudain transformé. Tout le monde, dans l'usine, dans l'atelier isolé, maîtres, artisans, ouvriers, chacun selon son tempérament, son ingéniosité, sans asservissement jamais, se tourna vers les sources auxquelles Gallé les conviait[2]. » La qualité des travaux, les idées et la réussite de cet illustre voisin ne laissent pas indifférents les deux jeunes gens, éloignés au départ des préoccupations esthétiques et artistiques, mais habités par le désir de faire fonctionner au mieux l'entreprise léguée par leur père. Les deux frères mettent également cette période à profit pour collecter idées et conseils. Leur nom apparaît dans les sociétés artistiques de Nancy, dévoilant leur intérêt croissant pour tout ce qui touche à l'art.

La mise en place officielle des ateliers artistiques date de 1891. Il n'y a pourtant pas de révolution à la manufacture. La presque totalité de la production reste de la gobeleterie ordinaire et seul un petit nombre d'ouvriers participe à la nouvelle aventure. Par ailleurs, la fabrication fantaisie de ces premières années est principalement utilitaire. On retrouve pour l'essentiel des services de table, bonbonnières, flacons divers, avant de voir apparaître les premiers vases et porte-bouquet : « Encouragés par le succès de ces premières tentatives [l'embellissement de leurs services de table], Ms. Daum entreprirent alors une fabrication de fantaisies plus étendues, sans avoir encore, si nos souvenirs sont exacts, la prétention d'appeler artistique une production toute industrielle[3]. » La

[1] Antonin Daum, ''Banquet de la chambre syndicale de la céramique et de la verrerie le 26 juin 1926'', archives Daum. / [2] A. Daum, ''Les Industries d'art de Nancy'', *L'Illustration économique et financière*, n° spécial Nancy et Meurthe-et-Moselle, 1923. / [3] ''Exposition industrielle des Arts décoratifs à Nancy'', *Revue industrielle de l'Est*, 26 août 1894.

VASE *DOMRÉMY-LA-PUCELLE*, VERS 1893

CAT. 184

couleur est peu employée avec seulement six choix de coloris possibles : le rose, le vieux rose, le violet, le cramoisi, le vert et le vert émeraude. Les décors ne sont pas très abondants et occupent un créneau spécifique. La défaite de 1871 et l'annexion de l'Alsace et d'une partie de la Lorraine ont laissé un goût amer. Un sentiment fort habite la plupart des Lorrains : « Nancy demeure comme la perle rayonnante de la Lorraine. [...] Elle est bien la vedette courageuse de la patrie française, en face de la frontière allemande, qui, dans l'avenir – l'histoire donne de terribles leçons – reviendra à son ancienne limite[4]. » L'ancrage dans cette Lorraine martyrisée, très à la mode chez les artistes et industriels de la région dont Émile Gallé, est bien visible dans la production de l'entreprise. « L'intérêt pour la province, devenue symbole d'une identité qu'il faut recouvrer tout entière, s'affiche d'abord dans l'emploi pour le décor des armoiries de la ville et de la Lorraine[5]. » Une partie des premiers décors reprennent cette culture lotharingique : chardon, croix de Lorraine, alérion, Jeanne d'Arc. Sans délaisser ce fond de commerce, les ornementations se diversifient rapidement sans toutefois faire preuve d'une grande originalité. Les décorateurs de la manufacture n'inventent pas. Ils se contentent pour l'heure de puiser dans un répertoire commun largement diffusé : illustration des *Fables* de La Fontaine, scènes galantes, paysages en grisaille. Les devises sont largement utilisées. Les premières plantes font leur apparition sous la forme d'églantines ou de marguerites.

En 1893, deux événements d'importance vont permettre à la verrerie de franchir une nouvelle étape : l'arrivée de Jacques Gruber et la première participation à une manifestation d'importance : l'Exposition internationale de Chicago. Participation qui va révéler la Verrerie de Nancy et qu'Antonin Daum et Gruber préparent ensemble. L'expérience des frères Daum en cette matière se limite alors à la venue du président Carnot en 1892. La Verrerie de Nancy prend part à une exposition d'envergure deux ans seulement après le tournant décisif qui l'a vue ouvrir un département artistique. Pourtant, à y bien regarder, cette manifestation présente un certain nombre d'avantages. Les occasions d'exposer des objets décoratifs ne sont pas tellement nombreuses, les arts industriels ne trouvant pas encore leur place dans les salons. L'Exposition universelle de Chicago constitue à ce titre une excellente opportunité. Enfin, il ne s'agit pas d'une aventure solitaire ; y participent également Émile Friant pour la section peinture, Victor Lemoine pour l'horticulture et Louis Majorelle avec qui la famille Daum est très liée, pour le mobilier. Il manque Émile Gallé, qui n'est représenté à Chicago que par des prêts du musée des Arts décoratifs. Cette absence évite la confrontation inévitable avec le maître nancéien.

FLACON À SELS AUX CHARDONS, 1896-1898
CAT. 207

[4] Montmayeur, *La Presse industrielle. Organe des chambres de commerce expositions et concours*, février 1898. /
[5] Françoise-Thérèse Charpentier, "Mythes et Modes dans l'art de Gallé", *Émile Gallé*, cat. exp. musée du Luxembourg, 29 novembre 1985-2 février 1986, Rmn, Paris, 1985, p. 31.

VERRERIE LORRAINE, *PIÈCES CHOISIES
DANS L'ENVOI DE MS. DAUM
À L'EXPOSITION DE CHICAGO*, PUBLIÉE DANS
LA LORRAINE ARTISTE, 26 MARS 1893

ANONYME
*VASE AU TOURNESOL, AUX IRIS
ET AUX POIS DE SENTEUR*, NON DATÉ
ENCRE ET AQUARELLE
SUR PAPIER CONTRECOLLÉ SUR CARTON

Éloignée de la France, cette manifestation permet à l'entreprise de montrer son travail dans une relative tranquillité et de préparer ainsi l'exposition des Arts décoratifs de Nancy, prévue l'année suivante, à laquelle la maison Daum se doit de participer. L'Exposition universelle ouvre ses portes le 1er mai 1893 pour six mois. Elle s'étend sur 275 hectares et drainera un peu plus de vingt-sept millions de visiteurs[6]. Plus de cinquante pays aussi différents que l'Argentine, la Belgique, le Brésil, le Danemark, la Nouvelle-Zélande, le Paraguay, le Pérou, l'Autriche, le Canada, la Chine, la Colombie, l'Équateur, l'Allemagne, la Grande-Bretagne, Ceylan, l'Italie, et la France y participent, pour un total de 100 000 exposants dont 3 655 Français. *L'Illustration* du 18 novembre 1893 en donne le compte rendu suivant : « Les sévères critiques prodiguées par les journaux à l'Exposition de Chicago pourraient laisser croire que la fameuse foire du monde n'a été qu'un «four» colossal. Ce serait là un jugement excessif et même injuste. Certes, une partie de ces critiques étaient justifiées ; mais peu à peu, l'organisation, défectueuse au début, s'est sensiblement améliorée, et l'affluence du public est allée sans cesse grossissante. » Pour cette occasion, l'entreprise montre une production qui diffère de la fabrication des années 1891-1892. Les techniques évoluent, les formes des pièces et les décors commencent à s'émanciper de l'utilitaire et de la tradition, la gamme des couleurs s'étend. Nous observons des décors divers qui ne donnent pas l'impression d'une ligne directrice mais plutôt d'une multitude d'essais : utilisation normale et obligée du lotharingisme, clin d'œil à la culture populaire (en particulier par le biais des devises «je meurs où je m'attache», «je chante clair»), décors plus savants et arrivée en force de la plante (pour elle-même). Les techniques sont au diapason des décors, et l'apparition du multicouche change la donne décorative. Déplaçant le savoir-faire du côté de la halle, c'est-à-dire du travail à chaud (cf. Les techniques, un savoir-faire remarqué et apprécié, p. 199), il permet l'intégration de la polychromie à l'intérieur du verre. Enfin, la prise en compte de la trilogie forme/décor/technique permet la création de véritables œuvres décoratives. Le décor n'est plus ce simple rajout appliqué sur le verre. À partir de cette date, la production courante se trouve transformée. Le travail et les idées de Jacques Gruber, combinés au savoir-faire des verriers et décorateurs, font entrer la Verrerie de Nancy dans le monde des verreries d'art.

L'exposition des Arts décoratifs de Nancy en 1894 confirme cette nouvelle orientation. Certaines pièces produites par l'entreprise – principalement par Jacques Gruber – sont des chefs-d'œuvre que critiques et journalistes ne se lassent pas de commenter. Parmi elles, *Le Rêve d'Elsa*, est unanimement salué. « Dans cette série, il

---

[6] Si le nombre d'exposants et la superficie de la manifestation sont impressionnants, le nombre de visiteurs est largement moindre que lors de l'Exposition de Paris en 1889 : plus de 32 millions.

VASE AUX POIS DE SENTEUR, 1894

CAT. 191

nous sera permis de mentionner spécialement, parce qu'elle nous a particulièrement attaché, […] cette coupe du Chevalier au Cygne, où nos verriers ont voulu noter l'exquise impression que leur a faite le chef-d'œuvre de Wagner. Entre les lys immaculés, sur les flots d'azur, à peine visible dans la brume, le chevalier s'avance sur la barque traînée par le cygne. Debout, l'épée étendue, il vient à l'appel d'Elsa, tel qu'en son rêve elle l'avait vu. Quelle autre matière que le verre aurait pu au même degré donner au spectateur la double impression tendre et craintive à la fois, qui naît du lumineux espoir et du rêve fragile ? […] Cette figure de Lohengrin perçue dans la masse bleue exprime merveilleusement […] l'insaisissable idéal que Wagner a si tendrement chanté[7]. » L'exposition des Arts décoratifs de Nancy est essentielle dans la trajectoire de la verrerie Daum. Les frères Daum sont très attachés à la dimension locale de leur entreprise et les Nancéiens ne doivent plus ignorer qu'à côté d'Émile Gallé, d'autres verriers fabriquent de la verrerie d'art. Octave Maus ne s'y trompe pas qui écrit : « C'est à la toute récente exposition lorraine que, pour la première fois, se révéla M. Daum[8]. »

LE RÊVE D'ELSA,
PHOTOGRAPHIE ANCIENNE NON DATÉE

Les frères Daum ne s'arrêtent pas à ce succès. En même temps qu'ils prennent de l'assurance, les expositions se succèdent, l'entreprise se modifie, le volant de ses activités s'amplifie. L'atelier dorure et décor est officiellement mis en place en août 1894 avec 13 ouvriers. Ce nombre s'avère rapidement insuffisant et la manufacture recrute alors, en 1895, par voie de presse du personnel supplémentaire : « On demande à la verrerie Daum des décorateurs, ouvriers et ouvrières. On prendra de préférence les jeunes gens ayant peint sur porcelaine ou sur faïence[9]. » Cette même année, un deuxième artiste, Henri Bergé, est venu seconder Jacques Gruber. La verrerie multiplie expositions et récompenses reçues et s'installe définitivement comme industrie d'art comme en témoignent certaines pièces d'exception qui rejoignent musées et collections privées et les commentaires qui les accompagnent : « Oh l'attirance des verres aux tons de fleurs, aux reflets de perles, aux veloutés de beaux fruits mûris au soleil de l'art. Verres intaillés et ciselés, dit le catalogue, exposés par Ms. Daum de Nancy ; on les croirait taillés en des rayons de lune, pétris de pétales de violettes, sculptés dans des blocs de rubis et d'améthystes. Ils sont, ces verres aux gabarits capricieux, vraiment exquis en leur tonalité riche et harmonieuse. Le soleil qui les traverse les fait resplendir comme des joyaux, et c'est, peut-être, avec les très précieuses tasses cloisonnées à jour sur dentelle d'or du maître émailleur Fernand Thesmar, le "clou" de la section des objets d'art[10]. »

[7] "Exposition industrielle des Arts décoratifs à Nancy", *Revue industrielle de l'Est*, 26 août 1894. / [8] Octave Maus, "En passant par la Lorraine", *L'Art moderne*, dimanche 16 septembre 1894. / [9] *Bulletin des sociétés artistiques de l'Est*. L'annonce est également publiée en 1896 et 1897. / [10] Émile Verhæren, *L'Art moderne*, dimanche 10 mars 1895, p. 74.

VASE AUX LIBELLULES ET RENONCULES, 1904

CAT. 266

La production fantaisie courante représente quantitativement la part la plus importante de la fabrication des pièces d'art. Fabriquée en série, elle est vendue au travers de maisons de détaillants ou de grands magasins afin de toucher un large public. Les frères Daum seront attentifs à deux aspects pour assurer la viabilité de leur entreprise : la mise en œuvre et la vente, c'est-à-dire le prix de revient des pièces et le goût des clients.

Parler de Daum pendant la période art nouveau, c'est inévitablement faire référence à Émile Gallé. Après avoir été un des détonateurs de l'aventure artistique de la Verrerie de Nancy, il en est le grand inspirateur. À tel point qu'il a pu écrire, après le partage du grand prix de l'Exposition universelle de Paris en 1900, dans un accès de mauvaise humeur : « Quant à l'accolement stupide de mon nom avec celui de mes imitateurs, il serait temps qu'on fît d'abord passer avant eux mes fidèles élèves et collaborateurs. Voici Majorelle et Daum qui ont été décorés pour m'avoir plagié. […] Voici l'impudence moderne, voilà le beau résultat des encouragements des jurés au plagiat : partout ils ont donné à l'inventeur et au copiste la même récompense : Tiffany et Lœtz, Gallé et Daum, etc.[1] » Nombreux voient dans le travail réalisé par la Verrerie de Nancy, au mieux une inspiration des travaux d'Émile Gallé, au pire un plagiat. Pourtant, plus que des modèles de décors ou de formes, ce que les frères Daum retiennent principalement de l'œuvre de Gallé, c'est cette « intime union de l'art et de l'industrie[2] » qu'Antonin Daum résume ainsi : « Il conçut l'objet d'art, non plus comme une œuvre d'exception plus ou moins somptueuse par sa matière ou la complication de son décor, mais comme l'objet familier, d'usage courant, dont la forme et la matière devaient répondre directement à cet usage et en tirer son caractère, dont l'ornementation dégagée de formules n'avait à puiser ses thèmes que dans les modèles fournis par la nature pour se renouveler sans cesse avec fraîcheur et grâce et avec intellectualité[3]. » C'est très précisément le programme que se fixe la Verrerie de Nancy. Le souci d'une production industrielle et artistique est visible dès le début de son existence comme industrie d'art. C'est Edgard Auguin qui constate au vu de leur prestation à l'exposition de Nancy en 1894 : « C'est là une nouveauté dans l'industrie du verre : car si Rousseau-Léveillé […] et Gallé sont de merveilleux décorateurs, d'incomparables poètes, ils ne sont pas verriers, au sens moderne du mot : j'entends par là qu'ils n'ont pas à plier leurs besoins et leur production aux exigences d'une forte usine, et s'épargnent ainsi l'une des grosses difficultés devant laquelle hésite et souvent recule l'industriel-artiste.[4] » Il ajoute : « C'est qu'en effet, pour remplir toutes les conditions d'une production qui, tout en étant artistique, veut rester industrielle : il faut

VASE AUX HORTENSIAS, 1903
CAT. 262

---

[1] Lettre d'Émile Gallé à Roger Marx, 6 octobre 1900. / [2.] "Visite à Nancy de M. Henri Boucher le mardi 19 octobre 1897", *Supplément à la Revue industrielle de l'Est*, 24 octobre 1897. / [3] Antonin Daum, "Les Industries d'art de Nancy", *L'Illustration économique et financière*, n° spécial Nancy et Meurthe-et-Moselle, 1923. / [4] "Exposition industrielle des Arts décoratifs à Nancy", *Revue industrielle de l'Est*, 26 août 1894.

VASE AUX ANÉMONES, 1905

CAT. 275

avant tout rester pratique[5]. » Ce côté pratique, qui ira en s'amplifiant, amène l'entreprise Daum à des choix de productions clairement énoncés. À y regarder de près, la manufacture n'a pas une production de pièces exceptionnelles très importante, réutilisant sans états d'âme les mêmes vases lors de plusieurs expositions, s'octroyant le droit de les reproduire (avec quelques variantes) s'ils ne sont plus disponibles[6]. Le vrai souci de l'entreprise est bien de produire en série de la verrerie. C'est l'arrivée de Henri Bergé qui marque le vrai début d'une production industrielle. Il faut néanmoins tempérer cette affirmation par la vision d'une manufacture où la production est somme toute modeste[7].

Entre 1891 et 1914, le catalogue recensant la fantaisie courante nous donne plus de 4 000 articles référencés[8] utilisant environ 600 décors[9]. L'auteur de la plupart de ces modèles est Henri Bergé. Il dessine les planches à partir desquelles sont créés les poncifs. Lorsque se pose le problème d'une fabrication à plus grande échelle, la verrerie Daum opte pour une série de mesures qui lui permettent, autant que faire se peut, et sans atténuer la qualité de ses pièces, de rationaliser sa production. C'est l'utilisation de techniques offrant le meilleur rendement (cf. Les techniques, un savoir-faire remarqué et apprécié, p. 199). Ce sont des ornementations simples en ce sens qu'elles ne demandent pas une grande recherche stylistique : « La combinaison de décors peu coûteux avec ces gravures n'ayant aucune prétention au grand art a su conserver aux produits une certaine valeur industrielle et commerciale. Ms. Daum ont eu un très vif et légitime succès[10]. » Si la plupart des thèmes sont d'origine végétale, comme le souhaite l'esthétique de l'époque, la manufacture ne prend pas de risques. Elle choisit une représentation la plus fidèle possible du modèle ce qui n'apparaît pas alors comme une solution décorative noble : « Ce procédé de l'interprétation directe nous apparaît nettement comme inférieur, ne permettant pas, nous l'avons déjà vu, à la personnalité esthétique de l'artiste de s'affirmer de façon suffisante. Seul son métier se fera jour, seule son habileté professionnelle de composition ou d'exécution sera mise en valeur[11] », même si l'entreprise s'en tire avec les honneurs. « Ceci dit, reconnaissons que les verreries de Ms. Daum frères, quoique ornées de feuillages et de fleurs configurées au naturel, ou presque, présentent d'intéressants décors et causent d'agréables sensations[12]. » Manifestement, la manufacture est à l'affût des goûts de l'époque. Le décor lotharingique bien sûr mais aussi les libellules, les iris, les orchidées et les nénuphars qui sont un rappel de ce japonisme alors à l'honneur un peu partout dans les arts. « Aussi bien tout le petit monde des arts s'est mis à parler japonais depuis quelques années. Avec son enthousiasme habituel auquel les expositions de l'école des Beaux-Arts, puis de

VASE AUX BOULEAUX EN AUTOMNE, 1905
CAT. 274

[5] Ibid. / [6] Tristan et Yseult, par exemple, la pièce conservée au musée des Beaux-Arts de Nancy, diffère légèrement du modèle présenté à l'Exposition universelle de Paris en 1900. / [7] En 1907, sur 12 places de production à la halle, 9 sont utilisées pour la fabrication d'articles ordinaires (soit plus de 50 verriers), 1 est dévolue aux boules de verre et 2 seulement sont affectées à la mise en œuvre des objets d'art (à peu près 15 verriers), note interne, archives Daum. / [8] Ce chiffre est donné par le « tarif » qui accompagne le Catalogue aquarellé recensant les objets d'art courants, archives Daum. / [9] Il ne s'agit que d'un aperçu, les décors se répétant quelquefois sans toutefois être les mêmes : une fleur utilisée dans les premières années diffère de cette même fleur, dessinée

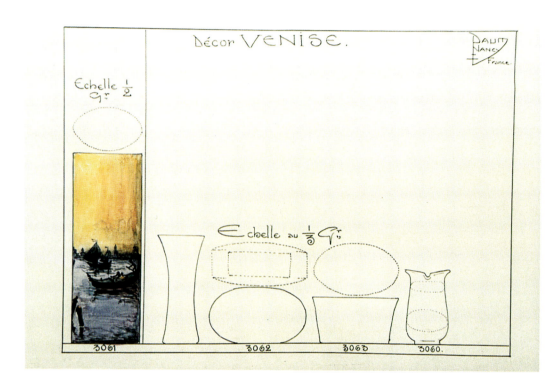

PLANCHE *VENISE*, 1907
AQUARELLE ET ENCRE SUR PAPIER

HENRI BERGÉ
GENTIANE, 1910
ENCRE, AQUARELLE ET CRAYON, 26,6 X 35

Durand Ruel à Paris mettent le comble. Victor Prouvé est un des premiers à donner l'exemple, c'est le temps où dans les jardins décoratifs ne croissent plus qu'iris, chrysanthèmes, nymphéas, les pommiers n'y sauraient être que du Japon, tandis que partout frissonne la libellule et se "gracieusent" les orchidées[13]. » Certaines pièces des années 1900 présentent des paysages proches des œuvres de Charles Pecatte[14]. En 1899, une série propose « l'application des décors classiques de la faïence Delft[15] » et chaque visite du tsar Nicolas II, de 1896 à 1901, est l'occasion d'éditer des pièces célébrant l'alliance franco-russe. Enfin, la manufacture met en chantier des vases avec des décors surprenants comme *Venise* ou *Vue du Nil*, renouant là avec une tradition d'exotisme[16]. Une fois le succès de la verrerie assuré, on peut constater une certaine « paresse » dans l'ornementation des pièces, en particulier dans la déclinaison de paysages quelconques en différents coloris. Nous ne sentons plus alors les recherches et l'inventivité des premières années mais plutôt la gestion d'un capital. Passe partout et sans risques, ces décors sont destinés à plaire au plus grand nombre.

À une époque où la question de l'objet décoratif et de sa conception est une préoccupation majeure, les frères Daum s'éloignent des préceptes en vigueur. Ces préceptes mettent avant tout l'accent sur l'adéquation réussie entre les différentes composantes esthétiques que sont la forme et le décor, alliées à la technique et à l'usage de l'objet. L'accent est plus particulièrement mis sur « l'adaptation du décor à la forme à décorer[17] », montrant ainsi que le couple forme et décor est des plus importants quant à la réussite d'une œuvre décorative. Ce que Henry Mayeux, professeur d'art décoratif à l'école des Beaux-Arts de Paris, résume ainsi : « Les lois de la forme, combinées avec celles du décor, suffisent pour élever le niveau d'une œuvre et la faire passer des plus bas échelons de l'industrie au faîte de l'art le plus élevé[18]. » La Verrerie de Nancy cherche moins à combiner qu'à dissocier. Un catalogue de la production courante de 1904 mentionne que « chacun des décors représentés sur les planches illustrées […] peut s'interpréter sur une série complète d'objets d'art : bonbonnières, coupes, flacons, écritoires, vases et jardinières de toutes grandeurs, verreries de table, appareils d'éclairage, etc[19]. » Cette situation n'est pas nouvelle. Ainsi, en 1900, lors de l'Exposition universelle de Paris, une invitation à se rendre sur le stand Daum précisait : « Bien que la plupart de ces pièces originales aient déjà leur destination, leur examen vous montrera la haute perfection de notre art et vous inspirera quelques combinaisons où nous serons heureux de vous seconder[20]. » Dès la création de l'atelier artistique, les décors de la production de fantaisie courante passent facilement de l'une à l'autre forme. Présentée en

quelque temps plus tard. / [10] Eugène Houtart, "Verrerie artistique", *Rapport du jury international*, Paris, 1902, p. 163-168. / [11] Verneuil (Maurice Pillard dit), "Ce que doit être l'étude de la nature. Comment on doit l'interpréter", *Art et Décoration*, mars 1912, p. 69 à 80. / [12] Alphonse Germain, "Quelques verriers", *L'Art décoratif*, mars 1901. / [13] Françoise-Thérèse Charpentier, "Au temps où l'on naissait japonais à Nancy", *Le Pays lorrain*, 1962. / [14] Charles Pecatte, peintre lorrain, né à Baccarat en 1870, membre de la Société des artistes-décorateurs et de l'École de Nancy. Il expose régulièrement à Paris où ses œuvres se font remarquer. Son sujet de prédilection est la nature et plus particulièrement les paysages. En 1904, Roger Marx lui écrit : « Croyez, je vous le

VASES AUX GENTIANES, 1912
CAT. 346 À 348

VASE AUX ÉPHÉMÈRES, 1907
VASE AUX ARBRES JAUNES, 1911
VASE AU PAYSAGE *MESSIDOR*, 1908
VASE AUX LILAS, 1910
CAT. 297 / 341 / 298 / 327

"POTERIE KABYLE MARAIS ET HÉRONS", 1895

CAT. 197

1895 à l'exposition de Bordeaux, la poterie kabyle est ornée de hérons dans un marais. Un décor japonisant est plaqué sur une forme orientale dévoilant une façon de procéder de la manufacture : l'utilisation et le collage de références diverses remplaçant souvent une réflexion créatrice sur la pièce et son ornementation. Ce décor inspire visiblement les décorateurs de l'entreprise puisque en 1897, à l'exposition de Bruxelles, la famille s'agrandit avec quatre nouvelles pièces utilisant le même thème (et surtout le même dessin) : un grand vase, un porte-bouquet, une jardinière, et un vase boule. On remarque alors que si cette façon de procéder est contraire aux préceptes décoratifs énoncés plus haut (et il est difficile de voir une similitude de forme entre une bonbonnière, un vase ou une lampe), elle correspond très bien à un souci de rationalité et de rentabilité qui sied à une industrie d'art où le problème est certes de produire de beaux objets mais également de les produire de la manière la plus efficace possible. La déclinaison d'un même décor permet à la fois de faciliter la production et d'élargir l'offre en proposant un certain choix au public. Cela permet également de répondre au souhait de nombreuses personnes de voir un art plus démocratique en présentant des objets moins chers. « L'art décoratif devient industriel et ce n'est qu'à cette condition qu'il peut être l'embellissement de toutes les demeures, modestes ou luxueuses. Ce n'est plus un art de caste. Les artistes lorrains ont voulu que tous participent aux mêmes joies de formes et de couleurs. Cet art industriel rentre naturellement dans le cadre de nos études. Les objets étant fabriqués "en gros", chacun ne nécessitant pas la longue élaboration d'un modèle, sont moins chers : les bourses moyennes peuvent ainsi facilement se les procurer. Ainsi un vase ou un meuble d'Émile Gallé, un meuble de Majorelle, un vase de Daum frères (tous lauréats à l'exposition), ne sont plus à des prix inabordables comme des produits similaires l'étaient quelques années auparavant. La beauté des formes, des couleurs, facilement accessible à tous, n'en perd point cependant ses anciennes qualités artistiques : elle devient populaire, mais elle reste artistique. L'ambition des artistes lorrains de rendre belles toutes les choses utiles a été réalisée[21]. »

PLANCHE *VASES À DÉCOR DE ROSES DE NOËL ET GLYCINES*, CATALOGUE *VERRERIES ARTISTIQUES DE NANCY, DAUM FRÈRES*, 1899

ANONYME
"POTERIE KABYLE ET VASE AUX DÉCORS DE MARAIS ET HÉRONS", NON DATÉ
ENCRE ET AQUARELLE SUR PAPIER CONTRECOLLÉ SUR CARTON

répète, à la sympathie grande d'un compatriote qui vous tient pour un véritable artiste, ému, sensible et très apte à rendre les féeries de la nature. » (cité par Émile Nicolas, "Charles Pecatte", *La Lorraine*, 15 août 1904, p. 241-247) / [15] Eugène Houtart, *op.cit.*, 1902, p 163-168. / [16] Il est possible également que ces pièces aient été destinées à des marchés d'exportations spécifiques justifiant les décors. / [17] Verneuil, *op.cit.*, mars 1912. / [18] Henry Mayeux, *La Composition décorative*, Maison Quantin éditeur, Paris, 1885. / [19] *Verres et Cristaux artistiques de Nancy Daum frères*, vers 1904, archives Daum. / [20] Carton d'invitation pour l'Exposition universelle de Paris 1900, Musée lorrain, Nancy. / [21] Georges Mercy, "Enquêtes industrielles de *L'Événement*. L'art industriel en Lorraine", *L'Événement*, 4 septembre 1900.

VASE AUX PAILLONS D'OR ET FLEURS STYLISÉES, 1926

CAT. 438

LES OBJETS D'ART COURANTS
1919 À 1939

L'entre-deux-guerres est une des périodes les plus riches et les plus créatives de la verrerie. Alors que l'un des buts de l'exposition des Arts décoratifs de 1925 à Paris est « d'arriver à la création en série d'objets populaires empreints d'une simplicité étudiée et susceptibles d'introduire partout les notions de goût qui sont celles du véritable luxe[1] », l'entreprise Daum, avec son savoir-faire hérité des trente années d'existence comme verrerie d'art, comprend vite l'enjeu de la nouvelle esthétique qui se met en place. Sans changer son mode de fonctionnement, elle propose rapidement des séries de modèles qui correspondent aux attentes de la clientèle et des critiques.

À la sortie de la première guerre mondiale, le paysage économique est bouleversé. Les industriels lorrains, et en particulier ceux qui firent la réputation de Nancy comme centre d'art, ont subi de lourdes pertes humaines et des dommages matériels importants. « La guerre a de nouveau surpris cette activité et y a creusé d'irréparables brèches ! Elle a décimé l'incomparable main-d'œuvre que Nancy avait formée ; des maisons ont disparu, les unes matériellement détruites par les bombardements de la ville et non rebâties, les autres moralement écrasées par les charges que cinq années improductives, sans chefs et sans bras, ont fait peser sur elles[2] ! » Contrairement à d'autres, la manufacture Daum a été relativement épargnée et elle a surtout pu maintenir une production tout au long du conflit : « Fermée en août 1914 par la mobilisation des trois quarts de son personnel, un des magasins fut transformé en ambulance et recueillit des blessés aux jours tragiques du Grand Couronné. Le front de Lorraine s'étant ensuite stabilisé, à la demande d'une centaine d'ouvriers trop braves pour fuir vers l'intérieur, trop fiers pour vivre des secours publics du chômage, le four fut rallumé en janvier 1915, et le travail fut repris. […] On s'en tire, on n'arrête pas : les permissionnaires donnent un coup de main, car maintenant il y a des commandes de première urgence : de la verrerie de chimie, de pharmacie, des ventouses et encore des ventouses ! – de la verrerie d'art aussi, que les poilus veulent comme souvenir, et qui se vend par exemple, dans les caves d'une bijouterie de Pont-à-Mousson[3]. » Si à l'armistice, l'entreprise pleure les siens tombés au front, les dégâts matériels sont négligeables et elle peut rapidement redémarrer une activité presque normale. La verrerie repart sur les mêmes bases et avec les mêmes cadres et artistes : Eugène Gall, Sévère Winckler, Émile Wirtz, Henri Bergé entre autres. Cette continuité dans la main-d'œuvre, la direction et la création explique en partie la relance des activités.

[1] Yvanhoé Rambosson, "L'Évolution de l'art moderne", *L'Illustration*, 1925. / [2] Antonin Daum, "Les Industries d'art de Nancy avant et après la guerre", *Mémoires de l'académie de Stanislas*, année 1924-1925, p. 61. / [3] "Les Verreries Daum", *L'Illustration économique et financière*, n° spécial Nancy et Meurthe-et-Moselle, 1923.

VASE AUX CHÂTONS ORANGE, VERS 1925

CAT. 417

Le catalogue de la fantaisie courante référence 303 nouvelles pièces entre 1919 et 1923[4], signe des difficultés de la reprise. La verrerie proposait avant-guerre environ 200 créations par an. Le mode de production n'a pas changé, toujours assujetti à la problématique industrielle qui commande des pièces rentables et de bonne qualité. Nous retrouvons donc les principes de fabrication mis en place vers 1900, la déclinaison d'un même décor sur une série de formes[5], l'utilisation de techniques offrant le meilleur rendement, et une ornementation tirée de la nature mais sans réelle interprétation. Pourtant, au côté des primevères, tulipes ou couchers de soleil, la verrerie s'engage dans la mise en œuvre de pièces dont les décors sont des fleurs stylisées, de petites figures, ou encore de simples bulles emprisonnées entre deux couches de verre, des teintes vives et uniformes. Effectivement, les années vingt voient la confirmation d'une nouvelle esthétique décorative initiée avant-guerre : « L'ornement abstrait que nous étudions est indispensable pour faire opposition à la fatigue causée par l'envahissement des formes naturelles, observation que nous ne saurions trop répéter en ces temps de végétomanie outrancière[6]. » Cette nouvelle façon de penser l'objet et l'ornementation de l'objet s'impose rapidement comme la norme. Très vite, la verrerie Daum comprend et adhère à ces idées nouvelles. Tout en gardant un œil sur la nature, on se détache d'elle. L'interprétation est alors la règle. « On a évolué à Nancy ; et se dégageant de la lettre, c'est en esprit qu'on s'est tourné vers la nature : vers la nature dans son harmonie, sa simplicité, sa grandeur. On ne lui emprunte plus forcément la documentation stricte qui avait si longtemps séduit, mais ce qu'on lui demande toujours, ce sont les inspirations qui assurent la sincérité, la clarté, le bon sens et la décence dans tous les sens du mot[7]. » Pourtant, et ce jusqu'à la fin des années vingt, l'entreprise maintient la fabrication de pièces dans le style art nouveau. Cette dualité montre bien la capacité d'adaptation et la vocation industrielle de la manufacture. D'un côté, elle colle à son époque et répond aux attentes des critiques qui rejettent alors ce qui était à l'honneur quelques années plus tôt. « De plus en plus en effet, l'art décoratif se fait constructif. Notre temps révoque la leçon des Gaillard, et des Grasset, et des Gallé qui n'ont produit qu'une formule ornementale, substitué les lianes et les feuilles de marronniers aux rais de cœur Louis XVI, et fondé toute une esthétique sur l'emploi systématique des courbes, – plus végétales, partant plus "rationnelles". La matière il est vrai demande un traitement rationnel : mais déterminé par ses propriétés mêmes[8]. » Ces mêmes critiques appellent un art plus « simple », en phase avec la nouvelle société qui se dessine : « Aujourd'hui la tendance dominante, la mode même […] est à la sobriété […] on voit dans l'abandon des parures superflues, un des traits caractéristiques

ANONYME
VASE AUX CHÂTONS ORANGE, NON DATÉ
CRAYON, ENCRE ET CRAIE SUR PAPIER

[4] Il s'agit ici de la datation donnée par le tarif référençant la production fantaisie courante de 1911 à 1939. / [5] Les « Recommandations pour l'exécution des pièces de décor » (petit texte glissé avec chacun des poncifs) spécifient aux décorateurs : « Lorsqu'un poncif est trop petit ou trop grand pour la pièce à décorer, consulter automatiquement le contremaître pour les modifications à faire », révélant l'utilisation d'un même décor pour des pièces différentes (années vingt, archives Daum). / [6] Eugène Grasset, *Méthode de composition ornementale*, 2 vol., Librairie centrale des Beaux-Arts, 1905, p. 57. / [7] Antonin Daum, *op.cit*, 1924-1925, p. 62. / [8] Guillaume Janneau, "Introduction à l'exposition des Arts décoratifs : considérations sur l'esprit moderne", *Art et*

VASE AUX BANDES HORINZONTALES, 1929

CAT. 450

VASE À DÉCOR DE GRECQUE, VERS 1930

CAT. 528

FLACON À BULLES ET BOUCHON NOIR, VERS 1920-1925

CAT. 404

du goût moderne, la marque d'une société soucieuse de confort et d'hygiène, éprise de précision scientifique, de mouvement, d'action et qui n'a plus le temps de s'attarder aux futilités ornementales[9]. » D'un autre côté, l'entreprise satisfait aux exigences d'une clientèle que la coupure de la guerre et le temps n'ont pas détournée de l'esthétique art nouveau : « [...] Aujourd'hui encore, la maison Daum fabrique et vend à une clientèle convertie sur le tard, mais d'une foi inébranlable, des lampes, des brûle-parfum exécutés sur des modèles qui datent de 1900. Mais cette clientèle se rétrécit néanmoins. Et ce n'est pas de ce côté qu'il faut chercher la belle production actuelle de la Verrerie de Nancy[10]. » Nous retrouvons dans cette façon de procéder cet aspect « pratique » mis en avant par les journalistes dès 1894. L'entreprise Daum n'est bien évidemment pas la seule à agir de la sorte. « Les grands magasins, exposant au Grand Palais des meubles ou des ensembles, qui peuvent sembler à la limite des audaces de 1927, exposent et vendent en leurs rayons, à côté de ces mêmes meubles, d'autres meubles d'un autre esprit, copies ou émasculations de styles anciens[11]. »

Les changements qui se font jour dans ces années d'après-guerre sont à mettre au crédit de nouvelles références intégrées par la manufacture. La verrerie Daum n'apparaît pas comme une pionnière dans les formes, les techniques et les décors de la période art déco. Comme précédemment, elle sait très exactement saisir l'air du temps et l'évolution du goût. Deux facteurs vont largement contribuer au renouvellement esthétique de l'entreprise, le travail réalisé pour les maisons de détaillants et les grands magasins parisiens et l'émergence d'un nouvel artiste, Maurice Marinot. Dès le début de l'aventure artistique, la verrerie Daum est en contact avec certaines maisons de détail[12]. Ces « marchands-éditeurs » occupent une place essentielle dans l'histoire des arts décoratifs puisque, en plus de diffuser les œuvres des artistes décorateurs, ils éditent des objets sous leur propre nom[13]. Dans les années 1910, la manufacture travaille avec les maisons Rouard, Delvaux, Luce, Damon et Lecerf. Il faut ajouter à cette liste les grands magasins : Le Louvre, Le Bon Marché, Le Printemps et Les Galeries Lafayette, dans lesquels s'ouvrent des ateliers artistiques[14]. Plus tard, parmi les commanditaires, on trouve les noms d'André Groult[15], Paul Follot[16] ou encore Francis Jourdain[17]. La verrerie Daum réalise des objets à partir de dessins transmis par le client. Les modèles envoyés par les maisons parisiennes et réalisés par des artistes décorateurs vont contribuer à l'évolution du goût de la manufacture : les commandes deviennent une source d'inspiration. Par ce biais, la nouvelle esthétique se diffuse à la fois auprès des dirigeants et auprès des verriers, artistes et décorateurs de l'entreprise qui fabriquent les articles.

VASE AUX LIS TIGRÉS, 1927
CAT. 445

FLACON EAU DE COLOGNE,
VERS 1924
GOUACHE SUR PAPIER SIGNÉE ANDRÉ GROULT

Décoration, mai 1925, p. 176. / [9] Léon Deshairs, ''Le XVᵉ Salon des artistes décorateurs'', *Art et Décoration*, juin 1924, p. 163. / [10] Ernest Tisserant, *L'Art vivant*, n° 1, novembre 1929. / [11] Léon Werth, ''Le XVIIᵉ Salon des artistes décorateurs'', *Art et Décoration*, juin 1927, p. 21-22. / [12] « Je portai ma pacotille chez les seuls gens capables de m'instruire sur sa valeur, quelques maisons de détail bien choisies. Les visites que je fis me rassurèrent d'emblée [...] la maison Toy de la rue Halévy avec Louis Haraut et Georges Guignard ; l'Escalier de Cristal avec les messieurs Pannier ; Monsieur Mabut [...] ; les aimables et souriants parents Delvaux ; Madame Le Gerriez ; M. Rosey rue de la paix ; les deux Bontigny au Palais royal et dans le passage des Princes. » Antonin

Les recherches de Maurice Marinot[18], peintre devenu verrier, vont être abondamment citées et utilisées dans la production de la manufacture nancéienne. Pourtant, si l'influence est forte, l'esprit est différent : « Maurice Marinot n'a qu'une muse à son service : celle de l'art pur. Ce bel artisan n'élabore que des objets rares, orgueil des musées et des collections privées[19] », là où la manufacture Daum, au contraire, tente de démocratiser, autant que faire se peut, une verrerie d'une grande qualité tant artistique que technique. En même temps que l'esthétique, l'entreprise Daum capte parfaitement cette volonté de l'époque de réconcilier art et industrie avec ce paradoxe d'une verrerie où « la machine, sauf en quelques menus outils et de rares procédés de moulage, ne s'est pas encore développée dans la fabrication. […] jusqu'ici c'est la main de l'ouvrier, à chaud ou à froid, qui façonne le verre. La verrerie ressortit encore de l'artisanat[20]. »

Le rythme de production s'accélère vers 1924 pour retrouver une cadence comparable à la période 1900. Ce sont plus de 2 300 nouveaux modèles qui sont ainsi proposés entre 1919 et 1939. On peut constater pendant ces vingt années une grande diversité dans la décoration des pièces. La période art nouveau s'est caractérisée par une utilisation (presque) exclusive de la plante naturaliste. Si la combinaison des espèces utilisées, des formes des vases et des techniques propose au final une variété importante, la ligne directrice est toujours bien visible. La production d'avant-guerre laisse l'impression d'une homogénéité stylistique. La période art déco modifie cette perception. La verrerie offre des séries de pièces avec des sources d'inspiration et un mode de fabrication très différents. L'interprétation et la stylisation de la nature permettent des combinaisons hétéroclites et la simplicité requise laisse une plus grande liberté au décorateur. De l'application de traits et points de verre sur le vase pour symboliser des baies et des branches, à l'apparition de motifs profonds dégagés à l'acide ou encore d'une faune et d'une flore schématisées, appliquées au pinceau, l'entreprise ne craint pas de se renouveler souvent. La géométrie héritée des avancées picturales de l'époque[21] va permettre également d'autres compositions. Simplement taillés ou produits par les morsures profondes de l'acide fluorhydrique, de nouveaux motifs apparaissent qui prennent en compte la matière et ses propriétés. Enfin, les exigences des ensembliers[22] (Groult, Follot, Jourdain) pour qui l'entreprise travaille, ont des répercutions sur les objets réalisés. À partir des années 1925, les pièces ne sont plus forcément pensées comme un objet d'art en soi mais plutôt comme un volume pouvant s'intégrer facilement dans un décor intérieur.

Si la diversité existe dans l'ornementation, on retrouve des constantes dans la fabrication. Le verre s'éclaircit, il perd sa surcharge de couleur, et joue avec ses propres

Daum, "Banquet de la chambre syndicale de la céramique et de la verrerie le 26 juin 1926", archives Daum. / [13] À ce propos, voir les articles de Véronique Ayroles, "Un artiste décorateur et sa galerie au XXe siècle : François Décorchemont et la maison Rouard", *Revue de l'art*, n° 118, 4e trim. 1997 ; Philippe Thiébaut, "Contribution à une histoire du mobilier japonisant : les créations de l'Escalier de Cristal", *Revue de l'art*, n° 85, 3e trim. 1989. / [14] En 1913, Le Printemps fonde le premier, un atelier d'art et de décoration moderne sous le nom de Primavera. Il est placé sous la direction de Mme Chauchet-Guilleré. Viennent ensuite Les Galeries Lafayette, avec l'atelier de La Maîtrise en 1921, sous la direction de Maurice Dufrêne. En 1923, Le Bon Marché

qualités : lumière et transparence. La période art déco se signale par l'emploi parcimo-
nieux de la couleur. Les vases sont souvent unis, quand il ne sont pas tout simplement
transparents. Les bulles, les feuilles de métal emprisonnées dans le verre permettent
des effets saisissants. « On s'efforce, à la verrerie Daum, d'arrêter des dispositions plus
imprévues, plus vigoureuses et un peu plus variées. C'est de la technique même du
verre que l'on s'inspire ici, des qualités propres de cette matière si fantasque et décon-
certante, dont chaque épisode est en soi-même un thème expressif. On respectera
avant tout ses qualités essentielles, sa luminosité, son éclat, sa translucidité : des bulles
d'air emprisonnées dans la masse du vase serviront à en faire vibrer la réfringence : des
érosions profondes, provoquées par l'acide fluorhydrique, couvriront les parois de scin-
tillements glaciaires et mettront en relief quelque cabochon curieusement ciselé ; des
opalescences, des traînées poussiéreuses diversement colorées, des incrustations d'or
rappelleront les plus fastueuses minéralisations de la nature. Bref, on décorera moins
par des sujets surajoutés et on laissera toute sa gloire à la substance généreuse et
inépuisable que le feu élaborera[23]. » Si le mode de production ne change pas, les exigences industrielles se satisfont mieux de l'esthétique art déco. La déclinaison du motif
sur une série de pièces reste la règle mais les changements intervenus dans la création
et la conception des modèles modifient le problème. Les grandes différences entre les
vases s'estompent (on trouve de moins en moins de haut col ou de toute petite bonbonnière, les anses se font rares) et les décors, moins chargés, plus simples, s'adaptent
davantage à l'une et l'autre forme.

    S'interrogeant sur les motifs géométriques qui ornent bon nombre d'objets à l'ex-
position des Arts décoratifs de Paris en 1925, Léon Deshairs questionne et répond tout
à la fois : « Que vaut cette mode ? ce que vaut l'artiste[24]. » Appliqué à la verrerie Daum,
ce jugement souligne bien tout à la fois l'adaptation réussie et l'excellence atteinte par
l'entreprise.

ANONYME
VASE AUX BAIES ROUGES, NON DATÉ
ENCRE, AQUARELLE ET CRAIE SUR PAPIER

fonde l'atelier La Pomone. / [15] André Groult (1884-1967). / [16] Paul Follot (1887-1941), élève d'Eugène Grasset.
Il dirige à partir de 1923 l'atelier artistique du Bon Marché, La Pomone. / [17] Francis Jourdain (1876-1956), fils
de l'architecte Franz Jourdain. On lui doit, entre autres, la décoration extérieure du deuxième magasin de la
Samaritaine (17-19 rue de la Monnaie), construit entre 1905 et 1910, en collaboration avec Eugène Grasset
(enseigne), le ferronnier Édouard Schenck et le céramiste Alexandre Bigot. / [18] Maurice Marinot (1882-1960)
abandonne vers 1911 une carrière de peintre pour devenir verrier (même s'il ne souffle lui-même ses premières
pièces que vers 1923). Schématiquement, on divise son travail en quatre séries successives : émail peint, gravure profonde à l'acide, décor intercalaire, modelage à chaud. Voir *Maurice Marinot. Peintre et verrier*, cat. exp.
musée de l'Orangerie, Paris, 27 février-21 mai, Rmn, Paris, 1990. / [19] Henri Clouzot, "Verreries françaises
modernes", *Art et Décoration*, octobre 1923, p. 102-103. / [20] *Ibid.*, p. 112. / [21] En particulier du cubisme. / [22]
« Un ensemble est une combinaison d'éléments décoratifs qui peuvent ne pas compter par eux-mêmes et n'ont
d'autre fonction que de concourir à l'effet général. » Guillaume Janneau, *op.cit.*, mai 1925, p. 142. / [23] Antonin
Daum, "Verrerie d'art de Nancy", *Nancy et la région lorraine*, Imprimerie A. Humblot et Cie, 1925. / [24] Léon
Deshairs, "L'Exposition des Arts décoratifs. La section française conclusion", *Art et Décoration*, décembre
1925, p. 215.

FLACONS ANTHROPOMORPHES, VERS 1960

CAT. 593 À 595

LA PRODUCTION APRÈS 1945

Le conflit de 1939-1945 marque de nouveau une rupture à la Verrerie de Nancy. Durant la première guerre mondiale, et malgré le danger, une activité avait pu être maintenue. Cette fois, les fours restent éteints jusqu'en 1945. La libération sonne l'heure des comptes. L'outil de production est intact. Les verriers formés par Eugène Gall ou Émile Toussaint prennent la relève et montrent rapidement leur virtuosité. Successeur de Henri Bergé, Émile Wirtz conduit la création. À la tête de l'entreprise, Henri et Michel Daum se partagent les tâches en l'absence de Paul Daum. La disparition de ce dernier est dou-loureusement ressentie. Forte personnalité, il avait marqué de son empreinte la période d'entre-deux-guerres en orientant résolument l'entreprise vers l'esthétique art déco. Installé à la tête du département artistique, Michel succède à Antonin et Paul. Balayant presque tous les procédés de décoration qui avaient fait le succès de la manufacture jusque-là (gravure à l'acide, à la roue, multicouche…), il se lance dans le modelage à chaud du cristal.

VASE *ORPHÉE*, 1960
CAT. 582

    Le renouvellement esthétique donné par cette nouvelle orientation était visible avant-guerre. L'aventure du cristal[1] commence vers 1935 avec les 50 000 pièces réali-sées pour le paquebot *Normandie* et supervisées par Michel Daum : « La fabrication du cristal est une expérience à laquelle Michel Daum s'attèle résolument. La souplesse de la technique qu'il a instaurée est telle que la fourniture sera faite à temps et dans la qua-lité convenue[2]. » Cette première réussite et les impératifs économiques de l'époque[3] vont pousser la Verrerie de Nancy à continuer dans cette direction. À partir de cette date, le mot « cristal » vient désigner des séries de modèles issus de la production cou-rante. Pourtant, malgré son savoir-faire, la manufacture se heurte à des difficultés. « Il est indéniable que notre cristal soit moins blanc que le cristal du Val-Saint-Lambert et que certaines marques tchèques. Notre polissage laisse souvent à désirer. La teinte paille continue à plaire (sans concurrence sérieuse ?). La qualité de notre gravure à l'acide est indiscutée. Certains défauts de matière ont donné lieu à des réclamations[4]. » Il faut attendre la reprise de 1946 pour voir le procédé bien maîtrisé et une fabrication exempte de défauts. Le cristal devient alors la nouvelle marque de fabrique de l'entreprise. Les catalogues, qui portent dorénavant la mention "Daum. Cristallerie de Nancy", et les publicités mettent en avant cette qualité des pièces. « Au lendemain de la seconde guerre mondiale, avec Henri et Michel Daum, les ateliers passent de leur spécialité tra-ditionnelle, le verre précieux – gravé et coloré –, à une création plus noble encore : celle du cristal[5]. » Ce nouveau travail de la matière n'est pas l'apanage des établissements Daum et on le trouve chez beaucoup de verriers de l'époque.

[1] La différence de composition entre le verre et le cristal, c'est le minium de plomb. Les normes en vigueur actuellement exigent 24% de plomb en poids pour avoir l'appellation cristal. Le mélange à base de sable fin et de minium de plomb est fondu à la température de 1 500° et travaillé aux alentours de 1 000°. En refroidissant moins vite, et en pouvant être réchauffé, le cristal offre une possibilité de travail à chaud plus longue et plus complexe. / [2] Henri et Michel Daum, « Historique de la Verrerie de Nancy écrit par Henri en 1964, revu et cor-rigé par M. Daum. Sera encore complété par des annexes août 1970 », archives Daum. / [3] En particulier la concurrence des verreries de l'Est de l'Europe. / [4] Note interne de l'entreprise, 10 novembre 1938, archives

DEUX VUES DU BUREAU D'ÉTUDE DE
LA VERRERIE DAUM, APRÈS 1945

VITRINE DAUM, APRÈS 1945

Pendant plus de vingt ans, un seul principe prévaudra pour l'entreprise, celui de la pureté du cristal transparent, associé à la mise en avant du geste du verrier. Le travail se fait essentiellement à la halle. À partir de la paraison soufflée, le « chef de place, avec ses ciseaux, ses palettes et ses pinces, creuse, étire, ceinture, découpe, allonge et façonne, […] le verrier confie à la flamme le soin de donner à l'objet sa forme naturelle. Là, ni moule, ni moyen mécanique, mais un polissage au feu, par fusion superficielle, qui donne à l'objet sa vie originale, et une texture parfaitement lisse qui la rend étince-lante[6]. » Cendrier, vase, coupelle, coupe, pendule, lampe, chandelier, flacons divers, bougeoir, serre-livres, porte-crayons, briquet, urne, tous les produits de la verrerie Daum sont déclinés sur ce mode. Pour les objets d'art, la référence à la nature reste une constante, quelle soit explicite comme dans le bestiaire ou implicite avec les pièces *Flamme* ou *Voile*. Les périodes précédentes de l'histoire de la verrerie Daum montraient une volonté d'ouverture et un renouvellement continuel tant au niveau des formes, des décors que des techniques. Les vingt années de direction artistique de Michel Daum se signalent par un repliement sur soi et l'utilisation d'un unique procédé.

FLAMME SUR SOCLE, VERS 1959
CAT. 579

En prenant la succession de Michel Daum, Jacques Daum, aidé dans la création par Jean-Pierre Demarchy, entreprend de changer le mode de fonctionnement de l'entreprise. Des collaborateurs extérieurs sont invités à créer des pièces, la couleur est de nouveau introduite dans la fabrication par le biais d'une technique remise à l'honneur, la pâte de verre. Salvador Dali, un des artistes les plus médiatiques de l'époque, est le premier à travailler pour l'entreprise. Fidèle à sa réputation, il conçoit quelques œuvres, associant pâte de verre, cristal ou bronze. Vient ensuite César, inscrivant sa démarche artistique (les expansions) dans celle mise en place dans l'entreprise depuis la reprise de 1946 (le travail à chaud du cristal). Ces expériences courageuses ne vont pas de soi. « En reprenant les choses d'un peu plus haut, je me suis inquiété, quand César est venu pour la première fois, de savoir comment cela allait se passer. Le personnel n'était pas prévenu, de plus nous sortions des procédés de l'art décoratif où on moule des modèles bien déterminés et tout d'un coup on allait faire des choses libres avec un artiste. Cela pouvait ne pas plaire du tout et finalement tout le monde s'y est mis très bien. […] Cela s'est en effet mieux passé que je ne l'imaginais. Ce fut un changement radical[7]. » De nombreux artistes leur succèdent pour la production d'objets en éditions limitées.

Cette habitude de travailler avec des artistes extérieurs devient une constante à la verrerie. Dans les années quatre-vingt, sous la direction artistique de Clotilde Bacri et Philippe Renaud, des personnalités du design contemporain dessinent des modèles

Daum. / [5] Plaquette publicitaire, 1962, archives Daum. / [6] *Ibid*. / [7] Jacques Daum, *César/cristal/Daum*, Union centrale des Arts décoratifs, Paris, 1969.

COUPE AUX CACTUS, 1987

CAT. 615

pour Daum. L'américain Hilton Mac Connico fait se rencontrer couleur et transparence en associant de belle manière la pâte de verre et le cristal, confrontant dans le même temps son univers à celui de l'histoire de Nancy[8]. Garouste et Bonetti réinventent l'art de la table et la Verrerie de Nancy demande à Philippe Starck une série de pièces pour fêter les vingt années d'éditions artistiques. Dans les années quatre-vingt-dix, la démarche de Christophe Pillet est accompagnée d'une nouvelle réflexion sur l'objet et la place du créateur. « Dans les années quatre-vingt, le designer était une personne qui se substituait à l'artiste. Il était le créateur dont les ouvrages s'exposaient dans les galeries. Nous ne sommes plus dans ce système-là. Aujourd'hui, le désigner doit proposer un mode de vie et dessiner des objets qui matérialisent cette notion. […] Il s'agit de répondre au désir, à la fois collectif et individuel, de vivre mieux. Désormais le sujet du design, ce n'est plus les choses, mais les gens[9]. »

---

[8] Le cactus fait partie tout à la fois de l'imaginaire américain (en particulier cinématographique : les westerns) et devient un rappel de l'École de Nancy (utilisation de la plante). / [9] Cité par Véronique Cauhapé, ''Christophe Pillet : un design au service d'une idée juste'', *Le Monde*, 25 février 2000.

VERRERIES ARTISTIQUES DE NANCY,
ALBUM PEINT PAR JULES SELTZ,
D'APRÈS LE CATALOGUE *VERRERIES ARTISTIQUES DE NANCY,*
DAUM FRÈRES, 1891,
LITHOGRAPHIÉ PAR J. ROYER, NANCY

LES SERVICES DE TABLE, UN ASPECT ESSENTIEL DE LA PRODUCTION

À côté d'une création de pièces d'art connue et reconnue, la verrerie Daum, de 1878 à nos jours, a toujours développé une production de services de table. Moins prestigieuse, en terme d'image, que les objets décorés, elle tient pourtant une place importante à la manufacture. C'est elle qui est à l'origine de l'ouverture du département artistique pour devenir par la suite, grâce à sa qualité, un des produits phares de la maison. L'activité de l'entreprise Daum ne peut donc se réduire à la seule création de vases et les différents prix courants édités par la verrerie le montrent bien. Dans les années trente, un catalogue intitulé *Verreries de table et d'usage*[1] ne propose pas moins de cinquante articles (services *Alsace*, *Amboise*, *Flamand*, *May*, *Nous Voici*, pour en citer quelques-uns). Sous la direction de Henri et Michel Daum, puis, plus tard, de Jacques Daum, la création et la mise en œuvre des services de table restent un secteur d'activité essentiel.

L'aventure artistique de l'entreprise Daum commence avec ce type de production. En 1891, la Verrerie de Nancy édite un premier catalogue qui présente en 22 planches luxueuses les créations de l'époque : service de table *Régence*, service de table *Ducal*, service de table *Louis XIII*, service de table *Trianon,* et concrétise les recherches entamées vers 1887. Edgard Auguin écrit en 1894 : « Les premières fantaisies de Ms. Daum frères remontent à 1891. Elles vinrent se greffer tout naturellement sur leur fabrication de gobeleterie. Ces verriers consciencieux cherchèrent à cette époque des modèles de services de table dans les jolis modèles du XVIIIe siècle, encore fort répandus en Lorraine. Ces modèles, d'une si parfaite élégance de forme, valent aussi par la finesse de leur décoration : verre très léger, taillé sur toutes ses faces, gravé ou décoré à l'or de guirlandes gracieuses ou de personnages fort amusants. Ces essais de renaissance XVIIIe siècle réussirent et plurent[2]. » L'observation des articles du catalogue montre des verres, brocs, carafes, moutardiers, saladiers, raviers, salières, des éléments que l'on retrouve des années plus tard dans les services complets : « La verrerie de table ne comprend pas seulement les services de carafes et de gobeleterie, mais encore les salières, les flambeaux et les mille objets charmants que l'ingéniosité d'une maîtresse de maison sait trouver pour enjoliver le décor de sa table[3]. » Les pièces sont pour la plupart transparentes (exception faite du service *Ducal* qui présente deux verres de couleur respectivement vert et vieux-rose) et les décors assez simples : armoiries, chiffres, couronnes, qui pouvaient être appliqués à la demande, petites fleurs, insectes, décors lotharingiques (chardons, croix de Lorraine), hachures, devises. Le décor des services de table

1 Archives Daum. / 2 Edgard Auguin, "Exposition industrielle des Arts décoratifs à Nancy", *Revue industrielle de l'Est*, 26 août 1894. / 3 Georges Pascal, "Services de table de Daum", *Mobilier et Décoration*, 1932.

SERVICE DUCAL, 1891
CAT. 1 / 9 / 3 / 6 / 7

SERVICE AUX IRIS, 1900

CAT. 226 À 230

VERRERIES DANS LA CHAMBRE D'ARCHE, 194█

VERRERIES ARTISTIQUES DE NANC█
ALBUM PEINT PAR JULES SELTZ█
D'APRÈS LE CATALOGUE *VERRERIES ARTISTIQUES DE NANC█*
DAUM FRÈRES, 189█
LITHOGRAPHIÉ PAR J. ROYER, NANC█

sera le plus souvent simple et discret, liseré d'or ou de couleur, fleur, givrage, quand il n'est pas purement absent au profit de la seule forme de la pièce. « Le goût français, goût classique, n'admet le plus souvent que les valeurs des lumières dans les facettes du verre, réfléchissant aussi les éclats divers des argenteries, et se plaît à cette gamme de blancheur graduée et piquée de couleurs par les fleurs et les vins[4]. » Dès le début, les journalistes et critiques reconnaissent à la verrerie une compétence certaine dans la fabrication de ce type d'articles à caractère commercial expliquant que « [Ms. Daum] n'étaient incompétents dans aucun des procédés connus de décoration sur verre : des services de table, des porte-bouquet, coupes, drageoirs, bonbonnières, pichets, etc.[5] » Et même si certains reproches se font jour : « Mais toute médaille a son revers, et si les ravissantes productions de la verrerie nancéienne ne donnent point prise à la critique, elles éveillent un regret. C'est que tant de qualités soient dépensées uniquement au profit du bibelot de vitrine, de l'objet de luxe. Les mêmes amateurs, qui se disputent et conservent précieusement ceux de Ms. Gallé, Daum, Léveillé, doivent se contenter, pour leur table, des verreries que fournit ici l'industrie, c'est-à-dire d'objets disgracieux et vulgaires. Ne serait-ce pas un nouvel et bon emploi du talent des maîtres de Nancy d'apporter à ceci une si désirable réforme ? Non seulement ils ne l'ont point fait, mais, chose singulière, ces artistes sont en même temps au nombre des fabricants de qui nous viennent ces lamentables objets. Si l'on s'étonne de ce cumul, ils répondent que c'est la fabrication en masse suivant les habitudes du public qui leur donne les moyens de consacrer leur loisir à l'art, auquel ils ne gagnent rien[6]. » L'article a le mérite d'énoncer une vérité : la production ordinaire est le fond de commerce de la verrerie. Cette réalité évidente au début de l'entreprise (c'est alors la seule fabrication avec la gobeleterie ordinaire) perdure à toutes les époques. L'importance accordée à ce type de production est visible dans les manifestations auxquelles participe la verrerie. Si pour les premières expositions la « verrerie de table et de dressoir » permet certainement de faire « nombre »[7] comme lors des expositions de Chicago en 1893 ou de Nancy en 1894, elle est ensuite toujours présentée en bonne place : Exposition universelle de Paris 1900, exposition des Arts décoratifs de Paris 1925. En 1900, après leur grand prix, les frères Daum rédigent en ces termes une invitation : « Ces collections très complétées depuis l'ouverture, sollicitent votre attention non seulement par une technique et des procédés nouveaux dans l'élaboration des œuvres décoratives (vases, coupes, etc.) mais aussi pour leur application aux objets d'usage, verrerie de table, de toilette, d'éclairage[8]. » Ils témoignent ainsi de leur intérêt pour ce type de production mais aussi des passerelles

CARTE DE VISITE DES REPRÉSENTANTS,
APRÈS 1900

4 Gustave Kahn, ''La Verrerie, verrerie usuelle – les services de table'', *Art et Décoration*, 1902. / 5 Edgard Auguin, *op.cit.*, 26 août 1894. / 6 *L'Art décoratif*, décembre 1898. / 7 Edgard Auguin, *op.cit.*, 26 août 1894. / 8 Carton d'invitation de la maison Daum pour l'Exposition universelle de 1900, Musée lorrain, Nancy.

SERVICE DE BANGE, VERS 1930

CAT. 453 À 457

entre l'une et l'autre fabrication. Et dans certaines occasions, l'accent est essentiellement mis sur les services de table : « Comme chaque année, nous présentons à la foire
de Lyon (5 au 17 mars) une importante collection de modèles nouveaux [...]. Nos efforts
se sont encore portés cette année sur la création de services de table originaux ainsi
que de pièces de services en verre blanc[9]. » Si les expositions permettent de faire
découvrir les produits, une partie des ventes se réalise au travers des grands magasins
et des maisons de détaillants tant en France qu'à l'étranger. À la fin des années vingt, la
qualité de cette production et les compétences de la manufacture sont saluées : « Dans
le service de verrerie [...], les Verreries de Nancy ont accompli une véritable révolution
en cherchant à faire des choses de plus en plus simples, en étudiant les formes les plus
logiques qu'il se pouvait, en s'arrêtant à des couleurs sans acidité, sans mollesse, aussi
apéritives que désaltérantes, si nous osons dire[10]. »

Il est probable que la création des services de table est due pour l'essentiel au
travail des créateurs de l'entreprise : Jacques Gruber, Henri Bergé, Émile Wirtz. Comme
pour la production fantaisie, la maison Daum s'associe ponctuellement avec des artistes
extérieurs : « M. Lachenal a dessiné [...] quelques modèles de verres de table que M.
Daum a exécutés, on aimera particulièrement celui en forme de crocus. Cet essai très
louable, [...] avait pour objet d'établir des modèles commerciaux à prix modérés[11]. »
Quelquefois, l'entreprise ne fait que louer ses compétences techniques. En 1923, c'est
Mme Chauchet-Guilleré qui fait fabriquer ses modèles pour Primavera[12] par la verrerie
Daum, qui ne signe alors pas les pièces.

À la suite d'un concours, la Compagnie générale transatlantique choisit la maison
Daum pour la fourniture des services de table du paquebot *Normandie*. Henri Daum en
mesure tous les enjeux : « La Compagnie générale transatlantique pour l'armement de
son paquebot "Normandie" nous donne la préférence pour la fourniture de 50 000
pièces (verres, carafes, etc.) tant en cristal qu'en verre. [...] Ce sont [les] premiers
essais de cristal qui vont donner une orientation plus nette dans la question de la qualité de la matière et la perfection des modèles. » Cette commande (qui se décompose
en « 37 000 verres et carafes pour la classe passagers et 13 000 pièces similaires pour
les classes touristes[13] »), un des plus gros chantiers de la verrerie, est à la fois une
reconnaissance de la qualité de l'entreprise (et de son savoir-faire) et un nouveau défi :
le cristal (ce même travail du cristal qui deviendra, après la seconde guerre mondiale, la
marque de fabrique de la maison). Le résultat est à la hauteur de la réputation de Daum :
« Verres et carafes sont en cristal taillé. Ils portent sobrement le monogramme de la

VERRE, *SERVICE DU PAQUEBOT* NORMANDIE,
1935
CAT. 539

9 Carton d'invitation, Nancy, 15 février 1923, archives Daum. / 10 Ernest Tisserant, "Daum", *L'Art vivant*, n° 1,
novembre 1929. / 11 Eugène Belville, "Daum, Lachenal, Majorelle à la galerie Georges Petit", *L'Art décoratif*,
janvier 1904. / 12 Atelier artistique des magasins Le Printemps. / 13 *L'Illustration*, n° hors série, juin 1935.

SERVICE 3T, 1969
CAT. 604 À 607

Compagnie générale transatlantique. D'un galbe harmonieux et de formes diverses, ces pièces sont vraiment dignes de la représentation de l'artiste dont les créations enrichissent les collections des principaux musées de l'ancien et du nouveau continent[14]. » Les services de table des années d'après-guerre vont profiter de cette expérience réussie. Dans les années 1969-1970, une expérience ponctuelle est conduite avec Roger Tallon. L'entreprise produit la verrerie de son *service 3T*. Pour réaliser un ensemble de table complet, le créateur gère trois manufactures différentes. En plus des établissements Daum, Ravinet d'Enfer et Raynaud sont associés pour éditer l'orfèvrerie et la porcelaine. Si la pureté du cristal, sa transparence sont souvent mises en avant, la manufacture n'hésite pas à se tourner vers son passé et propose en 1983, comme en 1891, « des verres créés […] avec la richesse de l'or et de la gravure pour certains services. [L'entreprise] peut réaliser sur votre demande des verres à armoiries ou monogrammes[15]. »

14 *Ibid.* / **15** ''L'Art de la table'', cat. *Daum Cristal et Lumière*, janvier 1983.

LAMPE *MONNAIE-DU-PAPE*, VERS 1903

CAT. 264

LES APPAREILS D'ÉCLAIRAGE
AFFIRMENT L'IMAGE MODERNE DE LA VERRERIE

Les lampes, ou plutôt les appareils d'éclairage, occupent une place à part dans la production de la maison Daum. Révélés lors de l'Exposition universelle de Paris en 1900, ils deviennent très vite un produit phare de l'entreprise à telle enseigne que cette dernière leur consacre une partie de sa fabrication et leur doit une bonne part de sa notoriété[1].

CARTE DE VISITE, APRÈS 1900

Une des grandes affaires scientifiques de cette fin de siècle est l'électricité. Et la découverte de la lampe à incandescence par Thomas Edison en 1879 va radicalement bouleverser habitudes et paysages : « Avec la découverte de la lampe à incandescence et le transport de l'énergie électrique, la fée électricité entre de plain-pied dans l'histoire. Désormais chacun peut envisager de s'en servir un jour prochain[2]. » Les Expositions universelles ne sont pas les dernières à s'emparer du phénomène ; une manifestation est justement consacrée à l'électricité à Paris en 1881. Quelques années plus tard, c'est la tour Eiffel qui s'illumine, transformée en phare. Enfin, à l'Exposition universelle de 1900, un palais est édifié à la nouvelle source d'énergie : « Le jour, la crête de zinc repoussé, ajourée comme une dentelle, conduit l'œil vers le point central et culminant. Là, à 60 mètres de hauteur, sur une plate-forme qui couronne la toiture, se dresse une figure nue du sculpteur Marqueste. C'est la fée électricité, debout sur une sorte de char que traînent un Pégase et un dragon. [...] Les soirs de fête, la crête s'illumine féeriquement et l'Électricité fournit les clartés et les feux pour célébrer sa propre apothéose[3]. » L'engouement ne se démentira pas durant tout le premier tiers du XXe siècle. Raoul Dufy peint une immense fresque à l'Exposition universelle de Paris en 1937, intitulée *L'Histoire de l'électricité*. Les frères Daum comprennent rapidement l'intérêt d'appliquer cette nouvelle énergie à la verrerie. Si un édifice chante la gloire de l'électricité à Paris en 1900, c'est dans l'exposition même, au travers des différents appareils, des machines proposées par l'industrie et des réalisations comme celle de la Verrerie de Nancy que l'électricité est vraiment présente.

VERRERIES ET APPAREILS D'ÉCLAIRAGE ÉLECTRIQUE, PHOTOGRAPHIE COLORÉE EXTRAITE DU CATALOGUE *VERRERIES ARTISTIQUES DE NANCY, DAUM FRÈRES*, 1907

La lampe est un atout formidable pour le verre, surtout le verre Art nouveau, travaillé et coloré. Elle autorise un jeu avec la lumière, que ne permettent pas d'autres pièces comme les vases. Elle s'amuse plus volontiers avec les formes. Les lampes à essence fabriquées par la maison Daum sont dans la lignée des lampes à pétrole courantes même si elles bénéficient des recherches de la production de fantaisies : décors et techniques. Ces appareils d'éclairage offrent, pour l'artiste, l'inconvénient d'avoir une apparence dictée par le combustible : un réservoir, une clé de remontage et une gaine pour la mèche. L'électricité libère tout cela : « C'est dans les lampes électriques que le

[1] Pour mesurer son importance, il suffit de remarquer que la « disparition de la plupart des articles d'éclairage » est une des principales causes retenues par l'entreprise pour expliquer la grave crise traversée en 1939 (Rapport du 20 août 1939, archives Daum). / [2] Alain Beltran, *La Fée électricité*, Découverte Gallimard, Paris, novembre 1991, p. 76. / [3] Maurice Normand, ''La Crête du palais de l'électricité'', *L'Illustration*, n° 2987, 26 mai 1900, p. 335.

ANONYME
CACHE-AMPOULE, NON DATÉ
CRAIE SUR PAPIER

ANONYME
CACHE-AMPOULE, NON DATÉ
AQUARELLE SUR PAPIER PORTANT
LA MENTION *ESCALIER DE CRISTAL*,
PANNIER FRÈRES

caprice du décorateur peut se donner plus libre essor, n'ayant plus l'embarras [des composants d'une lampe à essence][4]. » Le décor n'est plus simplement appliqué mais devient parfois l'objet lui-même. Les pièces jouent avec la nature ; chandelle, monnaie-du-pape, chardon sont autant de nouvelles formes de lampes. L'entreprise se fait très rapidement remarquer pour ses réalisations. On lui attribue même la paternité de l'association verre et électricité : « Tous ces procédés de décoration se retrouvaient dans les applications à l'éclairage électrique que Ms. Daum, les premiers, ont pratiqué en verrerie d'art pour l'exposition de 1900[5]. » Les personnes peu convaincues par la production fantaisie de la Verrerie de Nancy voient dans les appareils d'éclairage une vraie réussite : « Daum frères, deux maîtres de verrerie bien connus. Ils s'inspirent directement d'Émile Gallé. Ce qu'ils font est probe, élégant et joli, avec une personnalité moins marquée. Leurs applications à l'éclairage électrique témoignent, au contraire, de la meilleure originalité : lampes de bureau et de salon[6]. » Les techniques sont les mêmes que celles appliquées à la fantaisie, certaines pièces d'exception utilisent les dernières nouveautés de l'entreprise (décoration intercalaire à grand feu par exemple). Des innovations sont essayées comme ces ampoules glissées dans les pieds de certaines pièces. « Ms. Daum ont ici obtenu de curieux effets en ajoutant dans le pied translucide une petite lampe veilleuse qui le rend doucement lumineux et ajoute à la richesse de l'objet par des contrastes d'éclairage direct et de transparence[7]. » Dans le même temps, la production des appareils d'éclairage s'élargit. Elle regroupe lampes de salon et de bureau, lustrerie, coupes et vases lumineux, appliques. Certaines pièces demandent une association avec d'autres industries d'art comme la ferronnerie. C'est alors l'époque de la fructueuse collaboration avec la maison Majorelle, Edgar Brandt et les frères Nics.

Le succès des appareils d'éclairage de la maison Daum ne se dément pas et marque les esprits à toutes les époques. Leur fabrication suit celle de la fantaisie. Aux décors naturalistes de la période art nouveau succèdent, après la Grande Guerre, une stylisation et une géométrisation de cette même nature. Dans les années trente, la couleur disparaît, la gravure à l'acide fluorhydrique est largement employée pour sa gamme étendue d'effets. « L'acide ne marque parfois sa morsure que par des traces superficielles ; parfois au contraire le verre est profondément creusé dans son épaisseur. On obtient ainsi des rugosités, des matités, des surfaces grenues ou givrées dont les combinaisons se fondent en valeurs savoureuses[8]. » Dans le même temps, la ferronnerie laisse place au seul verre. « Si des éléments métalliques interviennent, c'est par nécessité : ils sont réduits au minimum et dissimulés dans la mesure du possible[9]. » Bien que

[4] "Lampes en verrerie d'art par Daum frères. Exposition de la maison Majorelle", *La Lorraine artiste*, 1er avril 1901, p. 133-135. / [5] *Bulletin des sociétés artistiques de l'Est*, décembre 1905. / [6] Maxime Leroy, "L'École de Nancy au pavillon de Marsan", *L'Art décoratif*, 1903. / [7] "Lampes en verrerie d'art par Daum frères. Exposition de la maison Majorelle", *op.cit.*, p. 133-135. / [8] B. Champigneulle, "Les Appareils d'éclairage de Daum", *Mobilier et Décoration*, octobre 1933, p. 395-399. / [9] *Ibid.*

certaines lampes reçoivent sans changement le décor des pièces fantaisies (comme on avait déjà pu l'observer à l'époque art nouveau), d'autres proposent une véritable réflexion tant esthétique qu'utilitaire sur leur fonction. Elles accompagnent dans ce sens un débat plus global qui s'instaure sur le thème de l'utilisation de l'éclairage électrique. Dans les années vingt, de nombreux journaux s'interrogent sur ce qu'ils nomment « l'éclairage moderne ». Nous sommes passés de la découverte à l'utilisation, et des demandes comme des affirmations se font jour : « Il est important d'obtenir un éclairage humanisé qui permette une bonne visibilité sans que l'œil soit ébloui par une lumière trop brutale[10]. » « L'éclairage n'est pas du superflu, du luxe inutile, l'éclairage est une nécessité pratique[11]. » Les nombreux modèles fabriqués témoignent d'un effort continu dans la recherche de pièces susceptibles de satisfaire les clients. Les années d'après-guerre n'échappent pas au style développé par Michel Daum. On pourrait presque y voir un inversement des tendances. Si l'entreprise jusque-là n'a pas toujours mis en chantier les pieds de ses lampes, laissant quelquefois ce travail à des ferronniers d'art, elle a toujours assuré la fabrication du "chapeau", élément indispensable qui coiffe l'ampoule et permet donc au verre de jouer avec la lumière. Les catalogues des années cinquante et soixante présentent des lampes de bureau dont seul le pied est en cristal et dont l'abat-jour est en tissu. La lampe électrique est résolument entrée dans le domaine de l'utilitaire.

ANONYME
LAMPE RECTANGULAIRE N° 5285, NON DATÉ
CRAIE SUR PAPIER

[10] G. Remon, "L'Éclairage moderne", *Figaro supplément artistique illustré*, janvier 1930, p. 24-27. / [11] Jean Dorsenne, "L'Éclairage moderne", *La Demeure française*, n° 3, 2ᵉ année, automne 1926, p. 44-54.

LAMPE AUX ANÉMONES PULSATILLES, 1913

CAT. 355

LAMPE RECTANGULAIRE, 1930

CAT. 525

JACQUES GRUBER, *LA HALLE*
CRAYON, 33 X 41
PUBLIÉ DANS LE CATALOGUE *VERRERIES ARTISTIQUES
DE NANCY, DAUM FRÈRES ET CIE*, EXPOSITION DE BRUXELLES, 1897

LES TECHNIQUES, UN SAVOIR-FAIRE REMARQUÉ ET APPRÉCIÉ

Un vase[1] est le résultat de multiples opérations. De nombreux ouvriers se relaient pour le façonner. Il passe de main en main et d'atelier en atelier avant d'être considéré comme fini. C'est également une combinaison délicate de travail à chaud et à froid. À la halle, le verrier cueille, à l'aide d'une canne, une quantité suffisante de verre en fusion : la paraison. Pour lui donner la forme désirée, il peut soit la souffler librement, soit utiliser un moule de fonte ou de bois. Quelquefois ce moule est pourvu d'un modelage intérieur en creux (vase de haut-relief) ou serti de clous (verre bullé mécaniquement). C'est à la halle également que se fait une partie du travail de la couleur ainsi que certains effets. La pièce est ensuite dirigée dans la chambre d'arche, où, suivant ses dimensions et son poids, elle reste plus ou moins longtemps à baisser en température. Cette opération est indispensable pour éviter le choc thermique entre un verre à plus de 1 000° C et la chaleur ambiante. Une fois sorti de la chambre d'arche, le vase est acheminé jusqu'aux ateliers de coupage, flettage et rebrûlage pour acquérir sa forme définitive, être débarrassé de ses excroissances et voir ses bords émoussés. C'est au tour des tailleurs, graveurs et décorateurs de le prendre en charge pour le transformer en objet décoratif. Suivant le décor envisagé, la pièce peut être taillée, gravée à l'acide et (ou) à la roue, peinte. Parfois toutes ces opérations se combinent entre elles. Son périple s'achève au magasin où elle sera stockée avant d'être emballée et expédiée à son destinataire.

La création d'une pièce est un processus long et délicat ; plusieurs jours sont parfois nécessaires à sa réalisation. On comprendra mieux alors la place occupée par la technique dans une industrie d'art comme la verrerie. Technique qui devient un élément d'appréciation important de la qualité d'une production. Si Jules Henrivaux a une sentence définitive à propos de Daum : « Quant aux procédés de métier qui appartiennent en propre à leur fabrication, ils ne sauraient nous retenir[2] », son cas reste très isolé. Journalistes et critiques louent la plupart du temps la valeur des ouvriers de la Verrerie de Nancy, leur savoir-faire comme leur maîtrise de la matière. En fait, ce que pointe Jules Henrivaux, c'est le constat suivant : la manufacture invente peu de techniques verrières. La gravure à la roue ou à l'acide, la peinture à l'émail, le multicouche, ce qu'ils appelleront « vitrification des poudres » ou encore « lamelle ciselée » sont des procédés connus et utilisés par les verriers à l'époque où la maison Daum accède au statut d'industrie d'art. Le vrai mérite de l'entreprise est plutôt d'avoir su, d'une part, utiliser et maîtriser ces techniques pour la réalisation de ses pièces ; d'autre part, les assujettir, avec jus-

---

[1] Ou tout autre pièce de verre, gobeleterie, flaconnage, etc. / [2] Jules Henrivaux, *La Verrerie au XIXe siècle*, E. Bernard et Cie, imprimeurs-éditeurs, Paris, 1903.

VASE AUX RAISINS, VERS 1908

CAT. 300

VASE AUX ARBRES SOUS LA PLUIE, APRÈS 1900

CAT. 251

VERRIER À LA HALLE, 1946
LE « GAMIN MÉCANIQUE » A REMPLACÉ LE JEUNE
ENFANT CHARGÉ DE TENIR, OUVRIR
ET FERMER LE MOULE

VERRIERS À LA HALLE, 1946

TAILLERIE, 1946

ATELIER DE POLISSAGE, 1946

MAGASIN, 1946

tesse et goût, à un mode de production industriel sans jamais perdre de vue le souci décoratif. L'exemple le plus parlant à ce propos est l'utilisation de la gravure à l'acide. C'est un procédé capricieux et d'un maniement difficile pour qui veut en tirer des effets artistiques satisfaisants (« La composition de l'acide, la température, la multiplicité des attaques, la forme des pièces à graver sont autant de causes déroutant l'inspiration soutenue du travail[3] »), dangereux à mettre en œuvre (« Un [...] rapport, celui de l'inspecteur départemental du travail, fait allusion à un garçon de seize ans qui travaillait avec deux autres employés, à la gravure sur verre avec l'acide fluorhydrique. Ces ouvriers se plaignaient que le contact avec les vapeurs d'acide leur donnait de l'eczéma et des fluxions de poitrine.[4] »). Les frères Daum vont tirer néanmoins de cette technique la plupart de leur réalisations artistiques. Dans les mains des ouvriers de Nancy, ce type de gravure permettra la réalisation de pièces de grande qualité et deviendra la marque de fabrique de la manufacture jusqu'en 1939. Si la gravure à l'acide devient un procédé de décoration dès 1891, comme le note le rapporteur de l'Exposition universelle de Chicago, en vantant les « corrosions à l'acide fluorhydrique qui ont fait le succès de Ms. Daum depuis deux ans[5] », l'entreprise l'utilise depuis quelque temps déjà. Un prix courant de 1889 réunissant les « services de table et limonadiers[6] » propose des « gravures chimiques » pour différents articles (brocs, carafes, bouteilles, burettes, gobelets, verres à pied, mazagrans).

Dans les premières années, l'emploi de la gravure à l'acide est visible dans les effets de niellure dont l'entreprise est prolixe. La gourde *Jeanne d'Arc* comme les cadeaux à l'escadre russe en sont d'excellents exemples. La complexité des fonds de ces pièces, leur finesse d'exécution (chaque compartiment appelle des motifs différents ou presque, hachures, arabesques, croix, points) montrent la maîtrise du procédé par les ouvriers de la manufacture. Mais c'est avec l'apparition du multicouche à la verrerie que cette technique prendra toute sa mesure.

Après avoir été superposées, les différentes couches de verre doivent être révélées. Pour les dégager et jouer avec la couleur, les établissements Daum ont recours très souvent à la gravure à l'acide. Cette dernière permet, soit de réaliser le dessin de bout en bout, soit de l'ébaucher avant de passer la main au graveur à la roue qui affine le décor : « Attaquant par l'acide fluorhydrique des couches de cristal superposées d'une résistance variable, au moyen de la roue, [les frères Daum] complètent et précisent l'action du bain ou du lavage au pinceau. Le graveur à la roue, disait M. Daum, fait œuvre personnelle, avive ou assourdit à son gré. Les roues de fer, de cuivre, de plomb,

[3] "L'Exposition industrielle des Arts décoratifs à Nancy", *Revue industrielle de l'Est*, 26 août 1894. / [4] David Barry, "Les Ouvriers originaires d'Alsace-Lorraine à Nancy après la guerre de 1870-1871", *Annales de l'Est*, 1990. / [5] Camille Krantz (dir.), *Exposition internationale de Chicago*, Imprimerie nationale, Paris, 1894. / [6] Extrait du tarif général. *Services de table et limonadiers unis taillés et gravés*, octobre 1889, archives Daum.

VASE AUX TOURNESOLS *POUR MON MEILLEUR AMI*, 1896

CAT. 204

de bois ou de liège, les émeris et les ponces, les modes infinis de polissage et de dou-
cissage donnent au verre une délicatesse aussi caressante au toucher qu'à la vue. La
matière gravée ou camée sur des vases à multiples couches donne des effets inépui-
sés[7]. » Ce travail tout en finesse de la gravure à la roue est également à l'origine de l'effet de martelage dont use la manufacture.

Le savoir-faire et l'habileté acquis dans la gravure à l'acide permettent à l'entreprise de l'envisager sous d'autres formes après 1918. Le travail à l'acide fluorhydrique
est en partie renouvelé à l'époque art déco. Il n'est plus seulement utilisé pour dégager
les couches successives de verre. Des érosions profondes, conséquences de plusieurs
bains, apparaissent sur les vases[8]. Dans le même temps, on se sert de ses propriétés
pour jouer avec la matière en obtenant des matités, des givrages qui s'opposent et se
combinent avec la transparence du verre. « Et puis, au fond des larges cernes qu'il a
creusés, l'acide a laissé plus apparente sa trace savoureuse en rugosités irrégulières, en
matités givrées, entamant les parties brillantes, donnant à tout le travail cet air
impromptu qui est la vie même. [9] »

Avec la volonté d'une production rationnelle et efficace, est mise en place à la
manufacture une série de procédés qui répondent le mieux à ses attentes. Pour les
pièces destinées au commerce, afin d'en réduire le prix, l'entreprise se doit d'user des
techniques les plus fiables, les moins onéreuses et offrant le meilleur rendement possible,
à l'exemple de la gravure à l'acide. Fabriquer un multicouche est délicat : « Cette manière
de faire est évidemment la plus coûteuse […]. Elle présente […] de grandes difficultés, et
le travail du graveur, 5 fois sur 10, n'a pas la chance d'aboutir : les 3 ou 4 verres super-
posés se dilatent rarement ensemble, et la perte la plus cruelle est, au bout de plusieurs
semaines parfois, le résultat de ce désaccord[10] ! » Alors, si ce moyen est effectivement
employé dans la production courante, la couleur est largement présente dans les pièces
par le biais d'autres procédés comme la peinture à l'émail, la « vitrification des poudres »
ou encore les « lamelles » qui, pour des complications – et donc un coût –, moindres, donnent des résultats très satisfaisants. Cette recherche d'un mode de fabrication le mieux
adapté à une production industrielle est une constante de la verrerie.

La période d'entre-deux-guerres voit l'apparition de nouvelles techniques, ainsi
que l'utilisation différente des plus anciennes : acide fluorhydrique, émail, or. « Les verreries Daum […] ont suivi une marche continue vers les perfectionnements et les innovations. Tous les procédés qu'ils mettent aujourd'hui en pratique ont été utilisés autre-

JACQUES GRUBER, *GRAVEURS À LA ROUE*,
CRAYON, 50 X 32,5
PUBLIÉ DANS LE CATALOGUE *VERRERIES
ARTISTIQUES DE NANCY, DAUM FRÈRES ET CIE*,
EXPOSITION DE BRUXELLES, 1897

[7] Louis Laffitte (dir.), *Rapport général sur l'Exposition internationale de l'Est de la France Nancy 1909*, Nancy, Berger-Levrault, 1912, p. 474. / [8] Cette nouvelle façon de procéder n'est pas inventée par la manufacture mais s'inspire de l'œuvre d'un verrier, Maurice Marinot (cf. chap 1919-1939 p. 167). / [9] René Chavance, *Mobilier et Décoration*, décembre 1931, p. 561-565. / [10] *Revue industrielle de l'Est*, 26 août 1894.

VASE AUX SPIRALES, 1926

CAT. 439

fois, mais avec un parti pris décoratif différent de celui qu'Antonin Daum et ses collaborateurs ont adopté depuis 1919[11]. » La taille est utilisée pour les décors géométriques. Ce procédé permet rigueur et netteté : « L'acide fluorhydrique trace des sillons plus profonds et la taille accentue encore la rigoureuse netteté de certains plans, à la base ou au col[12]. » Ces techniques ont en commun de mettre la matière à l'honneur. La transparence du verre va jouer avec des bulles d'air emprisonnées, des feuilles de métal, des incrustations d'or permettant à la fois des effets spectaculaires et (relativement) simples à mettre en œuvre[13]. Le travail au crochet, c'est-à-dire l'étirement de la matière en fusion pour lui donner diverses formes, va dans ce sens.

BAGUIER À L'HERMINE, VERS 1908
CAT. 303

Dans une industrie où la technique a autant d'importance, il paraît presque indispensable de montrer son niveau d'excellence, non seulement par le bon emploi des procédés familiers, mais également par "l'invention" de nouveaux procédés. C'est ainsi que la verrerie Daum dépose un brevet pour la "décoration intercalaire à grand feu" le 23 juin 1899 ou encore qu'elle fait appel à Almaric Walter qui « [s'engage] à installer et mettre sur pied chez Ms. Daum et d'un commun accord avec ceux-ci la fabrication industrielle de la pâte de verre, d'après les procédés découverts par Walter[14]. » Aucune de ces deux techniques n'est véritablement une nouveauté : l'idée de mettre un décor prisonnier entre deux couches de verre avant de redécorer la couche externe a déjà été expérimentée avec succès par la société Burgun, Schverer & Cie qui dépose un brevet le 21 février 1896, et par Émile Gallé en 1889. La pâte de verre est mise au point par Henry Cros. « Le précurseur dans la recherche des pâtes de verre fut le sculpteur Henry Cros. Ses premiers essais datent des environs de 1884, et eurent pour but de doter la sculpture polychrome d'une matière fixe et durable, remplaçant les cires colorées trop fragiles[15]. » Elle sera utilisée par une série d'artistes : « Après lui, Dammouse, l'excellent céramiste, se trouva séduit par la pâte de verre, et nous le trouvons en 1898, au Salon, exposant des verres non encore transparents. [...] À côté de lui, Décorchemont marche dans un chemin parallèle[16]. »

Ces expériences souvent remarquables par les objets produits ne durent que quelques années. Non pas, semble-t-il, par défection du public mais bien plutôt par les difficultés qu'eurent les verriers à maîtriser ces nouveaux procédés et à les utiliser, en particulier pour une production en série. En d'autres termes, ces techniques s'avéraient trop complexes et onéreuses. La « décoration intercalaire », dévoilée lors de l'Exposition universelle de Paris en 1900, est une des fiertés de la maison Daum. Si plusieurs dizaines

[11] Émile Nicolas, *La Journée industrielle*, jeudi 29 octobre 1925. / [12] René Chavance, *op.cit.*, 1931. / [13] À ce propos, la question des techniques ne donne en aucun cas un jugement de valeur quant aux pièces réalisées. La « complexité » et la « facilité » d'une technique ne sont en aucun cas le gage d'une « bonne » ou d'une « mauvaise » œuvre. / [14] Contrat du 10 novembre 1903, archives Daum. / [15] Verneuil (Maurice Pillard dit), "Les Pâtes de verre", *Art et Décoration*, 1909. / [16] *Ibid.*

VASES À DÉCOR INTERCALAIRE DE GRAND FEU
PHOTOGRAPHIE EXTRAITE DU CATALOGUE *VERRERIES ET CRISTAUX ARTISTIQUES
DE NANCY* POUR L'ENVOI À L'EXPOSITION UNIVERSELLE DE PARIS, 1900

de pièces sont présentées en 1900, le catalogue de la production fantaisie ordinaire ne nous donne qu'une seule planche de vases[17] (onze) et vers 1904, la technique est semble-t-il mise de côté. La pâte de verre suit le même exemple. De 1903, date du contrat liant Walter et Daum, à 1909, date des premières réalisations visibles, il se passe six années pendant lesquelles on tente, à la verrerie, de mettre au point le procédé. « Lorsqu'Amalric Walter installe à la verrerie les pâtes de verre, Thiriet se donne entièrement à lui, lui consacrant tout son temps, tout son dévouement et par la suite aussi du bien de la maison, prenant sa défense lorsqu'on lui signalait les imperfections [?] de la fabrication, par cet argument né de l'espoir "il n'est pas encore tout à fait au point". Mais Walter ne fut, chez nous, ni chez lui jamais tout à fait au point[18]. » Almaric Walter reprendra sa liberté en 1914. Des années plus tard, Jacques Daum, soucieux de diversifier la production, réintroduira la technique et la fabrication d'objets en pâte de verre.

Les rapports et comptes-rendus d'expositions vantent souvent le savoir-faire de la verrerie : « Au point de vue technique, on ne peut qu'admirer les pièces de Ms. Daum, toutes se recommandent par une facture habile, plusieurs valent par les subtils stratagèmes qui masquent les difficultés vaincues[19]. » Ce degré d'excellence que va atteindre la verrerie sur le plan technique est à constater avec les très nombreuses pistes explorées et les multiples combinaisons qui en résultent. L'appropriation, la façon spécifique d'utiliser les procédés, grâce au talent indéniable des collaborateurs reconnus et des simples ouvriers, permettent à la maison Daum non seulement d'obtenir une « marque de fabrique » (« La recherche technique semble donc la base de l'œuvre de Ms. Daum[20] ») mais également de gagner son pari d'une production industrielle d'objets artistiques de qualité.

[17] La planche est non datée mais devrait présenter des vases de l'année 1901. / [18] Auteur inconnu (Michel Daum ?), vers 1960, archives Daum. / [19] Alphonse Germain, ''Quelques verriers'', L'Art décoratif, mars 1901. / [20] Bulletin des sociétés artistiques de l'Est, décembre 1905.

GLOSSAIRE
DES PRINCIPALES TECHNIQUES

APPLICATION

Petites pièces de verre rajoutées à chaud. Elles introduisent un décor en relief à la surface de l'objet.

Cat. 277

Cat. 266

Cat. 369

DÉCORATION INTERCALAIRE À GRAND FEU

Procédé qui consiste à emprisonner un décor entre des couches de verre. La verrerie Daum en donne la définition suivante : « Nous désignons sous ce nom un décor préalablement exécuté à froid sur un bol de verre de forme quelconque, ouvert ou non aux 2 bouts de façon à pouvoir être chauffé sans éclater, que nous réchauffons jusqu'au ramollissement pour le recouvrir ensuite intérieurement ou extérieurement ou intérieurement et extérieurement d'une ou plusieurs couches de verre en fusion et lui donner alors la forme définitive du vase et de l'objet souhaité. Le décor se trouve donc interposé au sein des parois vitreuses. Le bol initial se prépare et se façonne à chaud comme toute pièce de verre brut, il peut être à plusieurs couches de verres de couleur (doublé, triplé, etc.) et recevoir en brut toute addition utile à la décoration (applications, cabochons, goirons, de toutes formes, couleurs et épaisseurs). La décoration du bol s'élabore ensuite à froid, comme s'il s'agissait d'un vase défini, au moyen d'émaux, peintures, gravures à l'acide ou à la roue et tous les autres procédés connus[1]. »

Cat. 251

ÉMAIL

La peinture à l'émail est un vieux procédé. « Dans l'industrie de la verrerie, pour les gobelets, les drageoirs, les carafes, flacons, boîtes, et autres objets de cet ordre, la décoration par l'émail, qui a été pratiquée dès la plus haute Antiquité, et surtout chez les Arabes et chez les Vénitiens avec le plus grand éclat, n'a jamais été complètement abandonnée. [...] Ce fut Émile Gallé, le grand artiste de Nancy, qui contribua le plus brillamment à renouveler par l'émail le décor des objets de verre désignés sous le nom de gobeleterie[2]. » Très utilisée dans les premières années du département artistique, cette technique, qui consiste à peindre un motif sur le verre avec des émaux et à faire recuire le tout, est également d'actualité dans les années vingt, tant à la manufacture que chez d'autres verriers.

Cat. 185

Cat. 257

Cat. 295

GRAVURE À L'ACIDE

Développée au milieu du XIXe siècle dans la cristallerie, la gravure à l'acide est d'abord utilisée dans la verrerie scientifique et de laboratoire comme un moyen de « graver les divisions sur les tiges de thermomètres, sur les burettes et pipettes graduées[3] » puis dans la verrerie artistique. Dans cette dernière, le travail à l'acide se déroule de la façon suivante : dans un premier temps, l'artiste de l'entreprise fait le dessin du décor. Ce dessin devient ensuite un poncif qui est appliqué sur la pièce afin de reproduire l'ornementation. À l'aide d'un vernis (généralement du bitume de Judée), l'ouvrier recouvre les parties du vase à protéger de la morsure. La pièce peut ensuite être travaillée de différentes façons, au pinceau ou plongée dans un bain.

Cat. 186

Cat. 438

Cat. 528

GRAVURE À LA ROUE

À l'aide de petites roues fixes recouvertes d'un abrasif (généralement de la poussière de diamant), le graveur dégage le motif souhaité (soit en creux : intaille, soit en relief : camée). Ce type de gravure permet également les effets de martelage (obtenus par l'enlèvement de petites facettes de verre).

Cat. 28

Cat. 545

LAMELLE

Les « lamelles » sont des plaquettes de verre de quelques millimètres d'épaisseur rapportées à chaud sur la surface de la pièce, où elles créeront des zones de couleur qui pourront passer pour un multicouche. Apparentées à la marqueterie sur verre mise au point par Émile Gallé, elles n'ont pourtant pas les mêmes ambitions. Il s'agit avant tout, comme pour la vitrification des poudres, de mettre au point des procédés économiquement rentables.

Cat. 323

Cat. 347

MULTICOUCHE

Le verre multicouche, travail à chaud qui se passe à la halle, est une superposition par cueillage successif de couches de verre de couleurs différentes. Généralement, les décors des pièces exigent des doublés ou des triplés, plus rarement quatre à cinq couches de verre. Le travail est complexe et délicat et demande des verriers qualifiés. « Enfin les différents verres que l'on applique les uns sur les autres doivent avoir les mêmes coefficients de dilatation et d'élasticité, afin de prévenir toute rupture soit pendant le refroidissement, soit pendant le travail du verre à froid. Ce dernier point devient très difficile à réaliser lorsqu'on superpose jusqu'à trois et quatre couches de verres différents[4]. » Le coefficient de dilatation des différentes couches colorées, l'épaisseur identique demandée à chaque couche de verre sont autant de facteurs à dominer absolument pour éviter la destruction de la pièce. À une époque où l'empirisme est la seule façon de procéder, il faut souvent beaucoup d'essais et de tâtonnements pour arriver à un résultat satisfaisant. Il n'est pas étonnant alors que mélanges et compositions des verres colorés soient tenus secrets.

Cat. 204

Cat. 423

PÂTE DE VERRE

Ce procédé consiste à façonner un moule d'après un plâtre. Dans ce moule, est disposée de la poudre de verre finement broyée. Une lente cuisson (pouvant s'étaler sur plusieurs jours) est ensuite nécessaire pour obtenir la pièce souhaitée : « Un verre réduit en poudres diversement colorées est délayé en pâte et fixé au pinceau ou estampé dans les reliefs d'un moule de terre réfractaire moulé sur un moule de cire puis recouvert suivant les épaisseurs que l'on veut obtenir d'autres couches successives. Après décision, il est porté dans son moule, ou à nu, comme une porcelaine tendre au feu de moufle qui en réopère la fusion. Après cuisson, le moule devenu friable tombe en poussière, et la pièce de verre apparaît dans sa polychromie, solidifiée et homogène avec tous les modèles qu'elle a scrupuleusement épousés. Il ne reste qu'à la nettoyer et la polir suivant les cas[5]. »

Cat. 291

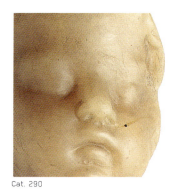
Cat. 290

TAILLE

Le tailleur travaille avec des meules aux profils variables et l'exécution d'une pièce comprend plusieurs stades : le compassage, c'est-à-dire la division du verre, pour donner au tailleur des points de repères ; vient ensuite l'ébauche à l'aide d'une meule, puis la taille proprement dite et enfin le polissage de la pièce.

Cat. 521

Cat. 572

VITRIFICATION DES POUDRES

On peut obtenir une gamme étendue de colorations en roulant la paraison (800°) sur des poudres de couleurs préalablement posées sur un marbre. Le verre est ensuite recuit à la flamme pour vitrifier la surface extérieure. Les motifs souhaités sont ensuite dégagés à l'acide ou (et) à la roue. Essentiellement visible entre 1900 et 1914, cette technique appelée « vitrification des poudres » par l'entreprise Daum va permettre d'obtenir des pièces de couleur sans la difficulté du multicouche (en particulier sans les problèmes de dilatation).

Cat. 274

[1] Brevet d'invention pour quinze ans pour un nouveau mode de décoration dit « décoration intercalaire à grand feu », Paris, 23 juin 1899. / [2] Jules Henrivaux, *La Verrerie au XXe siècle*, Paris, E. Bernard et Cie imprimeurs-éditeurs, 1903, p. 384-385. / [3] Jules Henrivaux, *Le Verre et le Christal*, Paris, P. Vicq et Cie, 1897. / [4] *Ibid.*, p. 752. / [5] Antonin Daum, *Rapport sur la classe 12 à l'exposition des Arts décoratifs de 1925*, archives Daum.

BIBLIOGRAPHIE

ARCHIVES PRIVÉES

Archives de la société Daum (SAGEM).

ARCHIVES PUBLIQUES

Archives notariales de maître Alain Cuif, Nancy.

Archives municipales de Nancy.

Archives départementales de Lorraine.

ARTICLES GÉNÉRAUX

Action française, 24 juillet 1936.

René d'Avril, « Les Vitraux de Jacques Gruber », *Revue lorraine*, 1912.

Véronique Ayroles, « Un artiste décorateur et sa galerie au XXᵉ siècle : François Décorchemont et la maison Rouard », *Revue de l'art*, n° 118, 4ᵉ trimestre 1997.

David Barry, "Les Ouvriers originaires d'Alsace-Lorraine à Nancy après la guerre de 1870-1871", *Annales de l'Est*, 1990.

Bulletin des sociétés artistiques de l'Est, décembre 1905.

Bulletin des sociétés artistiques de l'Est, septembre 1910.

Véronique Cauhapé, "Christophe Pillet : un design au service d'une idée juste", *Le Monde*, 25 février 2000.

Victor Champier, "Les Cadeaux offerts à l'escadre russe", *La Revue des arts décoratifs*, novembre 1893.

Françoise-Thérèse Charpentier, "Au temps où l'on naissait japonais à Nancy", *Le Pays lorrain*, 1962.

Françoise-Thérèse Charpentier, "L'École de Nancy et le renouveau de l'art décoratif en France".

René Chavance, *Mobilier et Décoration*, décembre 1931.

Henri Clouzot, "Verreries françaises modernes", *Art et Décoration*, octobre 1923.

Antonin Daum, "Les Industries d'art de Nancy avant et après la guerre", *Mémoires de l'académie de Stanislas*, année 1924-1925.

Léon Deshairs, "L'Exposition des Arts décoratifs. La section française, conclusion", *Art et Décoration*, décembre 1925.

Léon Deshairs, "Le XVᵉ Salon des artistes décorateurs", *Art et Décoration*, juin 1924.

Jean Dorsenne, "L'Éclairage moderne", *La Demeure française*, n° 3, 2ᵉ année, automne 1926.

Émile Gallé, "Allocution en réponse à Jules Larcher, 28 décembre 1900", *La Lorraine artiste*, 1ᵉʳ février 1901.

Alphonse Germain, "Quelques verriers", *L'Art décoratif*, mars 1901.

Guillaume Janneau, "Introduction à l'exposition des Arts décoratifs considérations sur l'esprit moderne", *Art et Décoration*, mai 1925.

Gustave Kahn, "La Verrerie, verrerie usuelle - les services de table", *Art et Décoration*, 1902.

La Victoire, 24 juillet 1936.

L'Art moderne, 7 janvier 1894.

L'Art décoratif, décembre 1898.

L'Éclair de l'Est, 27 juillet 1936.

Maxime Leroy, "L'École de Nancy au pavillon de Marsan", *L'Art décoratif*, 1903.

L'Illustration économique et financière, numéro spécial Nancy et Meurthe-et-Moselle, 1923.

L'Illustration, numéro hors série, juin 1935.

Jules Majorelle, "sa vie", *Louis Majorelle Artiste décorateur – Maître ébéniste*, Nancy-Paris-Strasbourg, imprimerie Berger-Levrault, 1927, p. 8.

Roger Marx, "L'École de Nancy au pavillon de Marsan", *Bulletin des sociétés artistiques de l'Est*, avril 1903.

Octave Maus, "En passant par la Lorraine", *L'Art moderne*, dimanche 16 septembre 1894.

Georges Mercy, "Enquêtes industrielles de *L'Événement* – L'Art industriel en Lorraine", *L'Événement*, 4 septembre 1900.

Mobilier et Décoration, 1932.

Émile Nicolas, *La Journée industrielle*, jeudi 29 octobre 1925.

Maurice Normand, "La Crête du palais de l'électricité", *L'Illustration*, n° 2987, 26 mai 1900.

Yvanhoé Rambosson, "L'Évolution de l'art moderne", *L'Illustration*, 1925.

G. Remon, "l'Éclairage moderne", *Le Figaro*, supplément artistique illustré, janvier 1930.

Antoine Stenger, "Verrerie et verriers au pays de Sarrebourg", *Chroniques historiques*, n° 3, éd. Société d'histoire et d'archéologie de Lorraine, section de Sarrebourg, 1998.

Philippe Thiébaut, "Contribution à une histoire du mobilier japonisant : les créations de l'Escalier de Cristal", *Revue de l'art*, n° 85, 3ᵉ tri. 1989.

Ernest Tisserand, "Daum", *L'Art vivant*, n°1, novembre 1929.

Émile Verhæren, *L'Art moderne*, 10 mars 1895.

Verneuil (Maurice Pillard dit), "Ce que doit être l'étude de la nature. Comment on doit l'interpréter", *Art et Décoration*, mars 1912.

Verneuil (Maurice Pillard dit), "Les Pâtes de verre", *Art et Décoration*, 1909.

"Les Arts décoratifs modernes 1925", *Vient de paraître*, n° spécial, 1925.

Léon Werth, "Le XVIIᵉ Salon des artistes décorateurs", *Art et Décoration*, juin 1927.

ARTICLES RELATIFS À DAUM

Christophe Bardin, "Les Débuts de la verrerie Daum", *Revue de l'art*, n° 125, 3ᵉ trimestre 1999.

Eugène Belville, "Daum, Lachenal, Majorelle à la galerie Georges Petit", *L'Art décoratif*, janvier 1904.

B. Champigneulle, "Les Appareils d'éclairage de Daum", *Mobilier et Décoration*, octobre 1933.

Henri Clouzot, "Daum verrerie d'art 1930", *Mobilier et Décoration*, décembre 1930.

Antonin Daum, "Verrerie d'art de Nancy", *Nancy et la région lorraine*, Imprimerie A. Humblot et Cie, 1925.

"Lampes en verrerie d'art par Daum frères. Exposition de la maison Majorelle", *La Lorraine artiste*, 1ᵉʳ avril 1901.

"Exposition industrielle des Arts décoratifs à Nancy", *Revue industrielle de l'Est*, 26 août 1894.

"Visite à Nancy de M. Henri Boucher le mardi 19 octobre 1897", *supplément à la Revue industrielle de l'Est*, 24 octobre 1897.

Georges Le Monnier, "Nécrologie d'Auguste Daum", *Société des amis de l'université de Nancy*, bulletin trimestriel n° 6, août 1909.

Le Progrès de l'Est, lundi 30 avril 1900.

Louis Enault, "L'Exposition de Bruxelles-La section Française", *L'Illustration*, 7 août 1897.

Georges Pascal, "Services de table de Daum", *Mobilier et Décoration* 1932.

OUVRAGES GÉNÉRAUX

Catherine Arminjon, Yvonne Brunhammer, Madeleine Deschamps, France Grand, Raymond Guidot, François Mathey, David R. McFadden, Évelyne Possémé, Suzanne Tise, *L'Art de vivre. Deux cents ans de création en France*, Flammarion 1989.

Alain Beltran, *La Fée électricité*, Découverte Gallimard, Paris, novembre 1991, p. 76.

Françoise-Thérèse Charpentier et Philippe Thiébaut, *Émile Gallé*, cat. exp. musée du

Luxembourg, 29 novembre 1985-2 février 1986, Rmn, Paris, 1985.

Élise Chausson, *La Vie artistique à Nancy*, mémoire de DEA d'histoire de l'art, sous la direction de Christine Peltre, Strasbourg, 1995.

Jean-Pierre Daviet, *La Société industrielle en France 1814-1914*, Point seuil, Paris, 1997.

Catalogue général officiel Exposition universelle de 1900, t. 14, groupe XII : décoration et mobilier des édifices publics et des habitations, classe 66 à 75 : Lille L. Danel, imprimerie Lemercier, Paris, s.d. [1900].

Catalogue de l'exposition d'Art décoratif et industriel lorrain, Nancy, 1894.

Eugène Grasset, *Méthode de composition ornementale*, 2 vol., Librairie centrale des Beaux-Arts, 1905.

Jules Henrivaux, *Le Verre et le Cristal*, P. Vicq-Dunod et Cie, Paris, 1897.

Jules Henrivaux, *La Verrerie au XIXe siècle*, E. Bernard et Cie imprimeurs-éditeurs, Paris, 1903.

Historique de la manifestation franco-russe organisée par le comité lorrain à l'occasion de la visite de l'escadre russe en France octobre 1893, Crépin-Leblond, Nancy, 1894.

Eugène Houtart, "Verrerie artistique", *Rapport du jury international*, Paris, 1902.

Camille Krantz (dir.), *Exposition internationale de Chicago*, Imprimerie nationale, Paris, 1894.

Louis Laffitte (dir.), *Rapport général sur l'Exposition internationale de l'Est de la France Nancy 1909*, Berger-Levrault, Nancy, 1912.

François Le Tacon, *L'Œuvre de verre d'Émile Gallé*, éd. Messene, Jean de Cousance, Paris, 1998.

L'École de Nancy statuts, imprimerie A. Barbier et F. Paulin, Nancy, 1901.

L'École de Nancy, 1889-1909. Art nouveau et industries d'art, cat. exp. Nancy, galeries Poirel, 24 avril-26 juillet 1999, Rmn, Paris, 1999.

Maurice Marinot. Peintre et verrier, cat. exp. Paris, musée de l'Orangerie, 27 février-21 mai 1990, Rmn, Paris, 1990.

Matière et Poésie. Œuvres en verre et en cristal du musée des Arts décoratifs de Paris 1878-1937, cat. exp. Bordeaux, musée des Arts décoratifs, 20 mai-5 octobre 1998.

Madeleine Octave Maus, *Trente années de lutte pour l'art 1884-1914*, Librairie l'Oiseau bleu, Bruxelles, 1926.

Henry Mayeux, *La Composition décorative*, Maison Quantin éditeur, Paris, 1885.

Henry Nocq, *Tendances nouvelles. Enquête sur l'évolution des industries d'art*, H. Floury éditeur, Paris, 1896.

Jérôme Perrin, *La Critique d'art à Nancy de 1882 à 1909*, mémoire de DEA d'histoire de l'art, sous la direction de François Pupil, Nancy, 1997.

OUVRAGES RELATIFS À DAUM

"L'Art de la table", *Catalogue Daum Cristal et Lumière*, janvier 1983.

César/cristal/Daum, Union centrale des Arts décoratifs, Paris, 1969.

Daum cent ans de verre et de cristal, cat. exp. Nancy, musée des Beaux-Arts, ed. Office du tourisme de Nancy, 1977.

Daum cent ans de création dans le verre et les cristal, cat. exp. Nancy, musée des Beaux-Arts, ed. Office du tourisme de Nancy, 1978.

Daum cent ans de verreries d'art "trois styles", cat. exp. Nancy, musée des Beaux-Arts, mars 1979 / mars 1980, ed. Office du tourisme de Nancy, 1979.

Noël Daum, *Daum maître verrier*, Edita et Denoël, Lausanne, 1980.

Daum verre et cristal d'art, cat. exp. Nancy, musée des Beaux-Arts, avril 1980 / avril 1981, ed. Office du tourisme de Nancy, 1980.

Daum 5e exposition, cat. exp. Nancy, musée des Beaux-Arts, avril 1981 / avril 1982, ed. Office du tourisme de Nancy, 1981.

Claude Pétry, Jean-Luc Olivié, Pierre Valck, Clotilde Bacri-Herbo, *Daum dans les musées de Nancy*, cat. des collections, musée des Beaux-Arts de Nancy, 1989.

Archives Daum
© Harry Bréjat, Rmn, Paris :
pour la majorité des illustrations des textes hormis
ill p. 23 (bas), p. 24, p. 141
© C. Masset, inventaire général - ADAGP / SAGEM-DAUM

Œuvres conservées au musée des Beaux-Arts de Nancy :
photographie d'Henri Bergé p. 123, dessins d'Henri Bergé p. 126
et 160, dessins de Jacques Gruber p. 198 et 205
© Harry Bréjat, Rmn, Paris

Œuvre conservée au Musée lorrain, Nancy :
ill. p. 123 (haut)
© P. Mignot

L'ensemble des pièces de la collection du musée
des Beaux-Arts de Nancy a fait l'objet d'une récente
campagne photographique menée par Harry Bréjat, Paris,
pour la Réunion des musées nationaux.

COORDINATION ÉDITORIALE ET FABRICATION
Dominique Royer, Rmn, antenne éditoriale, Lyon

RELECTURE DES TEXTES
Corine Pourtau, Lyon

CONCEPTION GRAPHIQUE ET MISE EN PAGE
Compagnie Bernard Baissait
Agnès Rousseau, Marion Clément, Paris

PHOTOGRAVURE
Basic color, Nîmes

IMPRESSION
Édips, Dijon

FAÇONNAGE
GBR, Chevilly-la-Rue

ISBN 2 7118 4036 0
GK 39 4036
dépôt légal
juillet 2000